RaumFragen:
Stadt – Region – Landschaft

Herausgegeben von

O. Kühne, Weihenstephan-Triesdorf, Deutschland

S. Kinder, Tübingen, Deutschland

O. Schnur, Tübingen, Deutschland

Im Zuge des „spatial turns" der Sozial- und Geisteswissenschaften hat sich die Zahl der wissenschaftlichen Forschungen in diesem Bereich deutlich erhöht. Mit der Reihe „RaumFragen: Stadt – Region – Landschaft" wird Wissenschaftlerinnen und Wissenschaftlern ein Forum angeboten, innovative Ansätze der Anthropogeographie und sozialwissenschaftlichen Raumforschung zu präsentieren. Die Reihe orientiert sich an grundsätzlichen Fragen des gesellschaftlichen Raumverständnisses. Dabei ist es das Ziel, unterschiedliche Theorieansätze der anthropogeographischen und sozialwissenschaftlichen Stadt- und Regionalforschung zu integrieren. Räumliche Bezüge sollen dabei insbesondere auf mikro- und mesoskaliger Ebene liegen. Die Reihe umfasst theoretische sowie theoriegeleitete empirische Arbeiten. Dazu gehören Monographien und Sammelbände, aber auch Einführungen in Teilaspekte der stadt- und regionalbezogenen geographischen und sozialwissenschaftlichen Forschung. Ergänzend werden auch Tagungsbände und Qualifikationsarbeiten (Dissertationen, Habilitationsschriften) publiziert.

Herausgegeben von
Olaf Kühne, Hochschule Weihenstephan-Triesdorf
Sebastian Kinder, Universität Tübingen
Olaf Schnur, Universität Tübingen

Susanne Kost • Antje Schönwald (Hrsg.)

Landschaftswandel – Wandel von Machtstrukturen

 Springer VS

Die Herausgeberinnen
Susanne Kost
Universität Stuttgart
Stuttgart, Deutschland

Antje Schönwald
Universität des Saarlandes
Saarbrücken, Deutschland

RaumFragen: Stadt – Region – Landschaft
ISBN 978-3-658-04329-2   ISBN 978-3-658-04330-8 (eBook)
DOI 10.1007/978-3-658-04330-8

Die Deutsche Nationalbibliothek verzeichnet diese Publikation in der Deutschen Nationalbibliografie; detaillierte bibliografische Daten sind im Internet über http://dnb.d-nb.de abrufbar.

Springer VS

Lektorat: Dr. Cori Mackrodt, Daniel Hawig

Gedruckt auf säurefreiem und chlorfrei gebleichtem Papier

Springer Fachmedien Wiesbaden ist Teil der Fachverlagsgruppe Springer Science+Business Media (www.springer.com)

Inhaltsverzeichnis

I Einleitung

Susanne Kost, Antje Schönwald

Landschaften unterliegen kontinuierlichen Veränderungsprozessen, die im Wesentlichen durch ökonomische, ökologische und soziale Dynamiken bestimmt werden. Entscheidungen, die in der Raumentwicklungs-, Wohnungsbau-, Wirtschafts-, Umwelt- und Finanzpolitik getroffen werden, haben immer auch physisch-materielle Auswirkungen auf den Raum. Wer diese Entscheidungen steuert und trifft, hängt mit den Machtansprüchen an den physischen Raum und den Kräfteverhältnissen und Widerstandsformen (Raumaneignung, Raumbedeutung) zusammen. Dies wurde in so prominenten Beispielen wie Stuttgart 21 und der Erweiterungsplanung für die dritte Startbahn am Münchner Flughafen mehr als deutlich.

Macht bildet sich vielgestaltig ab: in kartographischen Werken der Landnahme, in Eigentum an Grund und Boden, in der Förderpolitik, aber auch in der Deutungshoheit und Verbreitung bestimmter Sichtweisen auf den Raum und die Raumnutzung (Fachmann/Laie und Lobby/Gesellschaft) – um hier nur einige Beispiele zu nennen. In der Diskussion um Macht im Kontext von Raum geht es um Herrschaftskonzepte und -strategien, um deren Einfluss, um Gestaltung und um Repräsentation. Macht ist nach Harvey (1991, S. 158) die „Kontrolle über den Raum". Räumliche Differenzierungen spiegeln sich nach Löw (2002, S. 10) in den „Institutionalisierung[en] gesellschaftlicher Hierarchien" wider; „sie bieten Handlungssicherheiten, schränken jedoch auch die Handlungsmöglichkeiten ein" (Löw 2001, S. 172). Die Instrumente, mit denen beispielsweise in der Raum- und Stadtplanung Leitbilder und Entwicklungspläne entwickelt und umgesetzt werden, sehen immer auch Formen sozialer Teilhabe oder anders ausgedrückt Formen der Partizipation vor. Sie dienen der Herstellung „kultureller Hegemonie" (Gramsci). Die Möglichkeiten auf dieser Ebene der räumlichen Planung sind aber eher auf eine formale Beteiligung der Öffentlichkeit beschränkt, die in Fällen wie Stuttgart 21[1] oder dem Münchner Flug-

---

[1] So wurde im Jahr 2011 mit 35.600 Unterschriften ein Initiativbegehren zum „Ausstieg der Stadt aus dem Projekt Stuttgart 21" angestrengt, das im selben Jahr als ‚unzulässig' eingestuft wurde. Die Bürgerschaft gab sich mit diesem ‚Ergebnis' nicht zufrieden. Im Jahr 2013 wurden zwei Korrekturbegehren angestrengt: „Für die Kündigung des 2009 geschlossenen Finanzierungsvertrags (‚‚Storno 21") und „für den Leistungsrückbau S21", deren Ergebnisse noch offen sind (Quelle: http://cgi-host. uni-marburg.de/~mittendv/fsbbdd/begehrensliste.php. Zugegriffen am 06. August 2014.)

hafen[2] zu einer reaktiven Partizipation geführt haben. Dies verweist zum einen auf die Notwendigkeit der Analyse bestehender Machtkonstellationen und ihrer hegemonialen Strategien, zum anderen auf bestehende Widerstandsformen, Anpassungs- und Auflösungsstrategien, die zum Funktionieren in diesen Machtverhältnissen beitragen (vgl. dazu Doderer 2002, S. 11).

Warum beschäftigen wir uns gerade mit Fragen der Macht in Bezug auf die Planung, Gestaltung und Nutzung der Landschaft in diesem Band?

Der Raum ist vor allem Gegenstand und physisch-materieller Ausdruck der jeweiligen Herrschaftsform. So versteht Foucault (1983, S. 93, 94) unter Macht „die Vielfältigkeit von Kräfteverhältnissen, die ein Gebiet bevölkern und organisieren; das Spiel, das in unaufhörlichen Kämpfen und Auseinandersetzungen diese Kräfteverhältnisse verwandelt, verstärkt, verkehrt […]" und „Macht ist etwas, was sich von unzähligen Punkten aus und im Spiel ungleicher und beweglicher Beziehungen vollzieht." Dabei geht es nicht um *die* Macht, sondern um mehrere, parallel existierenden Mächte, nicht um eine Ausprägung der Ausübung von Macht, sondern um verschiedene soziale Techniken und Diskurse und ihre Verortung in verschiedenen Gruppen der Gesellschaft (Politik, Ökonomie, Medien, …). Um der Frage nach der Institutionalisierung und Etablierung von Macht nachzugehen, bedarf es der Analyse langzeitlicher Bedingungen und Bedingtheiten, die wiederum auf eine Kontinuität (Kontrolle) bzw. Diskontinuität (Verschiebungen) von Macht verweisen. Welche Diskurse, welche Machtstrukturen sich durchsetzen, welche Bedingungen für das Funktionieren der Macht notwendig sind, deutet u. a. auf die Machtverhältnisse und gesellschaftlichen Aushandlungsprozesse und -fähigkeiten hin.

Ziel dieses Sammelbandes ist es, in einem fächerübergreifenden Diskurs Formen des Wandels und der Transformation von Landschaft im Kontext von Macht zu beleuchten. Der Sammelband verfolgt dabei nicht den Anspruch der Vollständigkeit, sondern will eher zwischen historischen und heutigen Machtkonfigurationen und -bedingungen, die Kräfteverhältnisse und ihre Manifestationen sowohl in Diskursen als auch im Raum, ihre Ausprägungen und Deutungshoheiten sichtbar machen.

Es wurde hier der Versuch unternommen, die Transformation von Landschaften in Beziehung zum Wandel von Macht und Machtstrukturen zu denken und miteinander ins Verhältnis zu setzen. Uns interessierte, welche Praktiken von Macht bestehen und sich durchsetzen. Dabei haben wir uns mit dem Spannungsverhältnis von Kommunikations-, Deutungs- und sprachlicher Definitionsmacht (z. B. von Planern,[3] Politikern, Wissenschaftlern, der Wirtschaft und NGOs) zu physischer Gestaltungsmacht (z. B. von Land-

---

2   Ein Bürgerentscheid hatte im Jahr 2012 den Bau der dritten Startbahn am Münchner Flughafen abgelehnt. Dessen juristische Bindungsfrist beträgt allerdings nur ein Jahr. Der Bayerische Verwaltungsgerichtshof hatte die eingegangenen Klagen gegen den Planfeststellungsbeschluss abgewiesen, so dass aus rein rechtlicher Sicht die umstrittene Startbahn gebaut werden darf. In wie weit sich die Fraktionen im Münchner Rathaus an den Bürgerentscheid halten werden, ist derzeit noch offen.

3   Wir verwenden hier im Sinne der Lesbarkeit der Beiträge dieses Bandes nur die männliche Schreibweise von Personengruppen. Dies beinhaltet aber Frauen und Männer gleichermaßen.

wirten und Landeigentümern) beschäftigt und anhand exemplarischer Analysen, geeigneter Methoden und Herleitungen diskutiert. Uns interessierten Machtstrategien und -mechanismen und welche (Aus-) Prägungen diese in der Landschaft finden, welche Bedeutung hegemoniale und antihegemoniale Strategien (alternative Leitbilder, Widerstände) sowie Governance-Ansätze dabei spielen. Es ging also einerseits um die Analyse der Veränderung physischer Strukturen und Nutzungsmuster (physisch-materielle Dimension) als auch um die Verknüpfung mit landschaftsbezogenen (Leit-) Bildern, Symbolen, Ideologien, Institutionen und Traditionen (gesellschaftliche, wahrnehmungsbezogene Dimension).

Macht ist immer auch eine Frage sozialer Teilhabe in der Verteilung von Ressourcen. Deshalb sind wir auch der Frage nachgegangen, welche Gruppen durch bestimmte Praktiken und Politiken bevorzugt, benachteiligt oder gar ausgeschlossen werden. All diese Themen konnten hier gleichwohl nur angerissen werden.

Wir haben uns daher sowohl in theoretischer Hinsicht mit den Konstruktionen und Praktiken von Macht, ihren Symbolen und Diskursen auseinandergesetzt, als auch empirische Ergebnisse der Analyse dieser Prozesse diskutiert. Die Notwendigkeit der Verknüpfung von wissenschaftlicher Analyse und Praxiserfahrungen spiegelt sich auch in den vorliegenden Beiträgen wider.

Übersicht über die Beiträge

Der vorliegende Sammelband gliedert sich in vier thematische Schwerpunkte. In einem ersten Teil widmen sich die Autoren verschiedenen theoretischen Zugängen zum Begriff ‚Macht‘, der Analyse von Machtkonzepten und -praktiken, ihren Zuschreibungen und (sozialen) Konstruktionen in der Landschaft.

Markus Leibenath stellt ausgewählte theoretische Zugänge zu ‚Macht‘ vor und widmet sich der Frage, welche Rolle eine explizite Analyse von Macht, ihren Strukturen und Ausprägungen in der Landschaftsforschung einnehmen kann. Olaf Kühne verweist in seinem Beitrag auf den Zusammenhang zwischen Macht, Angst und Unsicherheit und die damit verbundenen sowohl physischen Einschreibungen in die Landschaft - bspw. durch gated communities - als auch gesellschaftlichen Prägungen und entwickelten Vorstellungen als Ergebnis gesellschaftlicher Machtdominanzen. Er verweist in seinem Beitrag auf die bewusste Steuerung der Kommunikation über bestimmte gesellschaftliche Phänomene (hier: Angst und Unsicherheit) und die daraus stimulierten Wirkungen auf die soziale Konstruktion von Landschaft. Wie Landschaften konstruiert werden, welches Landschaftsverständnis durch wen gezielt in Umlauf gebracht wird, ist Thema des Beitrags von Ludger Gailing. Er erörtert verschiedene Machtkonzepte und untersucht das Konzept der Gouvernementalität, um Aspekte von produktiver Macht, wie sie Foucault formuliert hat, am Beispiel des Spreewaldes zu analysieren. In einem zweiten, stärker historisch-analytisch ausgerichteten Block analysieren Hildegard Eissing und Nils Franke die Bedeutung der Regelungen zur Gestaltung und Funktionszuweisung der Landschaft im Rahmen der nationalsozialistischen Ideologie von „Blut und Boden" und bedienen sich dabei des Konzepts der „Orte und Nicht-Orte" von Marc Augé. Sie gehen davon aus, dass ‚Orte' der Prägnanzbildung dienen und aufgrund ihrer Symbolik Dominanz vermitteln. Eine historische Analyse der Verknüpfung von politischer Macht und Landschaftsplanung nimmt Axel Zutz in seinem Beitrag vor, in dem er die Entwicklung des Fachs der Landschaftspflege und des Berufes des Landschaftsplaners in Deutschland von den Anfängen um 1900 bis heute beschreibt und zugleich dessen politische Einbettung und Etablierung in unterschiedlichen Machtkonfigurationen aufzeigt.

In einem dritten Schwerpunkt werden Diskurse, Symboliken und Deutungen im Kontext von Macht analysiert. Florian Weber zeigt anhand der Diskurs- und Hegemonietheorie von Ernesto Laclau und Chantal Mouffe und ihrer Operationalisierung Potenziale für eine Analyse und Erforschung (hegemonialer) Machtstrukturen auf. Olaf Kühne und Florian Weber analysieren anhand von Internetvideos zum Energienetzausbau in Deutschland verschiedene diskursive Stränge, Themensetzungen und übergeordnete Muster und stellen dabei im Habermasschen Sinne eine Dominanz des Systemischen gegenüber der Lebenswelt fest. Antje Schönwalds Beitrag befasst sich mit dem Bedeutungswandel im gesellschaftlichen Natur-Kultur-Verständnis. Diesem Bedeutungswandel (Wildnis als bedrohende und bedrohte Natur) liegen Symboliken zugrunde, die u. a. durch die Veränderung der Lebensstile einem Deutungswandel unterliegen. Dies zeigt sie anhand des ‚Urwalds vor den Toren der Stadt' in Saarbrücken auf.

Ein vierter Themenblock widmet sich der Rolle der Ökonomie im Kontext von Landschaftswandel und Macht. Heidi Megerle beschreibt in einem historischen Rückblick den Landschaftswandel in den Savoyer Alpen von zwei Dörfern, die unter gleichen Voraussetzungen unterschiedliche Wege in der touristischen Erschließung des Raumes gegangen sind. Wesentlich erscheint dabei sowohl die Bedeutung der Modernisierung der Lebenswelt im Kontext des jeweiligen Zeitgeistes und ihres Ausdrucks in der gebauten Umwelt als auch die Beleuchtung der Akteurs- und Machtkonstellationen, die in einem Fall durch einen engagierten Bürgermeister zu einer nachhaltigen, von den Dorfbewohnern mitgetragenen Tourismusentwicklung geführt haben, im anderen Fall durch die zentralstaatlich gelenkte und subventionierte Entwicklungspolitik zu einer massentouristischen Erschließung geführt haben. Im Mittelpunkt des Beitrags von Leonore Scholze-Irrlitz steht die Bedeutung sozialer Teilhabe und Verantwortung für die landschaftliche und ökonomische Entwicklung eines Dorfes, die in Vor-Wende-Zeiten maßgeblich durch die ortsansässige Landwirtschaftliche Produktionsgenossenschaft bestimmt wurde. Vor dem Hintergrund der Systemtransformation analysiert sie die veränderten Diskurs- und Machtgefüge im Entwicklungsprozess des Dorfes und des Agrarunternehmens bis heute. Der Rolle des Eigentums an Grund und Boden als Machtfaktor in der Entwicklung von Landschaftsräumen und insbesondere in der Verfügbarkeit, Bereitstellung und Sicherung von Freiräumen in urbanen Verdichtungsräumen widmet sich der Beitrag von Susanne Kost. Sie zeigt anhand empirischer Ergebnisse eine Reihe von Dilemmata der Landwirtschaft in urbanen Verdichtungsräumen auf, die maßgeblich durch bestehende, aber auch sich verändernde Eigentumsverhältnisse, Markt- und Politikstrategien sowie Bodenspekulationen verursacht werden. Annette Voigt analysiert den in den Umweltwissenschaften verbreiteten Ansatz der Ökosystemdienstleistungen, der ‚Leistungen der Natur' monetarisiert und damit quantifizierbar macht. Sie beleuchtet dabei zum einen die diskursiven Stränge und Argumente und stellt fest, wie diese durch umfassende Forschungsprojekte (Diskursdominanz) zu einer Etablierung dieses Ansatzes geführt haben. Zum anderen argumentiert sie, dass der Ökosystemdienstleistungsansatz in seiner heutigen Ausrichtung und Verfasstheit nicht zu dem intendierten Erhalt der Arten und Biodiversität beiträgt.

Die Auseinandersetzung mit Fragen der Macht und Machtverhältnisse, aber auch der Diskurse zu bestimmten (landschaftsverändernden) Themen in der Gesellschaft sind aus unserer Sicht wichtig, um Kräfteverhältnisse und ihre Wirkungen innerhalb der politischen, gesellschaftlichen und sozio-ökonomischen Diskurse und Praktiken zu erkennen und zu begreifen. Das Wissen um solche Prozesse ist zum einen demokratierelevant, zum anderen verhilft es dazu, Machtstrukturen, Instrumentalisierungen und gesellschaftlich unausgewogene Kräfteverhältnisse aufzudecken und zu thematisieren, aber auch gruppenspezifische und überindividuelle Interessen zu erkennen. Aus den hier präsentierten, sehr vielfältigen Themen und Aspekten zu ‚Landschaftswandel und Macht' haben wir am Schluss des Bandes den Versuch unternommen, übergeordnete Forschungsthemen herauszuarbeiten und zu formulieren.

Der vorliegende Sammelband ist das Ergebnis einer Tagung mit dem Titel „Landschaftswandel und Macht", die im September 2013 im Rahmen der deutschsprachigen Gruppe der Landscape Research Group an der Hochschule Rottenburg stattfand.

Literatur

Doderer, Y. (2002): *Less or more? Perspektiven feministischer Planung*, In: derive - Zeitschrift für Stadtforschung, Heft 7, Wien.

Foucault, M. (1983): *Der Wille zum Wissen. Sexualität und Wahrheit*. Erster Band. Frankfurt/M.: Suhrkamp Taschenbuch Wissenschaft 716.

Harvey, D. (1991): Geld, Zeit, Raum und die Stadt. In: Wentz, M. (Hrsg.), *Stadt-Räume*. S. 149-168, Frankfurt/M., New York: Campus.

Löw, M. (2001): *Raumsoziologie*. Frankfurt a.M.: Suhrkamp.

Löw, M. (2002): Die Stadt: eine Verdichtung funktionaler Differenzierung, eine räumlich definierte Einheit oder ein geschlechtlich differenzierter Raum? In: Löw, M. (Hrsg.), *Differenzierungen des Städtischen*. Opladen: Leske + Budrich.

II Landschaft und Macht – Eine Einführung

Landschaften und Macht

Markus Leibenath

Zusammenfassung

In der deutschsprachigen Raum- und Landschaftsforschung wird Macht insgesamt eher selten thematisiert und wenn, dann oftmals kursorisch und kaum unter expliziter Bezugnahme auf bestimmte Machtkonzepte oder -theorien. Vor diesem Hintergrund zielt der vorliegende Beitrag darauf ab, ausgewählte theoretische Zugänge zu ,Macht' vorzustellen, die Potenziale unterschiedlicher Machtkonzepte für die Analyse von Landschaften zu erörtern sowie schließlich Thesen und Fragen zum Mehrwert einer expliziten Berücksichtigung von Macht in der Landschaftsforschung zu formulieren. Dabei unterscheide ich zwischen (a) einem rationalistischen, kausalistischen und (b) einem poststrukturalistischen Machtbegriff. Landschaften erscheinen in jedem Fall als physisches Substrat gesellschaftlicher Machtverhältnisse, das die Wahrnehmungen und Handlungen von Akteuren in bestimmte Bahnen lenkt und dazu beitragen kann, bestehende Herrschafts- und Unterdrückungsmechanismen als normal erscheinen zu lassen und damit zu stabilisieren. Wünschenswert für die Zukunft wären Untersuchungen, die das Augenmerk verstärkt darauf richten, dass es und wie es Akteuren gelungen ist, Unterdrückungssysteme aufzubrechen und demokratischere, ,gerechtere' Landschaften zu schaffen.

1   Machtvergessenheit

Macht scheint ein einfaches und klares Phänomen zu sein. Jeder hat sogleich eine Vorstellung davon, was gemeint ist, weswegen ,Macht' zunächst einmal keiner Erklärung bedarf. Gleichzeitig ist Macht schwer greifbar, und je intensiver man sich aus wissenschaftlicher Sicht damit beschäftigt, desto schwerer zu greifen ist sie.

Dem Ausdruck ,Macht' haftet auch etwas Anrüchiges an. Wer als Wissenschaftler im deutschsprachigen Raum von Macht redet und ,die Machtfrage stellt', dem wird schnell – ob zu Recht oder zu Unrecht – eine kritische Einstellung gegenüber den herrschenden gesellschaftlichen Verhältnissen unterstellt. In der Alltagssprache und in der politischen

Berichterstattung wird Macht als etwas Faszinierendes, aber oft auch als etwas Ab-
stoßendes, Verabscheuungswürdiges dargestellt, zum Beispiel wenn von ‚machthungrigen
Politikern' die Rede ist, denen es ‚nur um die Macht geht'. So ist ‚Macht' insgesamt gesehen ein schillerndes Wort.

In der deutschsprachigen Raum- und Landschaftsforschung wird Macht insgesamt
eher selten thematisiert und wenn, dann oftmals kursorisch und kaum unter expliziter
Bezugnahme auf bestimmte Machtkonzepte oder -theorien. Obwohl in den letzten Jahren
einige Arbeiten erschienen sind, in denen Macht im Zusammenhang mit Landschaften
bewusst reflektiert wird (z. B. Kühne 2008a, b), kann man dennoch insgesamt von einer gewissen Machtvergessenheit sprechen. Verschiedene Autoren kommen auch mit Blick auf
die zeitgenössische Politikwissenschaft im Allgemeinen und die Governance-Forschung
im Besonderen zu einem ähnlichen Fazit. So stellen beispielsweise Raik et al. (2008, S.
730) fest: „Despite some recognition at an abstract level of the centrality of power for the
practice of natural resource conservation and management, little theoretical or empirical
attention has been paid to exploring the workings of power in the field." Torfing et al.
(2012, S. 50) ziehen folgenden Schluss: „[...] on the whole interactive governance arenas
are not perceived as conflict-ridden battlegrounds where political actors struggle over the
authoritative allocation of societal values."

Die Tatsache, dass sich ein Großteil der Literatur zu umweltpolitischer Steuerung
ohne Bezug zu ‚Macht' entwickelt hat, betrachten Kütting und Lipschutz (2009, S. 3)
als „result of its neoliberal-institutionalist focus". Dass Macht und Machtmechanismen
selten thematisiert werden, ist für O'Lear (2010, S. 15 f.) eine Wirkung von Macht: „If we
do not question how current systems and perspectives about the environment became
dominant, the power embedded in establishing those norms becomes crystallized."

Die weitere Argumentation vollzieht sich in vier Schritten. Zunächst gehe ich auf
einige Machttheorien ein (Abschnitt 2). Dann beleuchte ich mögliche Zusammenhänge
zwischen Macht und Landschaften (Abschnitt 3), bevor ich Schlussfolgerungen und
weiterführende Fragen formuliere (Abschnitt 4).

2   Machtkonzepte

2.1   Überblick

In der Alltagssprache steht ‚Macht' für Beherrschung und Zwang. In diesem Verständnis
ist Macht eine instrumentelle Ressource, die jemand besitzt und einsetzen kann. Dem-
gegenüber gibt es eine nahezu unüberschaubare Vielfalt wissenschaftlicher Machtbegriffe.
‚Macht' ist eine zentrale Kategorie der Sozialwissenschaften und dementsprechend viele
Sozialtheoretiker haben Machtkonzepte vorgelegt. Nur bei wenigen von ihnen nimmt
‚Macht' allerdings eine so zentrale Position ein wie bei Nietzsche, Weber, Foucault oder
Giddens, auf die ich zum Teil noch eingehen werde.

Beim Blick auf die sozialwissenschaftliche Theorieentwicklung der letzten Jahrzehnte diagnostizieren Haugaard und Clegg (2009, S. 3) eine Bewegung weg vom erwähnten alltagsweltlichen Common-Sense-Verständnis und hin zu eher systemischen, weniger akteursbezogenen Konzepten, in denen Macht als generell konstitutiv für die soziale Wirklichkeit gilt.

Im Folgenden möchte ich zwei Machtverständnisse skizzieren: Dabei unterscheide ich zwischen einem rationalistischen, kausalistischen Machtbegriff (vgl. Howarth 2010, S. 323; Torfing 2009, S. 109) auf der einen Seite und einem poststrukturalistischen auf der anderen Seite.

2.2   Rationalistisches, kausalistisches Machtverständnis

Macht bezeichnet hier die Umstände, die ursächlich dafür sind – daher *kausalistisches* Machtverständnis –, handeln zu können und mit dem Handeln Wirkungen in Bezug auf andere Personen zu erzielen. In diesem Sinne formuliert Hobbes (1839 [1655], S. 127): „Power and cause are the same thing. [...] the same accidents, which constitute the efficient cause, constitute also the power of the agent. Wherefore the power of the agent and the efficient cause are the same thing."

Der Hobbes'sche Machtbegriff ist auch rationalistisch, weil er unterstellt, Macht quasi-objektiv ermitteln und beschreiben zu können. Macht wird als ein bestimm- und in gewissen Grenzen berechenbarer Effekt von *structure* und *agency* (Torfing 2009, S. 109) betrachtet. Darüber hinaus ist dieser Machtbegriff offen und kann sowohl repressiv als auch positiv interpretiert werden. Er bildet daher den Ausgangspunkt zweier unterschiedlicher Denktraditionen innerhalb des rationalistischen, kausalistischen Machtverständnisses.

In der repressiven Lesart steht Macht im Gegensatz zu Freiheit sowie zu rationalen Kommunikationsprozessen (vgl. Howarth 2010, S. 323). Dies kommt in der Definition von Weber (1972 [1921/1922], S. 28) zum Ausdruck, der zufolge „Macht [...] jede Chance [bedeutet], innerhalb einer sozialen Beziehung den eigenen Willen auch gegen Widerstreben durchzusetzen, gleichviel worauf diese Chance beruht". Darauf aufbauend hat Lukes (2004 [1974]) ein drei Dimensionen umfassendes Konzept von Macht vorgelegt. Die erste Dimension bezieht sich darauf, dass Person B von Person A dazu gebracht wird, etwas zu tun, das B ansonsten nicht täte. Die zweite Dimension umfasst alle Formen der erfolgreichen direkten Kontrolle von B durch A. Ein Beispiel, das Lukes unter Bezugnahme auf Bachrach und Baratz anführt, ist das „„nondecision-making', i.e., the practice of limiting the scope of actual decisionmaking to ,safe' issues by manipulating the dominant community values, myths, and political institutions and procedures" (Bachrach und Baratz 1963, S. 632). Nondecision-making wird praktiziert, um zu verhindern, dass latente Konflikte offen aufbrechen und verhandelt werden. Die dritte Dimension schließlich erfasst solche Fälle, in denen B von A auf indirekte Weise dazu gebracht wird, das zu tun, was A möchte, indem A die Wünsche, Vorstellungen und Interessen von B beeinflusst. Dabei ist an die vielfältigen und oft subtilen Wege der Manipulation zu denken, zum Beispiel das Streuen oder Zurückhalten von Informationen oder die eigennützige Verbreitung bestimmter Werte und Normen. All diese Maßnahmen können im Ergebnis zu einem „bias of the system" (Lukes 2004 [1974], S. 26) führen (vgl. die Kategorien „autoritative Macht" und „Macht des Datensetzens" in Popitz 1992, S. 27ff.).

Die produktive Lesart lässt sich bis auf Spinoza zurückführen (vgl. Saar 2010) und wurde unter anderem von Parsons und Arendt vertreten. Für Arendt (1971 [1970], S. 45) ist Macht eine Eigenschaft des Kollektivs, nicht des Einzelnen: „Macht entspricht der menschlichen Fähigkeit, nicht nur zu handeln oder etwas zu tun, sondern sich mit anderen zusammenzuschließen und im Einvernehmen mit ihnen zu handeln. Über Macht verfügt niemals ein Einzelner; sie ist im Besitz einer Gruppe und bleibt nur solange existent, als die Gruppe zusammenhält". Für sie ist Macht „allen menschlichen Gemeinschaften immer schon inhärent" (Arendt 1971 [1970], S. 53) und nicht mit Gewaltausübung zu vereinbaren: „Macht und Gewalt sind Gegensätze [...]. Gewalt tritt auf den Plan, wo Macht in Gefahr ist; [...]. [...] Gewalt kann Macht vernichten; sie ist gänzlich außerstande, Macht zu erzeugen" (Arendt 1971 [1970], S. 57).

Vor allem die repressive Variante des rationalistischen, kausalistischen Machtbegriffs eignet sich gut zur Analyse von Machtungleichgewichten sowie von Herrschafts- und Unterdrückungsprozessen. Mit dieser Konzeption von Macht lassen sich jedoch bestimmte Machtphänomene in liberalen Gesellschaften wie etwa die Machtausübung durch Freiheit schwer auf angemessene Weise erfassen.

2.3   Poststrukturalistisches Machtverständnis

Poststrukturalistische Theoretiker wie Foucault, Laclau und ihre Schüler definieren Macht nicht als relativen Einfluss nutzenmaximierender Akteure oder sozioökonomischer Strukturen (vgl. Torfing 2009, S. 108, mehr zu Laclau: vgl. Weber in diesem Band) und mithin nicht als berechen- und bestimmbaren Effekt von *structure* und *agency*. Stattdessen gehen sie davon aus, dass Macht allen sozialen Beziehungen innewohnt: „It is immanent in all kinds of social relations – both public and private – and it is dispersed throughout the social order. Power is productive and constitutive of identities and social relations" (Howarth 2010, S. 323f.).

Ein Hauptaugenmerk liegt auf dem Zusammenhang von Macht und Wissen sowie von Macht und Wahrheit: „Die Wahrheit ist zirkulär mit Machtsystemen, die sie hervorbringen und unterhalten, und mit von ihr induzierten und sie weiterführenden Machtwirkungen verbunden" (Foucault 2005a [1976], S. 107). Auch das Individuum und seine Identität kann in diesem Kontext nur als Effekt von Macht verstanden werden, denn jegliche Identität ist eine diskursiv vermittelte Identität und alle Diskurse beruhen auf machtförmigen Prozessen der Inklusion und Exklusion. „Power makes the reproduction of certain meanings possible and precludes others [...]. Within discourse, power facilitates certain modes of thought and militates against others" (Haugaard 2000, S. 36). Das

Individuum ist allerdings auch der Überträger von Macht: „Die Macht geht durch das Individuum hindurch, das sie konstituiert hat" (Foucault 2005b [1976], S. 114 f.).

Politische Theoretiker, die stärker von Laclau und Mouffe (1985) geprägt sind, teilen das soeben dargelegte Machtverständnis, betonen aber die Brüchigkeit und Kontingenz sowie den politischen, konflikthaften Charakter jeglicher Machtstrukturen: „As Slavoj Žižek argues: ‚Every power structure is necessarily split, inconsistent; there is a crack in the very foundation of its edifice - and this crack can be used as a lever for the effective subversion of the power structure'" (Newman 2005, S. 60).

Insbesondere Foucault (1982, S. 221) hebt hervor, dass Freiheit eine Grundbedingung dieser Art von Macht ist: „Power is exercised only over free subjects, and only insofar as they are free. By this we mean individual or collective subjects who are faced with a field of possibilities in which several ways of behaving, several reactions and diverse comportments may be realized." Er geht sogar so weit zu unterstellen, dass in modernen liberalen Gesellschaften Macht gerade durch Freiheit ausgeübt wird, beispielsweise durch die diskursive Produktion bestimmter Rationalitäten des Regierens sowie bestimmter Subjektivierungen und Technologien, zu denen auch die so genannten „technologies of the self" (Foucault 1988, im Titel) gehören (vgl. die Ausführungen zu Gouvernementalität in Foucault 2005 [1978]). Der Schwerpunkt dieses Typus von Machttheorie liegt klar im Bereich überindividueller, gesellschaftlicher Strukturen und Entwicklungen, weswegen Handlung (*agency*) und die Rolle von Individuen eine Art blinder Fleck darstellen.

Im nächsten Abschnitt möchte ich aufzeigen, wie die verschiedenen Machtbegriffe für die Landschaftsforschung nutzbar gemacht werden können.

3   Machtkonzepte in der Landschaftsforschung

Vor allem in der anglo-amerikanischen Landschaftsforschung sind sowohl rationalistische, kausalistische als auch poststrukturalistische Machtvorstellungen zur Anwendung gebracht worden. Dabei sind die Grenzen nicht immer so klar gezogen, wie es die theoretische Unterscheidung vermuten ließe. Beispielsweise arbeiten die Autoren, die im Folgenden als Vertreter eines rationalistischen Machtbegriffs vorgestellt werden, ansonsten eher auf der Basis konstruktivistischer, poststrukturalistischer Grundannahmen.

Aus rationalistischer Perspektive wird mit der Erforschung von Macht im Zusammenhang mit Landschaften das Ziel verfolgt, Unterdrückung, Zwang und Manipulation aufzuzeigen und zu bekämpfen (vgl. Saar 2010, S. 13ff.). So verweisen Greider und Garkovich (1994, S. 17) darauf, dass Macht im Zusammenhang mit Landschaften darauf hinaus läuft, eine bestimmte Ausprägung der physischen Umwelt verwirklichen zu können. Folgt man ihrem Gedankengang weiter, dann beeinflussen die einmal entstandenen Landschaften soziales Handeln und die Verteilung von Ressourcen in einer Weise, die im Einklang steht mit den Interessen der mächtigsten Gruppen der Gesellschaft.

Ein konkretes Beispiel findet sich in der Studie von Duncan und Duncan (2004, S. 25). Die Autoren haben die Produktion ästhetisch ansprechender Landschaften in einem noblen Vorort im ländlichen Raum nördlich von New York untersucht und besonderes Augenmerk auf die Mechanismen der sozialen Exklusion gelegt, die damit einhergehen. Sie kommen zu dem Ergebnis, dass Angehörige bestimmter wohlhabender und vergleichsweise homogener Gruppen in der Lage sind, dank ihres ökonomischen und kulturellen Kapitals Landschaften zu kreieren, die mit bestimmten Identitäten und Lebensformen in Einklang stehen und diese bestätigen und aufwerten. Im Gegenzug werden andere Identitäten ausgeschlossen oder marginalisiert. In diesem Fall sind das die Identitäten der armen Bevölkerungsschichten, die zwar als Dienstleister auf den Anwesen der Wohlhabenden tätig sind, aber in weiter entfernt liegenden Ortschaften wohnen (müssen).

Duncan kommt zu dem Schluss, dass weder die Herstellung noch das Lesen von Landschaften jemals „unschuldig" sein können, denn: „Both are political in the broadest sense of the term, for they are inextricably bound to the material interests of various classes and positions of power within a society" (Duncan 1990, S. 182).

In poststrukturalistischer Perspektive sind die Akzente ein wenig anders gelagert. Hier geht es zunächst einmal ‚nur' darum, die Kontingenz der sozialen Realität aufzuzeigen. Es soll also verdeutlicht werden, dass die soziale Realität nicht zufällig und auch nicht zwangsläufig so geworden ist, wie sie ist, sondern dass sie erstens von Menschen gemacht worden ist und zweitens auch anders sein könnte. Wie Saar (2010, S. 16) feststellt, läuft Machtkritik bei diesem Modell darauf hinaus, die Konstituierung sozialer Ontologien nachzuzeichnen und zu dokumentieren. Dies kann zu einem besseren Verständnis bestehender Handlungs- und Gestaltungsspielräume führen, also mithin neue Praktiken und Arten ‚in der Welt zu sein' ermöglichen.

Betrachtet man Landschaften als Diskurse, das heißt als kontingente Systeme von Beziehungen zwischen Worten, Personen, Dingen und Handlungen (vgl. die Überlegungen zu einem poststrukturalistischen Landschaftsbegriff in Leibenath 2013, 2014; zur diskursanalytischen Betrachtung von Landschaft die Beiträge von Weber sowie Kühne und Weber in diesem Band), dann besteht das Ziel von Machtanalysen darin, die Brüchigkeit und radikale Offenheit von Diskursen und damit von Räumen und Landschaften aufzuzeigen (vgl. Varró und Lagendijk 2012, S. 24). Außerdem gerät die Verbindung von Wissen und Macht ins Blickfeld. So zeigt etwa Foster (2010, S. 167f. und 183) an einem kanadischen Beispiel aus dem Bereich der Landschaftsplanung auf, welche Funktion Wissensbeständen aus Naturschutz und Landschaftsökologie bei der Stabilisierung kolonialer Strukturen und Einflüsse zukommt. Ein Ergebnis ihrer Untersuchung lautet, dass durch die Bevorzugung wissenschaftlichen, ökologischen Wissens bestimmte Vorstellungen sozialer Ordnung sowie bestimmte ästhetische Ideen transportiert werden. Dies begünstigt ein ganz bestimmtes Erscheinungsbild der Landschaft und die weitere soziale Marginalisierung der Ureinwohner.

4   Fazit

Das Wort ‚Macht' weist viele mögliche Bedeutungen auf und lässt sich nicht abschließend oder eindeutig definieren. ‚Macht' ist ein „essentially contested concept" (Gallie 1956, im Titel) und teilt diese Eigenschaft mit allen sozialwissenschaftlichen Konzepten, wie Giddens (1979, S. 89) in treffender Weise anmerkt. Ähnlich wie beim Wort ‚Landschaft' lässt sich der Bedeutungshorizont von ‚Macht' über eine Reihe von Polaritäten beschreiben (vgl. Gailing und Leibenath 2012). Einige davon habe ich in diesem Beitrag benannt. Dazu gehört die Dichotomie zwischen repressiver und produktiver Macht: Im einen Fall läuft Macht auf Beherrschung hinaus, und im anderen Fall ist sie konstitutiv, weil sie gemeinsames Handeln ermöglicht.

Ein anderes Gegensatzpaar wird durch die Adjektive ‚rationalistisch' und ‚poststrukturalistisch' umrissen. Aus rationalistischer Sicht bildet Macht einen Effekt von Struktur und Handlung. Für Poststrukturalisten ist Macht hingegen eine Voraussetzung dafür, dass es überhaupt soziale Strukturen gibt. Für rationalistische Denker ist Macht eine Ressource, die dem Willen des Individuums unterliegt. Ganz anders im Poststrukturalismus: Dort stellt Macht eher ein überindividuelles Phänomen dar, das zudem ubiquitär und unausweichlich ist. Die Unterscheidung zwischen Macht- und Sachrationalität ist von der poststrukturalistischen Warte her gesehen obsolet.

Rationalistische und poststrukturalistische Machtverständnisse schließen einander nicht aus. Ich möchte vielmehr dafür plädieren, die verschiedenen Typen von Konzepten als komplementär anzusehen (vgl. Griffin 2012, S. 218f.). So können eher akteurs- und interaktionsorientierte Machtkonzepte im Anschluss an Hobbes, Weber, Arendt und andere beispielsweise dafür genutzt werden, in konkreten landschaftsrelevanten Governance-Settings die unterschiedliche Ressourcen-Ausstattung der beteiligten Akteure und die Charakteristika des institutionellen Rahmens auf die von ihnen ausgehenden Machteffekte hin zu analysieren. Poststrukturalistische Machtkonzepte im Anschluss an Autoren wie Foucault oder Laclau können dagegen dazu herangezogen werden, Macht in Form sozialer Ausschließungsmechanismen zu untersuchen, die sich aus stillschweigenden Annahmen, Werten, Routinen und kulturellen Aspekten – also eher großflächigen Sinn- und Bedeutungsstrukturen oder Diskursen – ergeben (vgl. Coaffee und Healey 2003, S. 1983; Griffin 2012, S. 218f.).

Ganz gleich, ob man ein rationalistisches oder poststrukturalistisches Machtverständnis oder eine Kombination beider zugrunde legt, Landschaften erscheinen in jedem Fall gewissermaßen als physisches Substrat gesellschaftlicher Machtverhältnisse – ein Substrat, das im Gegenzug die Wahrnehmungen und Handlungen von Akteuren in bestimmte Bahnen lenkt und dazu beitragen kann, bestehende Herrschafts- und Unterdrückungsmechanismen als normal erscheinen zu lassen und damit zu stabilisieren.

Welchen Mehrwert bieten nun machtsensible Ansätze der Landschaftsforschung? Festzustellen, dass Macht im Spiel ist, und ihre Wirkungsrichtung aufzuzeigen, kann bereits ein wesentlicher Beitrag dazu sein, die ‚Machtvergessenheit' der deutschsprachigen Landschafts- und Governance-Forschung zu überwinden und zur Veränderung von Machtstrukturen beizutragen. Dies setzt jedoch voraus, dass aktuelle und politisch brisante Phänomene und Probleme untersucht werden wie beispielsweise der Bau von Autobahnen durch aus Naturschutzsicht höchst wertvolle Flächen, Kämpfe um die Deutungs- und Gestaltungshoheit über große stadtregionale Freiräume wie das Tempelhofer Feld oder die Dresdner Elbwiesen (Stichwort ‚HafenCity Dresden') oder schließlich Fragen der Partizipation an landschaftsverändernden Planungs- und Entscheidungsprozessen im Zuge der Energiewende. Darüber hinaus müssen die Forschungsergebnisse an die entsprechenden politischen Akteure kommuniziert werden. Dazu müssen Zielgruppen identifiziert und die gewonnenen Erkenntnisse adressatengerecht aufbereitet werden. Will machtkritische Landschaftsforschung gesellschaftliche Wirksamkeit entfalten, genügt es beispielsweise nicht, Beiträge in wissenschaftlichen Sammelbänden zu veröffentlichen. Erforderlich ist vielmehr eine unmittelbare Interaktion mit Praxisakteuren, zum Beispiel in Form von Aktionsforschung. Wissenschaftliche Arbeit und die Person des Wissenschaftlers verschmelzen dann – zumindest partiell – mit dem beforschten gesellschaftlichen Kontext.

Noch erhellender als das bloße Aufzeigen historischer oder zeitgenössischer Machtstrukturen im Zusammenhang mit Landschaften könnten allerdings solche Untersuchungen sein, in denen beleuchtet wird, dass es und wie es Akteuren gelungen ist, Unterdrückungssysteme aufzubrechen und demokratischere, ‚gerechtere' Landschaften – was immer dies im Einzelfall bedeuten mag – zu schaffen oder zumindest darüber zu streiten. Hier interessieren beispielsweise gegenhegemoniale Strategien, die sowohl aus verbaler Kommunikation als auch aus nonverbalen Praktiken bestehen können. Bedeutungsvoll können auch Landschaftsstrukturen und physische Objekte sein, die als Symbole des Widerstands geschaffen und gepflegt werden (vgl. die Arbeit von Palang und Sooväli-Sepping 2011 zu Milchkannengestellen und unsichtbaren Machtlinien in Landschaften). Es geht also um das Transformieren landschaftsbezogener Machtstrukturen, um die Instabilität jeglicher Macht sowie darum, Handlungsspielräume aufzuzeigen und zu erschließen: „[E]very account of power should teach us not only what we cannot, but also what we can, do. We need, then, to look more carefully for the limits and vulnerabilities of power, to inform possible progressive planning responses" (Forester 1999, S. 185). Diese Art von Landschaftsforschung stellt nach wie vor ein Desiderat dar.

Literatur

Arendt, H. (1971 [1970]). *Macht und Gewalt (2., erweiterte Auflage)*. München: Piper.

Bachrach, P., & Baratz, M. S. (1963). Decisions and nondecisions: An analytical framework. *The American Political Science Review 57*, 632-642.

Coaffee, J., & Healey, P. (2003). 'My Voice: My Place': Tracking Transformations in Urban Governance. *Urban Studies 40*, 1979-1999.

Duncan, J. (1990). *The City as Text: The Politics of Landscape Interpretation in the Kandyan Kingdom*. Cambridge: Cambridge University Press.

Duncan, J., & Duncan, N. (2004). *Landscapes of Privilege: The Politics of the Aesthetic in an American Suburb*. New York: Routledge.

Forester, J. (1999). Reflections on the future understanding of planning practice. *International Planning Studies 4*, 175-193.

Foster, J. (2010). Landscape Continuity: Ecology, Power and Social Order in Environmental Planning. *Planning Theory & Practice 11*, 167 - 186.

Foucault, M. (1982). The subject and power. In H.L. Dreyfus, & P. Rabinow (Hrsg.), *Michel Foucault: Beyond structuralism and hermeneutics [Second edition]* (S. 208-226). Chicago: Chicago University Press.

Foucault, M. (1988). Technologies of the self. In L.H. Martin, H. Gutman, & P.H. Hutton (Hrsg.), *Technologies of the Self: A Seminar with Michel Foucault* (S. 16-49). Amherst: The University of Massachusetts Press.

Foucault, M. (2005 [1976]-a). Gespräch mit Michel Foucault, geführt von A. Fontana und P. Pasquino. In D. Defert, F. Ewald, & J. Lagrange (Hrsg.), *Michel Foucault. Analytik der Macht* (S. 83-107). Frankfurt: Suhrkamp.

Foucault, M. (2005 [1976]-b). Vorlesung vom 14. Januar 1976. In D. Defert, F. Ewald, & J. Lagrange (Hrsg.), *Michel Foucault. Analytik der Macht* (S. 108-125). Frankfurt: Suhrkamp.

Foucault, M. (2005 [1978]). Die ‚Gouvernementalität' (Vortrag). In D. Defert, F. Ewald, & J. Lagrange (Hrsg.), *Michel Foucault. Analytik der Macht* (S. 148-174). Frankfurt: Suhrkamp.

Gailing, L., & Leibenath, M. (2012). Von der Schwierigkeit, ‚Landschaft' oder ‚Kulturlandschaft' allgemeingültig zu definieren. *Raumforschung und Raumordnung 70*, 95-106.

Gallie, W.B. (1956). Essentially contested concepts. *Proceedings of the Aristotelian Society 56*, 167-198.

Giddens, A. (1979). *Central Problems in Social Theory. Action, structure and contradiciton in social analysis*. Houndmills, Basingstoke: Macmillan.

Greider, T., & Garkovich, L. (1994). Landscapes: The social construction of nature and the environment. *Rural Sociology 59*, 1-24.

Griffin, L. (2012). Where is Power in Governance? Why Geography Matters in the Theory of Governance. *Political Studies Review 10*, 208-220.

Haugaard, M. (2000). Theories: Introduction to part I. In H. Goverde, P.G. Cerny, M. Haugaard, & H.H. Lentner (Hrsg.), *Power in Contemporary Politics. Theories, Practices, Globalizations* (S. 35-40). London, Thousand Oaks, New Delhi: Sage.

Haugaard, M., & Clegg, S.R. (2009). Introduction: Why power is the central concept of the social sciences. In S.R. Clegg, & M. Haugaard (Hrsg.), *the SAGE Handbook of Power* (S. 1-24). Los Angeles: Sage.

Hobbes, T. (1839 [1655]). Elements of philosophy. The first section, concerning body [im Original: ‚De Corpore']. Erschienen als: W. Molesworth (Hrsg.), *The English Works of Thomas Hobbes of Malmesbury; now first Collected and Edited by Sir William Molesworth, Bart. Vol. 1*. London: John Bohn.

Howarth, D. (2010). Power, discourse, and policy: articulating a hegemony approach to critical policy studies. *Critical Policy Studies 3*, 309-335.

Kühne, O. (2008a). *Distinktion – Macht – Landschaft*. Wiesbaden: VS-Verlag für Sozialwissenschaften.

Kühne, O. (2008b). Kritische Geographie der Machtbeziehungen – konzeptionelle Überlegungen auf Grundlage der Soziologie Pierre Bourdieus. *Geographische Revue 10*, 40-50.

Kütting, G., & Lipschutz, R.D. (2009). Introduction: who knew and when did they now it? In G. Kütting & R.D. Lipschutz (Hrsg.), *Environmental Governance. Power and Knowledge in a Local-global World* (S.1-10). Abington, New York: Routledge.

Laclau, E., & Mouffe, C. (1985). *Hegemony & Socialist Strategy. Towards a Radical Democratic Politics*. London: Verso Press.

Leibenath, M. (2013). Konstruktivistische, interpretative Landschaftsforschung: Prämissen und Perspektiven. In M. Leibenath, S. Heiland,H. Kilper & S. Tzschaschel (Hrsg.), *Wie werden Landschaften gemacht? – Sozialwissenschaftliche Perspektiven auf die Konstituierung von Kulturlandschaften* (S. 7-37). Bielefeld: Transcript,.

Leibenath, M. (2014). Landschaft im Diskurs: Welche Landschaft? Welcher Diskurs? – Praktische Implikationen eines alternativen Entwurfs konstruktivistischer Landschaftsforschung. *Naturschutz und Landschaftsplanung 46*, 124-129.

Lukes, S. (2004 [1974]). *Power: A Radical View (2nd edition)*. Houndmills, Basingstoke: Palgrave Macmillan.

Newman, S. (2005). *Power and Politics in Poststructuralist Thought. New Theories*. Abington, New York: Routledge.

O'Lear, S. (2010). *Environmental Politics: Scale and Power*. Cambridge: Cambridge University Press.

Palang, H., & Sooväli-Sepping, H. (2011). Are There Counter-Landscapes? On Milk Trestles and Invisible Power Lines. *Landscape Research 37*, 467-482.

Popitz, H. (1992). *Phänomene der Macht (2., stark erweiterte Auflage)*. Tübingen: Mohr.

Raik, D. B., Wilson, A. L., & Decker, D. J. (2008). Power in natural resources management: An application of theory. *Society & Natural Resources 21*, 729-739.

Saar, M. (2010). Power and critique. *Journal of Power 3*, 7-20.

Torfing, J. (2009). Power and discourse: Towards an anti-foundationalist concept of power. In S.R. Clegg, & M. Haugaard (Hrsg.), *The SAGE Handbook of Power* (S. 108-124). Los Angeles: Sage.

Torfing, J., Peters, B. G., Pierre, J., & Sørensen, E. (Hrsg. 2012). Interactive Governance: Advancing the Paradigm. Oxford: Oxford University Press.

Varró, K., & Lagendijk, A. (2012). Conceptualizing the Region – In What Sense Relational? *Regional Studies 47*, 18-28.

Weber, M. (1972 [1921/1922]). *Wirtschaft und Gesellschaft. Grundriss der verstehenden Soziologie (fünfte, revidierte Auflage, besorgt von Johannes Winckelmann)*. Tübingen: Mohr.

Komplexe Kräfteverhältnisse

Macht, Angst und Unsicherheit in postmodernen Landschaften – von ‚historischen Kulturlandschaften' zu gated communities

Olaf Kühne

Zusammenfassung

Macht, Angst und Unsicherheit sind in verschiedener Weise mit Landschaft verkoppelt: Einerseits schreiben sie sich in die physischen Grundlagen dessen ein, was Landschaft genannt wird, andererseits sind auch die gesellschaftlichen Vorstellungen von Landschaft Ergebnis gesellschaftlicher Machtverteilungen. Landschaftliche Normvorstellungen sind (zumindest in Teilen) Ergebnisse mehr oder minder reflektierter Auseinandersetzungen mit Unsicherheit und der u. a. aus ihr resultierenden Angst. Postmoderne Landschaften werden zunehmend durch den Versuch des Strebens nach Sicherheit und der Vermeidung von Angst gekennzeichnet: In *gated communities*, häufig gestaltet nach stereotypen landschaftsästhetischen Vorstellungen, werden – im Streben nach Sicherheit und Angstvermeidung – Fremde ausgesperrt. Doch auch der Drang, ‚historische Kulturlandschaften' zu erhalten, lässt sich als Ergebnis des gesellschaftlichen Wunsches nach geordnet scheinenden, sicheren gesellschaftlichen Verhältnissen deuten.

1 Einleitung

Macht, Angst und Unsicherheit gehören zu den ständigen Wegbegleitern gesellschaftlicher Postmodernisierung (vgl. z. B. Bauman 2008, S. 7ff.). Sie verdeutlichen die Ambivalenz gesellschaftlicher Postmodernisierung. Diese Ambivalenz zeigt Krohne (2010, S. 13) am Beispiel der Angst. Sie greift „tief in unser Leben ein, aktiviert den Einzelnen entweder und sport ihn zu besonderen Leistungen an oder hemmt, lähmt, ja zerstört ihn". Die Omnipräsenz dieser gesellschaftlichen Phänomene findet auch in unterschiedlicher Weise ihre landschaftlichen Niederschläge, die Gegenstand dieses Beitrags sein sollen.

Mit ihrer Hinwendung zu einer konstruktivistischen Perspektive hat sich die Landschaftsforschung Themenfelder erschlossen, die zuvor – wenn überhaupt – nur am Rande Interesse fanden. So ist der konstruktivistischen Forschung eine kritische Haltung gegenüber jenem eigen, „was wir als selbstverständliche Verständnisse der Welt, einschließlich unserer selbst, verstehen" (Burr 2005, S. 2f.). Sah die traditionelle Landschaftsforschung ihren Untersuchungsgegenstand als materiell gegeben, rücken heute zunehmend Fragen in den Vordergrund, aus welchen Gründen und wie Landschaft Teil der sozialen Kommunikation wird. Wird als konstitutive Ebene nicht ein – wie auch immer gearteter – materieller Raum, sondern die gesellschaftlichen Deutungs- und Wertungsprozesse verstanden, erhalten sozialwissenschaftliche Perspektiven eine zentrale Bedeutung für die Landschaftsforschung (vgl. z. B. Cosgrove 1984; Kühne 2013). Der vorliegende Beitrag befasst sich aus einer solchen Perspektive mit der Frage, wie sich die Kommunikation von Macht, Angst und Unsicherheit auf die soziale Konstruktion von Landschaft auswirkt. Das Thema Macht fand in den vergangenen Jahrzehnten insbesondere in der internationalen Landschaftsforschung eine gewisse Beachtung (z. B. bei Mitchell 1994; Higley 1995; Kühne 2008; Olwig und Mitchell 2009; zuletzt auch Leibenath und Otto 2012) und auch das Verhältnis von Angst und Landschaft ist seit der klassischen Schrift von Tuan (1979) immer wieder in der (zumeist nicht-deutschsprachigen) Landschaftsforschung behandelt worden (wie bei Sennett 1993; Ellin 2003 oder zusammenfassend Gold und Revill 2003). Mit dem Aufkommen der ‚Los Angeles School of Urbanism' fand das Thema Sicherheit / Unsicherheit seinen Niederschlag in der Raumforschung (Scott und Soja 1998; Soja 2005; insbesondere Davis 1994). Im Folgenden soll das vielfältige Verhältnis zwischen Macht, Angst und Unsicherheit im landschaftlichen Kontext untersucht werden. Gerade im Kontext von Unsicherheit und Angst wird dabei auf die Überlegungen Zygmunt Baumans (2000; 2008; 2009a und 2009b) zu postmodernen Entwicklungen zurückgegriffen.

2   Zum vielfältigen Verhältnis von Macht und Landschaft

Mit dem Übergang zur Postmoderne wird die Vorstellung dauerhafter und zentrierter Machtverhältnisse immer stärker von Konzepten fluider Machtverhältnisse ersetzt. So versteht Foucault (1983, S. 113) Macht als „Vielfältigkeit von Kräfteverhältnissen, die ein Gebiet bevölkern und organisieren". Angesichts der Vervielfältigung und der Verunstetigung von Machtbeziehungen wird der vielfältige Kampf um Macht zum wesentlichen Teil des „Aushandelns von Normalität" (Paris 2005, S. 7). Die Aktualisierung von Machtverhältnissen wird zu einem Spiel, „das in unaufhörlichen Kämpfen und Auseinandersetzungen diese Kräfteverhältnisse verwandelt, verstärkt, verkehrt; die Stützen, die diese Kräfteverhältnisse aneinander finden, indem sie sich zu Systemen verketten – oder die Verschiebungen und Widersprüche, die sie gegeneinander isolieren" (Foucault 1983, S. 113), lassen ein sich ständig wandelndes, aktualisierendes und letztlich fluides Netz an Machtverhältnissen entstehen. Dabei kommt Raum eine besondere Bedeutung zu, denn bei jedem Machtkampf „ist die Kontrolle über den Raum – das wissen Generäle und Geopolitiker – von größter strategischer Bedeutung" (Harvey 1991, S. 158).

Aushandlungsprozesse um Macht lassen sich auch im Kontext der Definition von Landschaften nachvollziehen. Dies betrifft einerseits die materielle Struktur des physischen

Raumes: Er ist das Ergebnis gesellschaftlicher Machtprozesse. Das Ergebnis der Durchsetzung seiner Interessen im physischen Raum, gegenüber welchen Widerständen auch immer, ist eine Frage der gesellschaftlichen Machtverteilung. Diese Machtverhältnisse reichen von der Frage der Betretungsrechte von landwirtschaftlichen Flächen bis hin zur Sperrung ganzer Landstriche zugunsten des Militärs und die Errichtung einer Schnellbahntrasse gegen die Interessen des Schutzes seltener Tier- und Pflanzenarten. Auf den physischen Raum bezogene Machtverhältnisse bleiben im Zustand der unreflektierten Latenz, so lange keine – machtvermittelten – anderweitigen physischen Manifestationen gesellschaftlich verhandelt werden: Wer fragt sich schon, auf Grundlage welcher gesellschaftlicher Machtverteilung, eine Blumenwiese zu finden ist, wenn nicht gerade dort – machtvermittelt – ein Gewerbegebiet errichtet werden soll. Aus Machtansprüchen an den physischen Raum erwachsen dann größere Beachtung findende gesellschaftliche Konflikte, wenn diese, erstens, von mindestens zwei Seiten formuliert, zweitens, unter dem Einsatz größerer Machtressourcen und, drittens, in Form eines Konfliktes von System und Lebenswelt (im Sinne von Habermas 1985a, z. B. S. 192; und 1985b, z. B. S. 198ff.) ausgetragen werden. Dies bedeutet beispielsweise: Wenn sowohl Naturschutz als auch Immobilienentwicklung eine Fläche für sich beanspruchen, in diesem Kontext Naturschutzverbände und Vertreter unterschiedlicher Parteien mobilisiert werden und es der Naturschutzseite gelingt, die eigenen Interessen als die der heimatlichen Lebenswelt zu formulieren, die von einem international agierenden Immobilienkonzern bedroht wird, dann findet dieser Konflikt mit größter Wahrscheinlichkeit Niederschlag in der (zumindest regionalen) Berichterstattung.

Eine wesentliche Grundlage für Machtkonflikte um den physischen Raum stellen Vermessungen der materiellen Welt dar. Konflikte um die materielle Einschreibung eigener Interessen gegenüber alternativen Interessen vollziehen sich zumeist in einer abgegrenzten ‚Gebietskulisse‘, von der einzelnen Parzelle (wie beispielsweise bei der Frage der Herstellung oder Verweigerung von Baurecht) über mehrere Kommunen (wie bei der Ausweisung eines Nationalparks, verbunden mit bestimmten Entwicklungsauflagen) bis hin zu Staatenbünden (wie bei dem unionseuropäischen Geltungsraum bestimmter raumwirksamer Verordnungen). Diese Strukturierung des physischen Raumes lässt sich als eine „Objektivierung der Aufklärung" verstehen, wie Kaufmann (2005, S. 163) am Beispiel des *American grid* feststellt. Bereits die Entscheidung, den physischen Raum mathematisch-eindeutig vermessen zu können (wobei die scheinbare Eindeutigkeit in tektonisch aktiven Bereichen an ihre Grenzen stößt) und den Parzellen bestimmte individuelle bzw. kollektive Nutzungsrechte zuzuweisen, stellt die raumbezogenen Durchsetzungen von Macht dar: Einerseits die Entscheidung, materielle Räume in naturwissenschaftlicher Tradition als intersubjektiven, eindeutig quantifizierbaren Gegenstand zu betrachten und sie damit aus der vormodernen Synthese von Materialität und Symbolik herauszulösen (z. B. Bollnow 1963, S. 20ff.; Läpple 1991, S. 40ff.); andererseits die Entscheidung, materielle Räume der modernen Marktlogik zu unterstellen. Beides ist mit einer erheblichen Komplexitätsreduzierung durch Kontingenzverlust verbunden (vgl. Luhmann 1984).

Bereits bei dieser Befassung mit dem Verhältnis von materiellen Räumen und Macht wird deutlich, dass die konstitutive Ebene dieser Relation die gesellschaftliche Ebene ist. Ansprüche an den physischen Raum sind gesellschaftlich bestimmt; die Bedeutung von Macht ist dabei nicht darauf beschränkt, wer seine Interessen wann gegen welche Widerstände und wie im materiellen Raum manifestieren kann, sondern – und diese Thematik ist eng mit der konstruktivistischen Perspektive verbunden – auf Grundlage welcher sozialer Konventionen sich Ansprüche an Raum entwickeln, wie sich die Entstehung von gesellschaftlichen Raum- und Landschaftsvorstellungen vollzieht und wie diesen eine Art ‚Legitimität‘ im Sinne einer weitgehend unhinterfragten Deutungshoheit verliehen werden, sodass sie gesellschaftlich wenig hinterfragt werden. Wie bereits im Kontext der Darstellung der Rationalisierung des Raumes durch Vermessung deutlich wurde, ist Wissen für die Transformation von Macht von entscheidender Bedeutung. So ist beispielsweise das Wissen, gemäß welcher mathematischer Operationen Land vermessen werden kann, und das Wissen, wie das Ergebnis dieser Vermessung in rechtliche Verbindlichkeiten transformiert werden kann, von zentraler Bedeutung für die Einschreibung von Macht in Raum.

Ein eindrückliches Beispiel für die Konflikte zwischen vormodernen und modernen Raumaneignungsmustern ist die ‚Amerikanisierung‘ der ehemals mexikanischen Gebiete nach dem mexikanisch-US-amerikanischen Krieg (1846-48). Der naturwissenschaftlich-kapitalistische Raumzugriff der neuen Machthaber kostete zahlreichen mexikanischen Landbesitzern ihr Land, da sie ihre Eigentumsansprüche nicht in der Logik des neuen Regimes formulieren konnten (Chacón und Davis 2006, S. 99f.; Kühne und Schönwald 2014). Für Foucault (1983, S. 114) ist sogar Macht „der Wille zum Wissen". Dabei sind unterschiedliche Arten von Wissen entscheidend für die Formation von Macht, Wissen erhält dann eine entscheidende Bedeutung „wenn es sich um exklusives Wissen handelt: Wissen, das der eine hat und der andere nicht hat, aber braucht" (Paris 2005, S. 42).

Eine besondere Bedeutung bei der gesellschaftlichen Definition von Landschaft erhält Wissen im Kontext der Formulierung von landschaftsbezogenen Deutungsmustern, Werten und Normen. Diese unterliegen einerseits einer langen historischen Genese, mit territorialen, ästhetischen, emotionalen und kognitiven Konnotationen (ausführlicher für den deutschen Sprachraum z. B. Kühne 2013; Schenk 2013), andererseits unterliegt das Verständnis von Landschaft einer Professionalisierung, als ein Element der Differenzierung der sozialen Welt in Fachleute und Nicht-Fachleute, bei der „die Suche nach Problemlösungen, berufsmäßig organisierten Spezialisten zugewiesen wird" (Tänzler 2007, S. 125). Insbesondere in Form von landschaftsbezogenen Studiengängen werden (in der Regel kognitive) Zugänge zum Thema Landschaft inkorporiert, die im Gegensatz zu den eher ästhetischen und emotionalen Zugängen zu Landschaft durch Personen bestehen, die sich nicht professionell mit diesem Thema befassen (siehe Ipsen 2006; Kühne 2008). Wurde in der Moderne die Landschaftsdeutungshoheit von Experten (in Kombination mit Politikern) durch Nicht-Experten nur selten in Frage gestellt, hat sich dies in den letzten Jahrzehnten deutlich gewandelt: Zivilgesellschaftlichen Akteuren gelingt es zunehmend ihre (raumbezogenen) Interessen zu formulieren, zu verbreiten und gegenüber behördlichen Akteuren durchzusetzen (wie beispielsweise die Verhinderung der dritten Startbahn am Münchner Flughafen). Mit der Bildungsexpansion hat sich das Verhältnis zwischen Experten- und Laientum stark differenziert (vgl. Bell 1973): Mit Kenntnissen des systematischen Wissenserwerbs ausgestatte Personen sind in der Lage, auch bei eigener fachlicher Ferne, raum- und landschaftsbezogene Informationen zu sammeln, zu sichten, zu synthetisieren, zu bewerten und zur Durchsetzung eigener Interessen zu nutzen (vgl. Walter und Marg 2013). Mit dem Web 2.0 wurde dies intensiviert, schließlich wurde „zum historisch ersten Mal eine massenhafte Nutzung gemeinschaftlich geteilter, interaktiver Medien nicht nur möglich, sondern wirklich" (Münker 2009, S. 10f.). Auch in diesem Kontext zeigt sich – landschaftsbezogen – die Entstehung und Ausprägung fluider Machtstrukturen, jenseits moderner hierarchischer Kommunikation. Macht über die Deutung von Landschaft und deren Durchsetzung im physischen Raum ist nicht mehr bei wenigen Experten zentralisiert, die Deutungsmacht diffundiert gesellschaftlich und das hierarchische Verhältnis zwischen wissenden Experten und unwissenden Laien wird zunehmend aufgelöst.

3   Vieldimensionale Verhältnisse: Angst, Unsicherheit, Macht und Landschaft

Angst ist ein unscharfer wie vielfältiger Begriff: „Auf der einen Seite suggeriert er irrationale Furcht, Ehrfurcht und Aberglauben einer vormodernen Welt; Aberglauben, Mythologien, Glauben und Rituale formen einen Ursprung von Erklärungen und Trost für ‚primitive' Menschen. Dennoch sagen uns Soziologen, dass wir zunehmend in einem von Angst dominierten Zeitalter leben, vollzogen auf jeder Bezugsebene, vom Individuum bis hin zum globalen ökonomischen System" (Gold und Revill 2003, S. 1). So lässt sich die Geschichte auch als eine fortdauernde Auseinandersetzung mit Angst deuten, diese Geschichte „lässt immer neue Versuche erkennen, Angst zu bewältigen, zu vermindern, zu überwinden oder zu binden" (Riemann 2009, S. 7). Angst veranlasst Menschen dazu, Maßnahmen zu ihrer Verteidigung zu ergreifen, wodurch „die Angst [...] wiederum unmittelbar greifbar" (Bauman 2008, S. 18) wird. Angst lässt sich als inkorporiert beschreiben und befindet sich in einem steten Zustand der Latenz, sie „durchdringt unseren Alltag; sie bedarf kaum weiterer Reize von außen, denn die Handlungen, zu denen sie uns tagein, tagaus veranlasst, liefern ausreichend Motivation und Energie, damit sie sich selbst reproduziert" (Bauman 2008, S. 18). Mit dem „Übergang von der ‚festen' zur ‚flüchtigen' Moderne" (Bauman 2008, S. 7) ist eine Beschleunigung sozialer Prozesse verbunden, die im Zusammenspiel mit der die politische Kontrolle unterlaufenden Globalisierung „zur Quelle und im Prinzip unbezähmbarer Ungewissheit" (Bauman 2008, S. 8) wird. Die postmoderne Unsicherheit umfasst – Bauman (2000) zufolge – drei Dimensionen:

1. Das Gefühl der Ungewissheit (*uncertainty*). Dieses resultiert aus dem Verlust der Kenntnis „des Unterschieds zwischen vernünftig und dumm, glaubwürdig und irre-

führend, nützlich und nutzlos, passend und unpassend oder vorteilhaft und schädlich" (Bauman 2000, S. 31).

2. Das Gefühl nicht vorhandener Sicherheit (*insecurity*). Dieses bezieht sich auf die Abwesenheit des Vertrauens, dass Dinge, die erworben und gewonnen wurden, auch Bestand haben und dauerhaft als Quelle von Stolz und Achtung gelten können.

3. Das Gefühl der Schutzlosigkeit (*unsafety*). Dieses basiert auf der Abwesenheit der
Gewissheit, mit einem ‚richtigen' Verhalten Schaden von dem eigenen Körper „und
seinen Verlängerungen – Besitz, Zuhause und Nachbarschaft – wie auch dem Raum,
dem all diese Elemente eines ‚größeren Ich' eingeschrieben sind" (Bauman 2000, S. 31)
fernhalten zu können.

Diese drei Tendenzen „sind Symptome eines nagenden existenziellen Misstrauens"
(Bauman 2000, S. 31). Sie äußern sich in dem ständigen Zwang, gewohnt, gewiss und
sicher Scheinendes einer ständigen Überprüfung zu unterziehen (Bauman 2009b).
Die Unsicherheit reicht tief in moralische Weltdeutungen: „Unsere Zeit ist eine der
tiefempfundenen moralischen Ambiguität: sie offeriert eine nie zuvor gekannte Ent-
scheidungsfreiheit und befängt uns gleichzeitig in einem nie gekannten Zustand der Unsicherheit" (Bauman 2009a, S. 38; Hervorh. i.O.).

Lässt sich die Geschichte der Menschheit als Geschichte der Auseinandersetzung
mit Angst deuten, weist diese erhebliche landschaftliche Implikationen auf. Auf der
Ebene des physischen Raumes ist der Mensch bemüht, durch materielle Modifikationen
Angsterregendes fernzuhalten: Durch die Anlage von Feldern Hunger, durch Wohn-
gebäude Kälte und unbekannte Menschen, durch die Anlage von technischen Infrastrukturen (so definierte) Unterversorgung etc. Die postmoderne Steigerung von
Unsicherheit – und damit verbunden von Angst – lässt Menschen nach Refugien der
(vermeintlichen) Sicherheit streben. So lässt sich Angst als wesentliche Bezugsgröße für
räumlich konstituierte Ab- und Ausgrenzungsprozesse sozialer Segregation deuten, verbunden mit einer Zunahme sozialer Chancenungleichheit (Gold und Revill 2003, S. 3f.).
Gerade aktive Segregation lässt sich als ein exklusivistisches Streben nach Reinheit der
Gemeinschaft der Gleichen, dem Wunsch nach Komplexitätsreduzierung und Ungestört-
heit deuten (vgl. Didion 1979). Zygmunt Bauman (2008, S. 131) deutet dies als das Streben
nach einer „Art Versicherungspolice gegen die Risiken, mit denen das tägliche Leben in
einer vielstimmigen Welt behaftet ist", auch wenn dieses „Eintauchen in die ‚Gleichartig-
keit' [...] die Risiken, denen man dadurch aus dem Weg gehen will, nicht verringern oder
gar abwehren [kann]" (Bauman 2008, S. 131). Die hierzu nach stereotypen Vorstellungen
gestalteten Siedlungen „haben nichts, was sie den Narben vergangener Erfahrungen,
den Stereotypen, die sich im Gedächtnis eingegraben haben, gegenüberstellen könnten.
Wiedererkennungsszenen, wie sie sich an Grenzen abspielen könnten, bieten die einzige
Chance, dass Menschen stereotype Bilder, die sich im Laufe der Zeit verfestigt haben, auflösen können" (Sennett 1991, S. 256). Die postmoderne Wertschätzung des Historischen,
so auch historischer Bausubstanz, lässt sich in diesem Sinne ebenfalls als Nebenfolge
der Sehnsucht nach Sicherheit einer kognitiv verständlichen, ästhetisch erschließbaren

und emotional anschlussfähigen Welt der Vormoderne oder teilweise auch Moderne, deuten. So werden materielle Objektansammlungen wie Streuobstwiesen, historische Dorf- und Stadtkerne aber auch stillgelegte Fördertürme und Stahlwerke zu physischen Manifesten des sozialen Bedürfnisses nach als sicher gedeuteten sozialen Verhältnissen. Dieses Bedürfnis findet ihren vielfach normativ wirkenden Ausdruck in dem Terminus der Kulturlandschaft (Burckhardt 2006, S. 91): „Die Höfe und Rieselfelder der Poebene, die Weingüter des Bordelais, die Büffelherden der römischen Campagna spiegeln uns die scheinbar zyklische Produktion und Reproduktion zeitloser Gesellschaften vor. ‚Die alten Kulturlandschaften' das klingt so wie ‚die Wiege der Menschheit'". Diese Definition von Kulturlandschaft ist Ergebnis eines Machtbindungsprozesses, schließlich kann Kulturlandschaft „auch aktuell, gegenwärtig, fortschrittlich sein. Nur heute ist das nicht mehr gestattet" (Burckhardt 2006, S. 93). Dabei stellt bereits der Begriff der ‚Kultur' ein abstrahiertes und ideelles Konstrukt dar, dem durch Reifizierung eine „unabhängige und wirkmächtige Existenz zugeschrieben wird", wobei es mit „allerlei Bedeutungen ‚aufgeladen' werden [kann], denen wiederum bestimmte Interessen zugrunde liegen" (Belina 2003, S. 91).

Der Versuch der Domestikation von Angst zu Risiko erfolgt mit dem Ziel, sie einer technischen Prozessierbarkeit zuzuführen. Im Feld der Wirtschaft äußert sich dies in der Verbreitung einer Angstökonomie, die neue landschaftliche Elemente erzeugt oder zumindest mit deren Ausdehnung verbunden ist, Zäune, Überwachungskameras, Sicherheitsschleusen u. a. werden zum Teil der vernakulären Landschaft. Damit wird Angst nicht nur „ein Produkt oder ein Stimulus von Konflikten, sie wird selbst zu einer Arena des Konfliktes" (Gold und Revill 2003, S. 12), auf dem Schauplatz der Angstkommunikation wird ebenso um Marktanteile gestritten wie um politische Mehrheiten. In der Post-9/11-Ära haben sich die physisch-räumlichen Konkretionen der Angstkommunikation wie *gated communities*, automatisierte Überwachungsanlagen, restriktive Zugangskontrollstellen zu Flughäfen, Banken u. a. in Zahl und Umfang gesteigert, wie Coaffee (2005, z. B. S. 210ff.) feststellt, ein Prozess der sich mit Epstein (1976, S. 200ff.) als ‚abnorme' Angstkontrolle verstehen lässt (vgl. auch Davis 1994). Der Versuch potenziell Angst auslösende Situationen durch technische bzw. administrative Maßnahmen zu vermeiden, lässt keine Erfahrung in dem Umgang mit Stress-Situationen entstehen. Ein solches Vermeidungshandeln erzeugt rekursiv ‚Angst vor der Angst'. Dies ist wiederum mit der Steigerung des Vermeidungshandelns rückgekoppelt (vgl. Stearns 2006). Die Individualisierung der Lebenswelten lässt in Verbindung mit der Angstkommunikation und der immer weiteren Verbreitung von ‚Sicherheitstechniken' eine weitere Fragmentierung von Räumen entstehen. Diese Situation wiederum steht im Widerspruch zur gesellschaftlichen Erwartung an kognitiv verständliche, ästhetisch zugängliche, emotional anknüpfbare physische Räume (Kühne 2012, S. 166). In ästhetischem Sinne lässt sich Angst also auch in Form von Angst vor dem (befürchteten) Verlust des begehrten Gutes ‚Schönheit' deuten. Angst kann aber auch dadurch entstehen, das begehrte Gut ‚Schönheit' nicht zu erlangen (Ronen 2009, S. 9ff.). So entsteht – Ronen (2009, S. 9ff.) zu Folge – eine paradoxe Situation: Ein Gut, dem Schönheit zugeschrieben wird, wird zum Gegenstand von

Angst. Im landschaftlichen Kontext kann dies in Angst vor dem Verlust von Objekten gedeutet werden, denen eine heimatliche Bedeutung zugeschrieben wird, oder aber der Drang, Objekte errichten oder erhalten zu wollen, denen (zumeist stereotyp) Schönheit zugeschrieben wird. So wird dem Zaun einer *gated community* nicht allein die Funktion zugewiesen, die Einwohner vor dem Eindringen des Fremden zu schützen, sondern auch ‚Vandalismus' zu verhindern, also ‚Schönheit' zu bewahren. Ein Ausschluss des Fremden, der ohne Prozesse der ungleichen Verteilung von Macht nicht denkbar wäre.

4   Fazit

Im Sinne einer machtreflektierten Landschaftsforschung lassen sich Elemente des physischen Raumes als die physisch-räumlich manifestierten Folgen und Nebenfolgen gesellschaftlichen, machtvermittelten Handelns beschreiben. Als ein wesentlicher Grund zur Ausübung dieses machtvermittelten Handelns kann Angst – und die sie vielfach auslösende Unsicherheit – verstanden werden. Das, was gemeinhin als Landschaft bezeichnet wird, entsteht durch das Diktat des ökonomisch geboten Erscheinenden, modifiziert durch sozialgemeinschaftlich durchgesetzte (vielfach ästhetische) Normen und Werte. Diese Normen und Werte werden in die Grenzen der politisch-administrativen Durchsetzungsmacht transformiert, die sich wiederum im rechtlich Gestatteten und Verbotenen manifestieren. Die als Landschaften beobachteten physischen Räume wiederum unterliegen einer ästhetischen, emotionalen und kognitiven Wertung, die wiederum handlungsleitend werden kann.

Gerade im Zuge der postmodernen Steigerung der gesellschaftlichen Unsicherheit nimmt die Bedeutung der Angstkommunikation zu. Insbesondere mit dem Angstvermeidungshandeln sind erhebliche physisch-räumliche Nebenfolgen verbunden, die wiederum unter landschaftlicher Perspektive gedeutet werden (können): Der Drang, sich sicher zu fühlen, äußert sich im Ausbau von *gated communities*, *shopping malls*, aber auch der Etablierung von Pufferzonen in Schutzgebieten. Sind solche Objektkonstellationen erst einmal etabliert, gehören sie rasch zur landschaftlichen Normalität, sie werden veralltäglicht. Diese Alltäglichkeit haben ‚historische Kulturlandschaften' verloren: In dem Drang, sie zu erhalten, manifestiert sich das soziale Bedürfnis, die physischen Persistenzen einer geordnet, verständlich und sicher scheinenden vormodernen oder modernen Welt zu konservieren.

Literatur

Bauman, Z. (2000). *Die Krise der Politik. Fluch und Chance einer neuen Öffentlichkeit*. Hamburg: Hamburger Edition.

Bauman, Z. (2008). *Flüchtige Zeiten. Leben in der Ungewissheit*. Hamburg: Hamburger Edition.

Bauman, Z. (2009a[1993]). *Postmoderne Ethik*. Hamburg: Hamburger Edition.

Bauman, Z. (2009b). *Gemeinschaften. Auf der Suche nach Sicherheit in einer bedrohlichen Welt*. Frankfurt a.M: Suhrkamp.

Belina, B. (2003). Kultur? Macht und Profit! – Zu Kultur, Ökonomie und Politik im öffentlichen Raum und in der Radical Geography. In H. Gebhard, P. Reuber, & G. Wolkersdorfer (Hrsg.), *Kulturgeographie. Aktuelle Ansätze und Entwicklungen* (S. 83-100). Heidelberg, Berlin: Spektrum Akademischer Verlag.

Bell, D. (1973). *The Coming of the Post-Industrial Society*. New York: Basic Books.

Bollnow, O.F. (1963). *Mensch und Raum*. Stuttgart u. a.O: Kohlhammer.

Burckhardt, L. (2006). *Warum ist Landschaft schön? Die Spaziergangswissenschaft*. Berlin: Schmitz.

Burr, V. (2005). *Social Constructivism*. London, New York: Routledge Chapman & Hall.

Chacón, J.A., & Davis, M. (2006). *No One is Illegal. Fighting Violence and State Repression on the U.S.-Mexico Border*. Chicago: Haymarket Books.

Coaffee, J. (2003). *Terrorism, Risk and the City*. Aldershot: Ashgate.

Cosgrove, D.E. (1984). *Social Formation and Symbolic Landscape*. London, Sydney: Croom Helm.

Davis, M. (1994[1990]). *City of Quartz. Ausgrabungen der Zukunft in Los Angeles*. Berlin: Verlag der Buchläden Schwarze Risse.

Didion, J. (1979). *The White Album*. New York: Simon and Schuster.

Ellin, N. (2003). Fear and City Building. *Hedgehog Review 5*, H. 3, 43-61.

Epstein, S. (1976). Anxiety, Arousal, and the Self-Concept. In I. G. Sarason, & C.D. Spielberger (Hrsg.), *Stress and Anxiety*, Bd. 3 (S. 185-224). Washington: Hemisphere Publ. Corp.

Foucault, M. (1983[1976]). *Der Wille zum Wissen*. Frankfurt a.M: Suhrkamp.

Gold, J.R., Revill, G. (2003). Exploring Landscapes of Fear: Marginality, Spectacle and Surveillance. http://findarticles.com/p/articles/mi_qa3780/is_200307/ai_n9279506/. Zugegriffen: 16. Januar 2011.

Habermas, J. (1985a). *Theorie des kommunikativen Handelns*. Bd. 1: Handlungsrationalität und gesellschaftliche Rationalisierung. Frankfurt a.M.: Suhrkamp.

Habermas, J. (1985b). *Theorie des kommunikativen Handelns*. Bd. 2: Zur Kritik der funktionalistischen Vernunft. Frankfurt a.M.: Suhrkamp.

Harvey, D.C. (1991). Geld, Zeit, Raum und die Stadt. In Wentz, M. (Hrsg.), *Stadt-Räume* (S. 149-168). Frankfurt a. M., New York: Campus-Verlag.

Higley, S.R. (1995). *Privilege, Power, and Place: The Geography of the American Upper Class*. Lanham, Maryland: Rowman & Littlefield Publishers.

Ipsen, D. (2006). *Ort und Landschaft*. Wiesbaden: VS Verlag für Sozialwissenschaften.

Kaufmann, St. (2005). *Soziologie der Landschaft*. Wiesbaden: VS Verlag für Sozialwissenschaften.

Krohne, H.W. (2010). *Psychologie der Angst. Ein Lehrbuch*. Stuttgart: Kohlhammer.

Kühne, O. (2008). *Distinktion – Macht – Landschaft. Zur sozialen Definition von Landschaft*. Wiesbaden: VS Verlag für Sozialwissenschaften.

Kühne, O. (2012). *Stadt – Landschaft – Hybridität. Ästhetische Bezüge im postmodernen Los Angeles mit seinen modernen Persistenzen*. Wiesbaden: VS Verlag für Sozialwissenschaften.

Kühne, O. (2013). *Landschaftstheorie und Landschaftspraxis. Eine Einführung aus sozialkonstruktivistischer Perspektive*. Wiesbaden: VS Verlag für Sozialwissenschaften.

Kühne, O., & Schönwald, A. (2014). *San Diego –Biographien der Eigenlogiken, Widersprüche und Entwicklungen in und von ‚America's finest city'*. Wiesbaden: VS Verlag für Sozialwissenschaften.

Läpple, D. (1991). Gesellschaftszentriertes Raumkonzept. In M. Wentz (Hrsg.), *Stadt-Räume* (S. 35-46). Frankfurt a.M., New York: Campus-Verlag.

Leibenath, M., & Otto, A. (2012), Diskursive Konstituierung von Kulturlandschaft am Beispiel politischer Windenergiediskurse in Deutschland. *Raumforschung und Raumordnung 70*, H. 2, 119-131.

Luhmann, N. (1984). *Soziale Systeme. Grundriß einer allgemeinen Theorie*. Frankfurt a. M.: Suhrkamp.

Mitchell, W.T.J. (1994). *Landscape and Power*. Chicago: University of Chicago Press.

Münker, St. (2009). *Emergenz digitaler Öffentlichkeiten. Die Sozialen Medien im Web 2.0*. Frankfurt a.M: Suhrkamp.

Olwig, K.R., & Mitchell, D. (Hrsg.). (2009). *Justice, Power and the Political Landscape*. London, New York: Routledge.

Paris, R. (2005). *Normale Macht. Soziologische Essays*. Konstanz: UKV-Verlagsgesellschaft.

Popitz, H. (1992). *Phänomene der Macht*. Tübingen: Mohr.

Riemann, F. (2009[1961]). *Grundformen der Angst. Eine tiefenpsychologische Studie*. München, Basel: Reinhardt.

Ronen, R. (2009). *Aesthetics of Anxiety*. Albany: State University of New York Press.

Schenk, W. (2013). Landschaft als zweifache sekundäre Bildung – historische Aspekte im aktuellen Gebrauch von Landschaft im deutschsprachigen Raum, namentlich in der Geographie. In D. Bruns, & O. Kühne (Hrsg.), *Landschaften: Theorie, Praxis und internationale Bezüge* (S. 23-36). Schwerin: Oceano-Verlag.

Soja, E.W. (2005). Borders Unbound. Globalization, Regionalism, and the Postmetropolitan Transition. In H.v. Houtum, O. Kramsch, & W. Zierhofer (Hrsg.), *B/ordering Space* (S. 33-46). Hants, Burlington: Ashgate.

Scott, A.J., & Soja, E. (Hrsg.). (1998). *The City. Los Angeles and Urban Theory at the Ende of the Twentieth Century*. Berkeley, Los Angeles, London: University of California Press.

Sennett, R. (1991). *Civitas. Die Großstadt und die Kultur des Unterschieds*. Frankfurt a.M: S. Fischer.

Stearns, P.N. (2006). *American Fear. The Causes and Consequences of High Anxiety*. New York, London: Routledge.

Tänzler, D. (2007). Politisches Charisma in der entzauberten Welt. In P. Gostmann, & P.U. Merz-Benz (Hrsg.), *Macht und Herrschaft. Zur Revision zweier soziologischer Grundbegriffe* (S. 107-138). Wiesbaden: VS Verlag für Sozialwissenschaften.

Tuan, Y.-F. (1979). *Landscapes of Fear*. New York: Pantheon Book.

Walter, F., & Marg, S. (2013). *Die neue Macht der Bürger. Was motiviert die Protestbewegungen?* Reinbek bei Hamburg: Rowohlt.

Landschaft und produktive Macht

Auf dem Weg zur Analyse landschaftlicher Gouvernementalität

Ludger Gailing

Zusammenfassung

Mit dem Beitrag wird eine multiperspektivische Sicht auf die Konstruktion von Landschaften vorgeschlagen, die nicht nur physisch-materielle Aspekte, sondern auch landschaftliche Ontologisierungen, Landschaftsverständnisse, multiskalare Perspektiven und kollektive Handlungsräume berücksichtigt. Diese Möglichkeit, die Konstruktion von Landschaften bzw. Kulturlandschaften zu analysieren, wird am Beispiel des Spreewalds illustriert. Ihre Vorstellung dient dazu, die komplexen Beziehungen zwischen Macht und Landschaft zu erläutern. Es werden zu diesem Zweck zunächst verschiedene Machtkonzepte erörtert und anhand eines empirischen Beispiels diskutiert, um abschließend einen Ausblick auf eine besonders tragfähige Variante machtbezogener Landschaftsanalyse zu geben: die Untersuchung produktiver Macht im Rahmen der Gouvernementalitätsforschung nach Foucault. Das Konzept der Gouvernementalität erscheint geeignet, Aspekte produktiver Macht bei der diffusen mehrdimensionalen Konstruktion von Landschaften zu analysieren. Dazu erscheint es zum einen erforderlich, solche Herrschaftstechniken zu erkennen, die Einfluss auf physisch-materielle Aspekte der Landschaft, die Ontologisierung einzelner Landschaften und/oder landschaftliche Handlungsräume ausüben. Zum anderen ergänzt die Anwendung dieses Konzepts aber die in diesem Beitrag vorgestellte Multidimensionalität der Landschaftskonstruktion um den Aspekt der Subjekte und ihrer vielfältigen Subjektivierungen.

1 Einleitung

Die Wörter ‚Landschaft' und ‚Macht' werden je nach soziokulturellem Kontext, gesellschaftlichem Handlungsfeld oder wissenschaftlicher (Sub-)Disziplin in höchst unterschiedlicher Weise verwendet. Jede Frage nach dem Zusammenhang von Landschaft und Macht bedarf also gewisser Konkretisierungen: Was ist jeweils mit ‚Landschaft' gemeint? Welches Machtverständnis liegt vor? Eine ausführliche Darlegung des Landschaftsbegriffs, der den folgenden Ausführungen dieses Kapitels zugrunde liegt, soll nun freilich nicht erfolgen, auch weil ‚Landschaft' als sprachliches Zeichen mit einer unüberschaubaren Fülle an Bedeutungen verbunden ist (vgl. Hard 1975; Gailing 2014a; Gailing und Leibenath 2012). Folgendes bleibt aber festzuhalten: Landschaft ist keine leere Ontologie, sondern stets schon eingebettet in historische Konstituierungen und Institutionalisierungen, die nicht einfach ausgeblendet werden können. Landschaft erscheint als ein gesellschaftlicher Raum, der ebenso eine materielle wie eine soziale Kategorie ist. Dieter Läpples Konzept eines Matrix-Raums und Henri Lefebvres Vorschlag zur Erfassung der Dreiheit des Raums stellen bekannte Versuche dar, den materiellen Raum in gesellschaftliche Raumkonzepte zu integrieren: Läpple (1991) sah das materielle Substrat gesellschaftlicher Verhältnisse als eine Komponente des Matrix-Raums neben Handlungsstrukturen, dem Regulationssystem und dem Zeichen-, Symbol- und Repräsentationssystem. Lefebvre (2000) betonte, dass die materielle Produktion des Raums den wahrnehmbaren Aspekt des Raums produziere (*espace perçu*). Dieser Aspekt des Raums stehe aber stets gleichberechtigt neben den Aspekten des *espace conçu* und des *espace vécu*, also des durch Künstler, Wissenschaftler und Planer konzipierten Raums bzw. des durch Bilder und Symbole hindurch erlebten Raums. Solche – und andere – Aspekte und Prozesse der Konstruktion von Landschaften können in ihrer wechselseitigen Strukturierung untersucht werden (vgl. Gailing 2014b; Ipsen 2002, S. 38): So schreibt sich etwa die Materialität einer Landschaft in die Institutionen – verstanden als handlungsleitende Strukturen – sowie in das individuelle und kollektive Handeln ein. Umgekehrt wirken Institutionen und Handeln wiederum auf die Materialität einer Landschaft. Potentiell handelt es sich dabei nicht nur um eine dualistische, sondern sogar um eine multidimensionale Perspektive auf Landschaft, denn die wechselseitigen Strukturierungen können beliebig viele Perspektiven auf Landschaft integrieren, so auch Landschaft als Diskurs, als Raumsymbol oder als Bestimmungsfaktor einer Sozialisation.

Welche Rolle spielt nun Macht in einer solchen multiperspektivischen Sicht auf die Konstituierung von Landschaften? Dazu sollen im folgenden Kapitel zunächst verschiedene Machtkonzepte erörtert werden. Anschließend soll dann anhand eines empirischen Beispiels die Tragfähigkeit dieser Machtkonzepte im komplexen Feld der Analyse landschaftlicher Konstruktionsprozesse geprüft werden, um abschließend einen Ausblick auf eine – wie im Titel angedeutet – besonders tragfähige Variante machtbezogener Landschaftsanalyse zu geben: die Untersuchung produktiver Macht im Rahmen der Gouvernementalitätsforschung nach Foucault.

2   Konzepte negativer und produktiver Macht

Negative und positive Machtkonzeptionen voneinander zu unterscheiden, geht im Wesentlichen auf Michel Foucault zurück. Foucault wandte sich gegen eine negative Machtkonzeption, die er als juridische bzw. als Souveränitätsmacht beschrieb. Diese erschien ihm ungeeignet, Machtverhältnisse in westlichen Gesellschaften zu analysieren. Die negative Machtkonzeption geht davon aus, dass sich Macht vor allem als Verbot oder als Gesetz manifestiert, denkt ‚Macht' in Kategorien des Besitzes und des Eigentums und lokalisiert sie in einem – in der Regel staatlicher Herrschaft zugeordnetem – Zentrum (Unterthurner 2008, S. 100). Es handelt sich um eine „idealtypische negative Schablone" (ebd.), der Foucault seine Konzeption positiver und produktiver Macht entgegenstellen konnte. Es kann zwar durchaus mit Recht hinterfragt werden, ob Macht in vorangegangenen Konzeptionen immer negativ und repressiv gewesen sei (vgl. Anter 2012, S. 116), dennoch bleibt festzuhalten, dass es sich in den Sozialwissenschaften durchgesetzt hat, Machtverständnisse in Abgrenzung zu Formen direkter bzw. negativer Macht zu entwickeln und zu systematisieren, wie es Foucault vorgeschlagen hat. Zwei Beispiele aus den Politikwissenschaften mögen dies illustrieren.

Das erste Beispiel ist ein Debattenbeitrag von Colin Hay (1997, S. 51f.). Er schlug – freilich ohne Bezug auf Foucault – vor, zwischen Macht als „context-shaping" und Macht als „conduct-shaping" zu differenzieren:

- *Conduct-shaping* ist eine direkte Form der Machtausübung ganz im Sinne der klassischen Definition von Robert A. Dahl: „when A gets B to do something that s/he would not otherwise do. (…) Direct power (…) is immediate, visible and behavioural, and is manifest in such practices as decision-making, physical and psychological coercion, persuasion and blackmail" (Hay 1997, S. 51). Es besteht eine große definitorische Nähe zur klassischen Definition von Max Weber: „Macht bedeutet jede Chance, innerhalb einer sozialen Beziehung den eigenen Willen auch gegen Widerstreben durchzusetzen, gleichviel worauf diese Chance beruht" (Weber 1972, S. 28).
- Demgegenüber beschreibt *context-shaping* „the capacity of actors to redefine the parameters of what is socially, politically and economically possible for others. […]. More formally then we can define power as the ability of actors (whether individual or collective) to 'have an effect' upon the context which defines the range of possibilities of others" (Hay 1997, S. 50).

Beide Machtverständnisse sind akteurszentriert, was sie anschlussfähig für politikwissenschaftliche Analysen macht, aber sie von Foucaults poststrukturalistischer Machtkonzeption unterscheidet. Während aber *conduct-shaping* im Sinne von *power of* bzw. *power over* das Vermögen mächtiger Akteure meint, über die Handlungen anderer direkt zu bestimmen, geht *context-shaping* deutlich darüber hinaus: Gemeint ist eine indirekte Form der Macht, die sich nicht offenbart, sondern in Strukturen und Institutionen eingeschrieben ist.

Eine noch weitergehende Differenzierung haben Michael Barnett und Raymond Duvall (2005) vorgelegt. Sie legen die Vielfalt von Machtverständnissen dar und systematisieren sie in einem Schema anhand von zwei analytischen Dimensionen: „the kinds of social relations through which power works (in relations of interaction or in social relations through which power works); and the specificity of social relations through which effects are produced (specific/direct or diffuse/indirect). These distinctions generate our taxonomy and four concepts of power: compulsory, institutional, structural, and productive" (Duvall 2005, S. 39).

Relational specificity

		Direct	Indirect
Power **works** **through**	Interactions of specific actors	**Compulsory**	**Institutional**
	Social relations of constitution	**Structural**	**Productive**

Abbildung 1   Taxonomie der Macht (Quelle: Barnett und Duvall 2005, S. 48).

Die vier konzeptionellen Typen (Abbildung 1) kann man folgendermaßen umschreiben:

- *Compulsory power*: Hiermit sind die direkten Beziehungen zwischen Akteuren und die dabei vorhandenen Möglichkeiten der Einflussnahme Einzelner auf das Handeln Anderer gemeint – im Sinne von Weber oder Dahl. Phänomene direkter Steuerung wie Zwang und Hierarchien stehen im Fokus des Interesses.
- *Institutional power*: Vergleichbar zum o.g. Konzept des *conduct-shaping* von Hay geht es hierbei um akteursbasierte, aber indirekte Formen der Machtausübung. Zwischen den Akteuren – die räumlich oder zeitlich durchaus weit voneinander entfernt sein können – stehen formelle und informelle Regeln und Organisationsstrukturen, die letztlich handlungsleitend sind. Diese Perspektive ist mithin institutionalistisch.
- *Structural power*: Hiermit sind – vor allem in neo-marxistischer Perspektive – Strukturen gemeint, die definieren, was Akteure in gesellschaftlicher Hinsicht sind, z. B. Herr-Sklave- oder Kapital-Arbeit-Beziehungen.
- *Productive power*: Formen struktureller und produktiver Macht ist gemein, dass sie nicht von spezifischen Akteuren kontrolliert und gesteuert werden können, sondern in konstitutiven gesellschaftlichen Prozessen wirksam werden. Während sich aber strukturelle Macht durch direkte strukturelle Beziehungen auszeichnet, zeigt sich produktive Macht in diffusen Prozessen – etwa der Konstituierung von Subjekten durch Wissensordnungen und Diskurse.

Während Hay also lediglich die von Foucault als negativ bezeichneten, direkten Formen der Machtausübung mit indirekten, institutionellen Formen der Machtausübung kontrastiert, gehen Barnett und Duvall einen Schritt weiter und beziehen indirekte Formen der Machtausübung mit ein – und zwar sowohl solche, die in historisch-materialistischer Perspektive auf Klassenbeziehungen rekurrieren als auch solche, die sich in produktiver

Weise durch die Produktion von Subjekten in diffusen sozialen Prozessen zeigen. Der entscheidende Pate dieser positiven ‚produktiven Macht' ist dabei Michel Foucault.

Foucault verwahrte sich dagegen, Machtwirkungen lediglich als ausschließend und unterdrückend zu charakterisieren. Um Macht aber in ihrer produktiven Funktion untersuchen zu können, war es erforderlich sie in anderer Weise zu analysieren: als ein Spiel von Kräfteverhältnissen, das in unaufhörlichen Kämpfen und Auseinandersetzungen diese Kräfteverhältnisse verwandelt, verstärkt und verkehrt (vgl. Foucault 1977, S. 113; Kupke 2008, S. 64). Anter (2012, S. 116) stellt Beispiele für den produktiven und konstruktiven Machtbegriff bei Foucault zusammen: Es handele sich (in ‚Der Wille zum Wissen') bei ‚Macht' um ein Spiel ungleicher und beweglicher Beziehungen, deren Wesen darin liege (in Dispositive der Macht) Körper zu durchdringen, Dinge zu produzieren, Lust zu verursachen, Wissen hervorzubringen und Diskurse zu produzieren. Macht stelle mithin ein produktives Netz dar, das ubiquitär wirksam sei, nicht aber eine per se negative Instanz, deren Funktion in der Unterdrückung bestehe. Insgesamt kennzeichnet das produktive Machtverständnis, das Foucault im Übrigen grundsätzlich mit anderen poststrukturalistischen Autorinnen und Autoren teilt, nicht die persönliche „Einschränkung von Handlungsweisen, sondern auch und vor allem ein produktives Vermögen, das in sozialen Verhältnissen eingelassen ist und die Möglichkeiten bezeichnet, das Verhalten und Handeln anderer zu beeinflussen, etwas hervorzubringen. Von ‚Herrschaft' spricht Foucault genau dann, wenn diese Beeinflussungsmöglichkeiten auf Dauer asymmetrisch verteilt sind" (Keller 2011, S. 88).

3 Macht und die Konstituierung von Landschaften

3.1 Konstituierung von Landschaften

Was verstehe ich nun – anknüpfend an die oben skizzierte multidimensionale Perspektive – unter der Konstituierung von Landschaft (vgl. Gailing 2014b)? Bestandteil solcher Konstituierungsprozesse ist zunächst einmal die grundlegende Rede von ‚Landschaft' im Zusammenhang mit einem Raumausschnitt. ‚Landschaft', ‚Kulturlandschaft' und ‚Naturlandschaft' sind für diverse (wissenschafts-)sprachliche Verwendungskontexte und Disziplinen prägende Begriffe. Landschaftsverständnisse sind ontologische Setzungen, die in Naturschutz, Denkmalpflege, Raumplanung oder Tourismuspolitik eine – mehr oder weniger – fundamentale Kraft entfalten. Mit dem Landschaftsbegriff können verschiedene Aspekte konnotiert werden: traditionelle politische Territorien, die ästhetische Erfahrung des synthetisierenden ‚landschaftlichen Blicks', holistische und individualisierbare Raumeinheiten oder Räume eines gelungenen, utopischen Mensch-Natur-Verhältnisses. In der normativen Tradition des Heimatschutzes bezieht sich diese Utopie etwa auf die Bewahrung stabiler vorindustrieller Verhältnisse und Bilder. Andere Verständnisse etwa der US-amerikanischen ‚Cultural Landscape Studies' oder aktueller

Positionen in der Raumentwicklungspolitik verweisen dagegen eher auf die Dynamik und den transitorischen Charakter der Kulturlandschaft.

In konstruktivistischer Perspektive sind alle Interpretationen und Verwendungsweisen des Sprachsymbols ‚Landschaft' bedeutsam. Dies gilt aber keineswegs nur für die sprachliche und terminologische Ebene der ‚Landschaft im Singular', sondern auch für die ‚Landschaften im Plural' als konstituierte räumliche Entitäten. Landschaften sind in einer solchen Forschungsperspektive keine gegebenen Einheiten räumlicher Wirklichkeit, sondern Konstrukte. Wenn Landschaften als räumliche Einheiten vorgestellt oder entwickelt werden, so basiert dies auf Syntheseleistungen, die im Rahmen von Ontologisierungen oder strategischen Essenzialisierungen erbracht werden. Kollektiv konstituierte Landschaften können als Bestandteile sozialer Wirklichkeit als Handlungs- und Institutionenräume analysiert werden, die immer in weitere gesellschaftliche Zusammenhänge (z.B. lokale oder nationalstaatliche Skalen menschlichen Handelns) eingebettet sind.

Unter landschaftlichen Handlungsräumen können solche ontologisierten Landschaften verstanden werden, in denen es gelungen ist, Handlungsformen zu entwickeln, die nach innen regionale Handlungsfähigkeit und Selbstorganisation gewährleisten und nach außen die Artikulation regionaler Interessen ermöglichen. Handlungsräume sind somit Raumkonstrukte, die als Ergebnisse kollektiven Handelns von Akteuren geschaffen werden. Beispiele sind Großschutzgebiete, LEADER-Regionen, Tourismusregionen oder Regionalparks. Raumkonstrukte der Reichweite und Gültigkeit formeller oder informeller Regelsysteme können komplementär dazu als formelle oder informelle Institutionenräume bezeichnet werden.

In multidimensionaler Perspektive sind daneben aber auch weitere Aspekte von Landschaften relevant:

- Zunächst ist der physisch-materielle Aspekt von Landschaften zu nennen. Dieser umfasst primordiale naturräumliche Faktoren ebenso wie Artefakte als (Neben-) Produkte menschlichen Handelns und andere physisch-materielle Spuren anthropogener Überformungen naturräumlicher Strukturen.
- Landschaften als räumliche Einheiten darzustellen oder zu entwickeln, beruht auf einer Syntheseleistung. Es kann sich dabei sogar um ontologisierte Landschaften handeln, die jeweils das erfolgreiche Resultat langfristiger Prozesse der Naturalisierung bzw. Reifikation sozialer Konstrukte darstellen. Dabei gelingt die kollektive Verdrängung des Konstruktcharakters der jeweiligen Landschaft. Das Sein der Raumeinheit wird relativ unhinterfragt hingenommen. Diese Konstruktion des ontischen Status einer Landschaft wird von Faktoren getragen, die von fundamentaler Bedeutung sein können. Es handelt sich dabei um Toponyme, Grenzen, Traditionen, Narrative, Raumbilder, Zuschreibungen regionaler Eigenart, Topoi der Sehnsuchtslandschaft und des Landschaftsverlustes sowie um Symbole. Es ist zu betonen, dass sie – wie alle gesellschaftlichen Phänomene – zeitlich kontingent sind, auch wenn ihnen für einen raumzeitlichen Kontext ein (möglicherweise nur temporärer) ontischer Status zukommt.

Diese Dimensionen – Landschaftsverständnisse, Handlungsräume, Institutionenräume, multiskalare Perspektive, physisch-materielle Aspekte und ontologisierte Landschaften – verdeutlichen, dass die gesellschaftliche Konstruktion von Landschaften äußerst komplex ist. In sozialwissenschaftlicher Hinsicht kann daher nicht in simplifizierender Hinsicht behauptet werden, dass es konkrete Landschaften objektiv gebe oder dass die Existenz einer Landschaft lediglich aus ihren physisch-materiellen Grundlagen heraus bestimmt werden könne. Bei empirischen Betrachtungen wird zudem relativ schnell deutlich, dass man es in der Regel mit einer Pluralität an Handlungsarenen und sogar an Ontologisierungen zu tun hat.

3.2   Der Spreewald: Einführung in den empirischen Fall

Der Naturraum des Spreewaldes[1] ist mit seiner geomorphologischen Struktur ein primordialer Faktor der Konstituierung des Spreewaldes als ‚Landschaft'. Der Spreewald ist ein mooriges Niederungsgebiet, das sich deutlich von seiner höher gelegenen Umgebung abgrenzt, die aus kuppigen Endmoränenzügen, Flächensandern und Grundmoränenflächen besteht. Das eiszeitlich entstandene, dem Mündungsgebiet eines Flusses nicht unähnliche Binnendelta verdankt seine Entstehung vor allem dem außergewöhnlich geringen Gefälle der Spree, der fast ebenen Geländeoberfläche und den starken Sandablagerungen. Der Spreewald war vor seiner Besiedlung durch den Menschen ein ausgedehntes Überflutungsmoor mit dichten Erlensümpfen. Seine Moor- und Auenböden werden aber durchaus immer wieder durch einzelne Schwemmsandflächen unterbrochen (vgl. Krausch et al. 1994).

Die heutigen physisch-materiellen Gegebenheiten im Spreewald sind aber keinesfalls als primordial aufzufassen, da die naturräumlichen Bedingungen in einer historischen Abfolge kleinerer und größerer Eingriffe auf der Grundlage zentraler Planungen und dezentraler Entscheidungen überprägt worden sind. Trotz vielfältiger anders konnotierter Zuschreibungen ist der Spreewald eine durch vielfältige Maßnahmen z. B. der Wasserwirtschaft, der Landwirtschaft und des Tourismus geprägte und veränderte Landschaft. Er ist wie jede Kulturlandschaft in physisch-materieller Hinsicht das Ergebnis „from continuous, dialectical struggles of power and resistance among and between the diversity of landscape providers, users and mediators" (Aitchison et al. 2002, S. 19). Der Prozess der historischen Entwicklung der heutigen Handlungsartefakte im Spreewald umfasst etwa die slawische Besiedlung der Niederlausitz im 7. und 8. Jahrhundert, den Zuzug deutscher Siedler, der mit verstärkten Rodungsaktivitäten zu Gunsten von Ackerbau und Grünland einherging, die mittelalterliche und frühneuzeitliche Dorf- und Stadtentwicklung sowie die neuzeitliche Erschließung des sumpfigen inneren Spreewaldes und die Veränderung des Gewässersystems seit dem Ende des 17. Jahrhunderts – zunächst

---

1   Die empirischen Erörterungen zum Spreewald in diesem Kapitel sind Gailing (2014b) entnommen.

in ungebundenem Landesausbau oder in feudalstaatlicher innerer Kolonisation, später durch staatlichen Hochwasserschutz, massive Meliorationsmaßnahmen und Projekte der touristischen Inwertsetzung.

Die ontologisierte Landschaft des Spreewaldes verweist in vielfacher Hinsicht auf den physisch-materiellen Landschaftsraum und steht heute mit ihm in einem engen Wechselverhältnis gegenseitiger Beeinflussung. Das Toponym ‚Spreewald' gemahnt etwa noch immer an die dichte Waldvegetation, die angesichts starker Rodungen seit dem 17. Jahrhundert weitgehend verloren gegangen ist. Auch das dominierende Raumbild des Spreewaldes, das ihn ikonisch als räumliche Einheit repräsentiert und einer heutigen touristischen Nutzung sowie sonstigen strategischen Nutzungen uneingeschränkt zugänglich ist, verweist stereotyp auf eine weitgehend nicht mehr erlebbare Landschaft. Es ist im Wesentlichen kanonisch auf diese wenigen Elemente reduziert: Fließe (teilweise mit Fischkästen, Stegen und Brücken, den sog. ‚Bänken'), das Ufer säumende Bäume oder Baumreihen, Wiesen, Kähne, Häuser in Holzblockbauweise (häufig mit Schlangenkönig-Giebel), Heuschober sowie Frauen in Tracht und sorbische Feste.

Für den Zeitraum vom Ende des 18. bis zur Mitte des 20. Jahrhunderts ist grundsätzlich ein Prozess der relativen Schließung des Spreewälder Raumbildes zu rekonstruieren, was in erheblicher Weise zur Ontologisierung des Spreewaldes als Raumeinheit beitrug. Wesentliche physisch-materielle Basis hierfür war die beschriebene Erschließungs- und Kolonistentätigkeit im inneren Oberspreewald. Dieser Landschaftstyp erhielt seine erste Wertschätzung spätestens in der Literatur der zweiten Hälfte des 19. Jahrhunderts und im daran anschließenden frühen Fremdenverkehr und prägt „bis heute das Spreewaldidealbild" (Roggan 2007, S. 87). Hierbei ist insbesondere die Rolle von Theodor Fontanes literarischer Verarbeitung seiner Reiseerfahrungen hervorzuheben, aber auch die Wirkung der Landschaftsmalerei des späten 19. Jahrhunderts und der medialen Repräsentationen des frühen Spreewald-Tourismus seit 1882.

Die zahlreichen heutigen Handlungsräume und Institutionenräume im Spreewald (z. B. das UNESCO-Biosphärenreservat Spreewald, das Verbandsgebiet des ‚Tourismusverbands Spreewald', der ‚Wirtschaftsraum Spreewald' als Handlungsraum des Spreewaldvereins oder der Handlungsraum der Lokalen Aktionsgruppe der LEADER-Region ‚Spreewald-PLUS') stehen mit der ontologisierten Landschaft des Spreewaldes in einem Verhältnis wechselseitiger Strukturierung. Die jeweiligen Handlungsarenen sind stets vorarrangiert, da sie ohne einen Bezug auf den Fundus an Faktoren der landschaftlichen Ontologisierung – wie Raumbilder, Toponyme und Zuschreibungen regionaler Eigenart – nicht gesellschaftlich relevant sein können. Dies gilt im Spreewald etwa für touristisches Marketing, für landwirtschaftliche Fördertatbestände oder für naturschutzrechtliche Schutzgebietsverordnungen, wenn jeweils auf das hergebrachte Raumbild rekurriert wird.

3.3   Landschaften und negative Macht

Bei einer Auswertung der Prozesse landschaftlicher Konstituierung im Spreewald aus
der Perspektive negativer Macht sind zahlreiche Beispiele zu finden, die allerdings – so
meine These – nicht unbedingt repräsentativ für landschaftliche Handlungsfelder der
Gesellschaft sind. Machtformen, die sich in direkten und persönlichen Praktiken wie
Zwang und hierarchischer Entscheidung zeigen, dürften in vielen Organisationen mehr
oder weniger von Bedeutung sein, so auch sicherlich in Behörden, Vereinen und Ver-
bänden im Spreewald. Bei der Gründung einer Organisation, die einen landschaftlichen
Handlungsraum entwickeln soll, ist keinesfalls immer davon auszugehen, dass solche
Motive handlungsleitend waren, die auf die Lösung gesellschaftlicher Probleme oder die
Sicherung anerkannter Gemeinwohlziele rekurrieren. Vielmehr können auch macht-
pragmatische Gründe eine Rolle spielen, wenn etwa eine Organisation gebildet wird, um
Fördervoraussetzungen der EU zu erfüllen oder privatwirtschaftliche Interessen abzu-
sichern. Ein Beispiel hierfür stellt der Spreewaldverein dar, dessen Handlungsraum durch
kollektives Handeln und regionale Institutionen stabilisiert wird, indem nur in seinen
Grenzen die von der EU geschützten geographischen Angaben für Spreewälder Gurken
und Spreewälder Meerrettich verwendet werden dürfen und indem er mit dem Raum der
regionalen Dachmarke ‚Spreewald' kongruent ist. Seine Abgrenzung richtet sich gegen
Produzenten von Waren, die mit dem Begriff ‚Spreewald' werben, ohne einen räumlichen
Bezug zum Spreewald aufzuweisen (vgl. Šonka et al. 2003, S. 251f.). Der Spreewaldver-
ein wurde 1991 gegründet, wobei damals noch ein stärkerer Naturschutzbezug bestand.
Erst seit seiner Wiedergründung 1995 steht die wirtschaftliche Entwicklung – vor allem
der Anbau und die Verarbeitung von Gurken – im Fokus. Dieser intraorganisatorische
Themenwandel spiegelte zugleich auch einen Machtwechsel wider.

Die Organisationsbildung zur Konstituierung von Handlungsräumen verweist bereits
auf Formen institutioneller Macht, die über ‚conduct-shaping' hinausgehen und als
‚context-shaping' zu fassen sind. Juridische institutionelle Macht wird im Spreewald
beispielsweise über die Biosphärenreservatsverordnung von 1990 ausgeübt. In dieser
wurden u. a. Schutzzonen mit ihren Ge- und Verboten festgelegt, womit der Schutzstatus gegenüber der Situation zu DDR-Zeiten großflächig verschärft wurde. Bestimmte
Formen der Land- oder Gewässernutzung sind innerhalb der Grenzen des Biosphären-
reservats verboten, differenziert nach seinen teilräumlichen Zonierungen in Kern-,
Pflege-, Entwicklungs- und Regenerierungszonen.

Solche Raumabgrenzungen, die formell institutionalisiert und mit Regelungen unter-
setzt werden, sind Instrumente diffuser und negativer Macht. Sie zeigen sich nicht nur
im Naturschutz, sondern auch in der Regionalplanung und der kommunalen Flächen-
nutzungsplanung, die institutionelle Macht ausüben, indem sie räumliche Zonierungen
und Funktionszuweisungen vornehmen. So gilt der innere Spreewald in den Grenzen des
Biosphärenreservates beispielsweise als Tabuzone für die Entwicklung der Windkraft.
Die regionalplanerische Funktionszuweisung und Zonierung von Eignungsgebieten bereitet Investitionsentscheidungen für den Bau von Windparks vor; durch den Ausschluss

dieser Nutzungen im Biosphärenreservat sichert die Regionalplanung einen Raum-
kompromiss ab, der den inneren Spreewald vor bestimmten Eingriffen in die physisch-
materielle Struktur der Landschaft bewahrt und zugleich andere Landschaftsräume wie
die umgebende Agrar- und Bergbaufolgelandschaft keineswegs verschont.

Institutionelle Macht zeigt sich auch in der ländlichen Entwicklungspolitik, wenn sich
beispielsweise die Abgrenzung des Wirtschaftsraums Spreewald, an der sich im Übrigen
auch die touristische Reiseregion und die LEADER-Region weitgehend orientieren,
bewusst gegen Produzenten von Waren richtet, die mit dem Begriff ‚Spreewald' werben,
ohne einen räumlichen Bezug zum Spreewald aufzuweisen. Entscheidend war dabei, dass
Golßen als Sitz der Spreewaldkonserve in den ‚Spreewald' integriert wurde. Die räumliche
In- und Exklusion hat direkte Folgen für die in den jeweiligen Dörfern wohnenden und
arbeitenden Menschen: Dürfen sie mit der Regionalmarke Spreewald werben? Können
die von ihnen verarbeiteten Gurken ‚Spreewälder Gurken' genannt werden? Können sie
von der LEADER-Förderung profitieren?

Es bleibt festzuhalten, dass direkt oder diffus wirkende Formen der negativen Machtausübung zu dem Handlungsrepertoire jener Akteure gehören, die landschaftliche
Handlungsräume entwickeln. Allerdings zeigt sich im Spreewald, dass diese Formen
der Machtausübung sekundärer Natur sind: Sie dienen etwa der physisch-materiellen
Absicherung persistenter Landschaftsbilder oder den Vermarktungschancen für als
‚regional' bezeichnete Produkte; den Weg für solche Formalisierungen, die sogar zur
direkten Durchsetzung von Ge- und Verboten und damit zur Ausübung von Zwang
führen können, haben freilich andere Machtverhältnisse bereitet. Diese sind produktiver
Natur.

3.4   Beispiele produktiver Macht

Wenn ein Raumausschnitt als ‚Landschaft' oder ‚Kulturlandschaft' bezeichnet wird, kann
dies bereits ein Ausdruck strukturell wirkender Machtbeziehungen sein: „Landschaft ist
[…] Ausdruck von Distinktions- und damit auch von Machtverhältnissen. Landschaft
dient dazu, mit Hilfe des legitimen Geschmacks der herrschenden Klasse, distinktiv zu
wirken. Dies bedeutet: Der legitime Geschmack grenzt sich vom mittleren und populären
Geschmack ab. Dadurch wird die gesellschaftliche Konstruktion von Landschaft – insbesondere in ihrer ästhetischen Dimension – ein Element der Erhaltung bestehender
Herrschaftsverhältnisse in der Gesellschaft, sie dient dem Machterhalt der herrschenden
Klasse. Dies galt in der Romantik hinsichtlich der Ästhetisierung der wilden und bäuer-
lichen Landschaft in ähnlicher Weise wie es heute für die altindustrielle Landschaft gilt"
(Kühne 2006, S. 43). Ob die dominante ästhetische Landschaftsauffassung des Spreewaldes heute als ein Mittel zur Distinktion der herrschenden Klasse vom mittleren
und populären Geschmack aufzufassen ist, bleibt freilich zu hinterfragen, denn die
touristischen Angebote des Spreewaldes richten sich – z. B. im Kahnfahrtourismus –
keineswegs nur an eine gehobene Klientel. Das Spreewälder Raumbild steht Zwecken

der Vermarktung hochpreisiger Wellness-Angebote ebenso zur Verfügung wie Zwecken des berlinnahen Massentourismus. Kühnes Argumentation kann aber sicher für die Entwicklung im 19. und frühen 20. Jahrhundert gelten, als das Spreewälder Bild der mühsam bearbeiteten Gemüsebeete und Wiesen an Fließen tourismuswirtschaftlich kommodifiziert wurde.

Produktive Machttechniken im Sinne Foucaults sind deswegen so erfolgreich, weil sie Subjekte subjektivieren und so auch produzieren (Stäheli 2000, S. 52). Wenn Subjekte in ihrer gesellschaftlichen Praxis auf die gängigen Faktoren der Ontologisierung des Spreewaldes als Landschaft Bezug nehmen und diese reproduzieren, so kann dies als diffuse, nicht an einzelne Machtträger gebundene Machtwirkung interpretiert werden. Landschaftliche Techniken produktiver Macht wären dann z. B. die strategische Bildproduktion, die mediale Erfindung bzw. Reaktualisierung landschaftlicher Eigenart, die symbolische Aufladung von Produkten und Kulinarik, die strategischen Aufladungen von Gebäuden, Artefakten und Lebewesen, die Schaffung von Themenorten, die Inszenierung und Festivalisierung von Teilräumen oder die Erfindung bzw. Reaktualisierung ortsbezogener Traditionen.

Der Heuschober ist zunächst nur eine praktische, einstmals ökonomisch relevante Möglichkeit zum Lagern von Heu; er ist materiell. Dass er aber als Raumsymbol und zentrales Element des Spreewälder Raumbildes gilt, und zwar eines bestimmten Raumbildes, das an traditionelle Bewirtschaftungsformen erinnert, lädt ihn mit Bedeutungen auf, die letztlich bewirken, dass der Spreewald ohne ihn ‚schwerer denkbar' ist. Wenn Hoteliers und Gastronomen heute Heuschober vor ihren Gebäuden errichten, wenn Organisatoren Spreewälder Feste den Heuschoberbau als Programmpunkt aufnehmen, wenn die Biosphärenreservatsverwaltung auf ihren Flyern Heuschober abbilden lässt, wenn die Spreewald Therme in Burg einen Heuschober im Eingangsbereich der Therme platziert und wenn dies schließlich noch durch die Betreiber des Spreewelten Bades in Lübbenau überboten wird, die den größten Heuschober des Spreewaldes (über einer Märchensauna) haben errichten lassen, dann verdeutlicht all dies die Vielfalt möglicher Subjektivierungen, die von diesem Aspekt des Spreewälder Raumbildes beeinflusst wurden. Ähnliche produktive Machtwirkungen gehen etwa von der Spreewaldgurke, dem Kahn oder der sorbischen Trachtentradition aus.

Landschaften als multidimensionale sozio-materielle Komplexe mit ihren naturräumlichen Prägungen und Handlungsartefakten, ihren Faktoren landschaftlicher Ontologisierung und ihren Handlungsräumen stellen insgesamt einen machtvollen produktiven Rahmen für Subjektivierungen bereit. Dies ist gerade nicht als geodeterministischer Prozess aufzufassen, sondern als vielfach fragmentierter, brüchiger und durchaus konflikthafter Prozess. Die Beziehungen des Subjekts zu sich selbst werden von den Spreewälder Gegebenheiten zwar deutlich beeinflusst, ihre partikularen Ausprägungen unterscheiden sich aber deutlich voneinander. Der Erbauer eines Heuschobers kann Verfechter einer traditionellen Lebensweise sein, vielleicht aber auch zugleich ein tourismusökonomisch kalkulierender Unternehmer, ein Anhänger des romantisierten Spreewaldbildes, ein Naturschützer und/oder ein ironisierender Marketing-Experte. Der

Spreewald als ‚Gurkenregion' öffnet Möglichkeiten für Subjektivierungen als Besitzer
einer großen Spreewaldkonserve, als Produzent kurioser Gurkenbockwürste, als Landwirt im Nebenerwerb, als Gurkenmotive bevorzugender Künstler, als Bio-Gastronom
oder als Thermenbetreiber, der Dampfbäder in Gurkenfässern anbietet.

Und nicht zuletzt sind trotz aller ontischen Qualitäten von Heuschober, Kahn und
Gurke immer auch Subjektivierungen möglich, die Widerstand implizieren, die gerade
bewusst von diesen Aspekten des Spreewälder Raumbildes und Zuschreibungen
regionaler Eigenart abweichen. Auch diese Handlungsweisen stehen dann aber im Zusammenhang mit der produktiven Macht des Spreewaldes als Landschaft.

4   Ausblick: Landschaftliche Gouvernementalität?

Macht ist deswegen in gesellschaftlicher Hinsicht produktiv für (potenziell) alle Subjekte,
weil sie vor allem in der Form diskursiver Prozesse und Praktiken das Alltagsleben und
verschiedenste gesellschaftliche Handlungsfelder beeinflusst. Derartige Machtformen
sind besonders weitreichend, weil sie – anders als etwa Formen direkter Machtausübung
(z. B. in Hierarchien) in konkreten Interaktionen spezifischer Akteure – ko-konstitutiv
Subjekte und ihre Identitäten berühren und prägen. Diese veränderte Sichtweise auf
Macht erlaubt es, Macht und Machtbeziehungen in empirischen Phänomenen zu analysieren, bei denen sie auf den ersten Blick nicht ‚auf der Hand liegen' – wie z. B. bei den
komplexen und diffusen Prozessen der Konstruktion von Landschaften.

An der analytischen Schnittstelle zwischen Machttechniken und Subjektivierungen
entwickelte Michel Foucault sein fragmentarisches „Konzept" (Lemke 2008, S. 13)
der Gouvernementalität (vgl. z. B. Foucault 2000). Es steht – insbesondere seit seinem
Aufgreifen durch die in verschiedenen Disziplinen präsenten „Neo-Foucauldian
governmentality studies" (Beveridge 2012, S. 72) als kritischer Analyserahmen für gesellschaftliche Transformationen und den Wandel von Regierungsweisen zur Verfügung. ‚Gouvernementalität' kennzeichnet Aspekte und Eigenschaften des Regierens,
wobei hiermit nicht lediglich das Handeln politischer Organisationen im engeren Sinne
gemeint ist, sondern vielmehr ein breites Spektrum an Techniken und Praktiken, das
neben klassischem Regierungshandeln und Marktverhältnissen auch beispielsweise
(mehr oder weniger) alltägliche Verfahren und Mechanismen der Standardisierung, der
Messung, des interpersonalen Vergleichs, der Bildung, der Architektur, der Medizin, der
Überwachung usw. umfassen kann (Allen 2003, S. 68; Huxley 2010, S. 195). Regierung
ist bei Foucault der „conduct of conducts", was eben auch die Selbstregierung oder die
Regierung der Familie umfassen kann (vgl. Oels 2010, S. 172).

Das Konzept der Gouvernementalität erscheint geeignet, die oben diskutierten
Aspekte produktiver Macht bei der diffusen mehrdimensionalen Konstruktion von
Landschaften zu analysieren. Dazu wäre es zum einen erforderlich, solche Herrschaftstechniken zu erkennen und zu beobachten, die Einfluss auf physisch-materielle Aspekte
der Landschaft, die Ontologisierung einzelner Landschaften und/oder landschaftliche

Handlungsräume ausüben. Zum anderen ergänzt die Anwendung dieses Konzepts aber die oben vorgestellte Multidimensionalität der Landschaftskonstruktion um den Aspekt der Subjekte und ihrer vielfältigen Subjektivierungen.

Formen der Regierung sind Foucault zufolge eng verbunden mit dem individuellen Verhalten und den Techniken der Selbstformierung; dabei koppeln sich jeweils Herrschaftstechniken mit Selbsttechniken: Interessant erscheinen daher vor allem die Berührungspunkte und Kopplungen zwischen diesen beiden Polen, wenn zum einen Herrschaftstechniken sich der Prozesse bedienen, bei denen Individuen auf sich selbst einwirken oder wenn zum anderen Selbsttechniken in Herrschaftsstrukturen eingebettet werden (Lemke 2008, S. 36f.). Vielleicht zeigt sich der Konstruktionsgehalt von ‚Landschaft' bzw. von ‚Landschaften' genau an diesen Schnittstellen? Vielleicht können wir die Konstruktion von Landschaften mithin nur verstehen, wenn wir Analysen produktiver Macht mit Analysen von Subjektivierungsweisen verkoppeln? Diese Fragen verweisen letztlich auf ein Desiderat, dem sich die Landschaftsforschung annehmen sollte.

Literatur

Aitchison, C. et al. (2002). *Leisure and Tourism Landscapes. Social and Cultural Geographies* (Routledge Advances in Tourism, Bd. 9). London: Routledge.

Allen, J. (2003). *Lost geographies of power*. Malden: Blackwell Publishing.

Anter, A. (2012). *Theorien der Macht zur Einführung*. Hamburg: Junius.

Barnett, M., & Duvall, R. (2005). Power in International Politics. *International Organization 59*, 39-75.

Beveridge, R. (2012). *A politics of inevitability. The privatisation of the Berlin Water Company, the global city discourse, and governance in 1990s Berlin*. Wiesbaden: VS Verlag.

Foucault, M. (1977[1979]). *Sexualität und Wahrheit, Bd. 1: Der Wille zum Wissen*. Frankfurt am Main: Suhrkamp.

Foucault, M. (2000). Die Gouvernementalität. In U. Bröckling et al. (Hrsg.), *Gouvernementalität der Gegenwart: Studien zur Ökonomisierung des Sozialen*. Frankfurt am Main: Suhrkamp.

Gailing, L. (2014a). Landschaft und Dinge. In S. Samida et al. (Hrsg.), *Handbuch Materielle Kultur. Bedeutungen – Konzepte – Disziplinen* (S. 56-64). Stuttgart: Metzler.

Gailing, L. (2014b). *Kulturlandschaftspolitik. Die gesellschaftliche Konstituierung von Kulturlandschaft durch Institutionen und Governance*. (Im Erscheinen).

Gailing, L. und Leibenath, M. (2012). Von der Schwierigkeit, „Landschaft" oder „Kulturlandschaft" allgemeingültig zu definieren. *Raumforschung und Raumordnung 70 (2)*, 95-106.

Hard, G. (1975). Zu den Landschaftsbegriffen der Geographie. In A.W.v. Wallthor, & H. Quirin (Hrsg.), *„Landschaft" als interdisziplinäres Forschungsproblem. Vorträge und Diskussionen des Kolloquiums am 7./8. November 1975 in Münster* (Veröffentlichungen des Provinzialinstituts für Westfälische Landes- und Volksforschung des Landschaftsverbands Westfalen-Lippe, Reihe 1, H. 21). Münster, 13-23.

Hay, C. (1997). State of the Art: Divided by a Common Language: Political Theory and the Concept of Power. In *Politics 17 (1)*, 45-52.

Huxley, M. (2010). Geographies of governmentality. In J.W. Crampton, & S. Elden (Hrsg.), *Space, knowledge and power. Foucault and geography* (S. 185-204). Farnham: Ashgate.

Ipsen, D. (2002). Raum als Landschaft. In Kaufmann, S. (Hrsg.), *Ordnungen der Landschaft. Natur und Raum technisch und symbolisch entwerfen* (S. 33-60). Würzburg: Ergon.

Keller, R. (2011). „Drama, Baby, Drama". Casting Society & Ranking Society: Positionierungsmacht in der Zweiten Moderne. In B. Wolfgang, & C. Lau (Hrsg.), *Macht und Herrschaft in der reflexiven Moderne* (S. 67-98). Weilerswist: Velbrück Wissenschaft.

Krausch, H.-D. et al. (1994). Natur. In L. Grundmann (Hrsg.), *Burger und Lübbenauer Spreewald: Ergebnisse der landeskundlichen Bestandsaufnahme in den Gebieten von Burg und Lübbenau*, 2. neubearb. Aufl. (Werte der deutschen Heimat, Bd. 55) (S. 1-17). Weimar: Hermann Böhlaus Nachfolger.

Kühne, O. (2006). Soziale Distinktion und Landschaft. Eine landschaftssoziologische Betrachtung. In *Stadt und Grün. Das Gartenamt 55 (12)*, 40-43.

Kupke, C. (2008). Macht und/oder Gewalt. Politikphilosophische Interventionen. In R. Krause, & M.Rölli (Hrsg), *Macht. Begriff und Wirkung in der politischen Philosophie der Gegenwart* (S. 63-84). Bielefeld: transcript.

Läpple, D. (1991). Essay über den Raum. Für ein gesellschaftswissenschaftliches Raumkonzept. In H. Häußermann et al. (Hrsg.), *Stadt und Raum. Soziologische Analysen* (S. 157-207). Pfaffenweiler: Centaurus.

Lefebvre, H. (2000[1974]). *La production de l'espace*. Paris: Anthropos.

Lemke, T. (2008). *Gouvernementalität und Biopolitik*. Wiesbaden: VS Verlag.

Oels, A. (2010). Die Gouvernementalität der internationalen Klimapolitik: Biomacht oder fortgeschrittenes liberales Regieren? In M. Voss (Hrsg.), *Der Klimawandel. Sozialwissenschaftliche Perspektiven* (S. 171-188). Wiesbaden: VS Verlag.

Roggan, A. (2007). *Das Amtsdorf Burg und die Kaupenbesiedlung. Ein außergewöhnlicher Vorgang in der preußischen „Inneren Kolonisation" des frühen 18. Jahrhunderts.* Bautzen: Domowina-Verlag.

Šonka, Jaroslav et al. (2003). Der Spreewald und die Gurke. In *Deutschland-Archiv – Zeitschrift für das vereinigte Deutschland 36 (2)*, 248-256.

Stäheli, U. (2000). *Poststrukturalistische Soziologien.* Bielefeld: transcript.

Unterthurner, G. (2008). Souveränität, Disziplin und Sicherheit nach Foucault. Bemerkungen am Leitfaden von Ein- und Ausschließung. In R. Krause, & M. Rölli (Hrsg), *Macht. Begriff und Wirkung in der politischen Philosophie der Gegenwart* (S. 99-118). Bielefeld: transcript.

Weber, M. (1972[1921/1922]). *Wirtschaft und Gesellschaft.* Tübingen: Mohr.

III   Planung und Macht

Orte in der Landschaft

Anmerkungen über die Macht von Institutionen

Hildegard Eissing, Nils Franke

Zusammenfassung

Das Thema ‚Macht und Landschaft' wird im Folgenden anhand der Planungen des Reichskommissars für die Festigung deutschen Volkstums, Heinrich Himmler, für die sogenannten ‚eingegliederten Ostgebiete' dargestellt. Prägnanzbildung, die Raumelemente zu Orten macht, erfolgt alltäglich durch Erfahrungen, die mit diesen Elementen verbunden sind oder werden und ihnen eine besondere Bedeutung zuweisen. Marc Augé unterscheidet zwischen Orten und Nicht-Orten, die keine solche Prägnanz aufweisen. Heinrich Himmler legte die Bedeutung von Orten intentional fest, indem er die nationalsozialistische Ideologie von ‚Blut und Boden' als Hintergrundchiffre seiner Planungen für die in Polen und der ehemaligen UdSSR besetzten Gebiete nahm und die Räume konkreten Regelungen für Gestaltung und Funktionsverteilung unterwarf, ohne Rücksicht auf die ansässige Bevölkerung und ihre Bedürfnisse. Diese Regelungen wurden im Reichskommissariat entwickelt, zu einem Regelungsgeflecht mit wechselseitigen Bezügen ausgebaut und zunächst nur für diese Räume verbindlich gemacht; später sollte die Übertragung auf das sogenannten ‚Altreich' erfolgen. Der Artikel beschreibt die Prägnanzbildung, die durch die Regelungen erzielt werden sollte und formuliert in diesem Zusammenhang Herausforderungen, denen sich ein Akteur wie der Naturschutz für seine ‚Orte' im Spannungsfeld des demokratischen Prozesses stellen muss.

1 Orte und Nicht-Orte nach Marc Augé

Auf Basis eines konstruktivistischen Verständnisses von Raum unterscheidet der französische Anthropologe Marc Augé zwischen Orten und Nicht-Orten (Augé 2012). Orte sind seiner Meinung nach Raumelemente, die eine multifunktionale Bedeutung einnehmen können. Eine Kirche ist z. B. ein wichtiger Ort für Gläubige, ein weithin sichtbarer Orientierungspunkt und u.U. ein Zeugnis einer bestimmten Architekturrichtung. Im Sinne der phänomenologischen Philosophie kommt es hier zu einer komplexen

Prägnanzbildung, die zu einer entsprechend komplexen Sinngebung einlädt (Cassirer 2002, S. 230f.).

Nicht-Orte sind nach Marc Augé monofunktionale Raumelemente, die nur zu einer einzigen, eindeutigen Sinngebung einladen. Eine Autobahn hat die Funktion zu ermöglichen, dass die Strecke von A nach B möglichst schnell mit dem Auto zurückgelegt werden kann. Sie erlegt in diesem Sinne ihren Nutzern bestimmte Regeln auf, die den Verkehr effektivieren. Die Autobahn ist daher eindeutig ein Nicht-Ort, ebenso wie ICE-Strecken, Einfahrten, Treppenhäuser oder Aufzüge.

Eine auf der Unterscheidung von Orten und Nicht-Orten aufbauende Hypothese Marc Augés lautet: Mit der Industrialisierung ab Mitte des 19. Jahrhunderts nahm die Zahl der Nicht-Orte rapide zu und führte soziologisch zu einer Zunahme der Einsamkeit der Menschen (Augé 2012, S. 108ff.). Eine steile Hypothese, die aber leicht mit Beispielen aus dem Alltag unterfüttert werden kann.

Angeführt sei hier der Tod und seine Organisation in der westlichen Hemisphäre. Heute sterben die meisten Menschen im Krankenhaus, in einem beliebigen Zimmer auf einem anonymen Flur. Das tayloristische Fließbandsystem hat auch den Tod erreicht und den Ort des Sterbens zum Nicht-Ort gemacht. Früher starb man dagegen zuhause, oft in der Stube, die (auch) damit zum Ort wurde. Auch aktuell wünschen sich viele Menschen, zuhause sterben zu dürfen, an einem Ort, der ihnen vertraut und für sie mit Bedeutung aufgeladen ist.

Marc Augés Einteilung in Orte und Nicht-Orte ist eine plakative Methode zur Klassifizierung von Raumelementen. Sie trifft im Groben zu, kann aber im Detail widerlegt werden. Denn Nicht-Orte können relativ schnell durch individuelle Erlebnisse zu Orten werden. ,In' ist es z. B., Nicht-Orte wie Tiefgaragen durch künstlerische Events zu ,coolen' Orten zu ,stylen'. Marc Augés Unterscheidung zwischen Orten und Nicht-Orten hat aber die Kraft, sehr anregend zu sein, denn sie führt direkt zum Phänomen der Prägnanzbildung: Zur Frage also, wie wir einem Raumelement Bedeutung zuweisen.

Das kann z. B. in der primären Sozialisation erfolgen: Hier wird Kindern etwa vermittelt, dass ein Museum ein Ort ist, an dem man sich ruhig verhält, Bilder nicht anfasst, nicht laut spricht oder singt. Das Museum erhält damit die Bedeutung von ,besonders', vielleicht auch von ,erhaben', sicher aber von ,wertvoll'. In der sekundären Sozialisation lernen wir verstehen, dass das Museum Regeln vorgibt: Wir müssen unsere Taschen und Jacken abgeben, dürfen uns manchen Bildern nicht stärker nähern, weil sonst ein Alarm ausgelöst wird, und dürfen nicht mit Blitzlicht fotografieren. Ein Museum ist also ein gutes Beispiel dafür, dass wir in eine Welt hineingeboren werden, in der die Prägnanzbildung bereits ohne uns vorgenommen wurde und – trotzdem – für uns verbindlich ist: Wir müssen uns an die Regeln halten, die die Prägnanz sichern. Der ,Ort' im Sinne Marc Augés übt also Macht aus.

Daraus folgen die Fragen nach den Urhebern und ihren Motiven der Prägnanzbildung, deren Institutionalisierung und ihrer Verbindlichkeit.

Die Beantwortung dieser Fragen fällt leichter, wenn sie innerhalb eines Schwarz-Weiß-Systems bearbeitet wird. Für Landschaften findet es sich z. B. in den Planungsregelungen

Heinrich Himmlers als Reichskommissar für die Festigung deutschen Volkstums für die sogenannten ‚eingegliederten Ostgebiete'. Wir haben es dabei mit einem Raum zu tun, der von einem Akteur mit angenommener absoluter Macht ohne Rücksicht auf die ansässige Bevölkerung mit Planungen, die seiner Ideologie Geltung verschaffen sollten, überzogen wurde. Ein Teil der Planung wurde auch tatsächlich umgesetzt.

2   Geplante Prägnanzbildung: Orte aus Sicht des Reichskommissariats für die Festigung deutschen Volkstums

Kurz nach Beginn des Zweiten Weltkrieges ernannte Adolf Hitler H. Himmler zum ‚Reichskommissar für die Festigung deutschen Volkstums' und erweiterte damit dessen Kompetenzen in der ‚Volkstumsarbeit' über das Rasse- und Siedlungshauptamt hinaus.

Die Aufgaben, die H. Himmler damit neu übernahm, erstreckten sich auf „Ausschaltung des schädigenden Einflusses von solchen volksfremden Bevölkerungsteilen, die eine Gefahr für das Reich und die Volksgemeinschaft bedeuten [...] sowie Gestaltung neuer deutscher Siedlungsgebiete durch Umsiedlung" (Longerich 2008, S. 449f.). Zur Durchführung dieser Aufgaben sollte H. Himmler sich der vorhandenen Strukturen des „Dritten Reichs" bedienen.

H. Himmler nahm sich der neuen Aufgabe mit Energie an: Bereits am 11.10.1939 unterzeichnete er „vorläufige Planungsrichtlinien" (Longerich 2008, S. 458), die er in der folgenden Zeit verfeinerte. Zu diesen Planungsrichtlinien gehörten die beiden folgenden ‚Allgemeinen Anordnungen', die hier deshalb vorgestellt werden, weil sie für unser Thema – die Planung von Orten und Nicht-Orten – die aussagekräftigsten sind.

2.1   Die ‚Allgemeine Anordnung Nr. 7/II vom 26.11.1940 (AA Nr. 7/II)'

Ein Jahr später, am 26.11.1940, erließ H. Himmler die „Allgemeine Anordnung Nr. 7/ II des Reichsführers SS Reichskommissar für die Festigung deutschen Volkstums. Betr: Grundsätze und Richtlinien für den ländlichen Aufbau in den neuen Ostgebieten" (Hartenstein 1998, S. 93ff.). Hier wurden Bodenordnung und Dorfplanung, aus Sicht der Nationalsozialisten grundlegende Voraussetzungen für die Neugestaltung des Raumes entsprechend ihren Vorstellungen, in den Grundzügen festgelegt. Bzgl. der Bodenordnung wurde klargestellt, dass die ‚bäuerliche Familienwirtschaft' Ziel und Gegenstand der Planung sei. Der Bauer als Garant der vermeintlichen rassischen Überlegenheit der Deutschen hatte in der NS-Ideologie eine zentrale Stellung. Die Dorfplanung unterschied zwischen Hauptdorf und den ihm zugeordneten Dörfern mit je 300 bis 400 Einwohnern. Die Höfe sollten so gestaltet sein, dass sie eine intensive Bodennutzung unterstützten und der nationalsozialistischen Vorstellung von ‚deutschem Bauerntum' entsprachen. Bei den Gemeinschaftsanlagen waren vorgesehen:

„1. Das Parteihaus mit kleinem Feierraum, den Diensträumen der Partei, ihrer Gliederungen und angeschlossenen Verbände mit Gesundheitsstation, der dörflichen Verwaltung mit Kindergarten usw. 2. Bauten der Erziehung und körperlichen Ertüchtigung. 3. Gaststätte mit Saal. 4. Gebäude für gemeinschaftliche Wirtschaftszwecke. […]. Durch die Bildung dieser Baugruppe entsteht der Aufmarschplatz; gegebenenfalls kann auch der Sportplatz als Aufmarschplatz dienen […]. Ins Dorf gehört grundsätzlich ein Glockenturm." (AA 7/II, zitiert nach Hartenstein 1998, S. 95). Der Dorfmittelpunkt war damit als Ausdruck des totalitären Anspruchs an Raum und Gesellschaft beschrieben.

2.2 Die „Allgemeine Anordnung Nr. 20/VI/42 vom 21.12.1942 (AA Nr. 20/VI/42)"

1942 wurden diese Regelungen um die ‚Allgemeine Anordnung Nr. 20/VI/42 des Reichsführers SS, Reichskommissars für die Festigung deutschen Volkstums, über die Gestaltung der Landschaft in den eingegliederten Ostgebieten vom 21.12.1942', die sogenannten ‚Landschaftsregeln', ergänzt (Mäding 1943). Sie betrafen die Landschaft, die Dorflagen, Kleinstädte und Städte und wollten Vorsorge treffen für die Nutz- ebenso wie die sogenannte Wehrlandschaft und die Grüngestaltung innerhalb der Siedlungsfläche.

Grundlage war die Blut- und Bodenideologie: Es ging darum, dass die neu zu besiedelnden Räume „ein unserer Wesensart entsprechendes Gepräge erhalten, damit der germanisch-deutsche Mensch sich heimisch fühlt, dort seßhaft wird und bereit ist, diese seine Heimat zu lieben und zu verteidigen" (Mäding 1943, S. 51), so der Wortlaut der AA Nr. 20/VI/42. „Germanisch-deutsche Landnahme war immer mit einer Landgestaltung verbunden", konstatierte Erhard Mäding, Abteilungsleiter im Planungsstab H. Himmlers, und berief sich dabei auf Johann Wolfgang Goethe (Mäding 1943, S. 8). Die ‚Landschaftsregeln' waren auch ‚Volkstumsarbeit' und daher alles andere als marginal für H. Himmler und seine Mitarbeiter.

E. Mäding erläuterte sie im Sinne des Geodeterminismus. Entsprechend waren die Grundprinzipien der Landschaftsregeln ‚Gestaltung' und ‚Gesundung' bzw. ‚Wiedergesundung' (siehe auch Beitrag von Zutz in diesem Band). Diese Wiedergesundung geschehe in der „natürlichen Landschaft": Stichworte waren ‚Ganzheit', ‚Organismus' und ‚sich einfügen'. Das griff Topoi auf, die Karl Friederichs und August Thienemann in der sogenannten ‚Allgemeinen Ökologie' vertraten und die auch den Nachkriegs-Naturschutz prägten (vgl. das Forschungsprogramm bei Friederichs 1937, S. 85f.; Thienemann 1941; vgl. Verweis auf Thienemann bei der Begründung und Erläuterung der ‚Grünen Charta von der Mainau' bei Olschowy 1966; oder Buchwald 1957; Buchwald 1961).

2.3 Orte, die durch die Allgemeinen Anordnungen 7/II und 20/VI/42 entstanden

Die Landschaftsregeln wurden konkret: strukturell, rechtlich, organisatorisch, finanziell, inhaltlich (vgl. Mäding 1943, S. 41ff.). Sie definierten, was eine „artgerechte" Landschaft sei: Im Einzelnen gehörten zu den Vorgaben zum Beispiel, den Waldanteil von 16 % im Jahr 1942 auf 30 % zu steigern, Vorgaben zur Anlage von Gehölzen, Waldstreifen, Baumgruppen, Hecken als Schutzpflanzungen, zur klaren Trennung von städtischen und ländlichen Bereichen, zur Einfügung technischer Infrastruktur in die Landschaft und zur Einpassung von Gebäuden und Siedlungen in die Landschaft. E. Mäding beschrieb dies wie folgt: „Die Gliederung und Begrenzung der Feldflur durch Wald, Waldstreifen, Hecken, Gebüsche und Bäume, die natürliche Verbauung von Gelände und Gewässer und die Grüngestaltung der Siedlungen sind bestimmende Kennzeichen deutscher Kulturlandschaften. Der Bauer unserer Art war und ist in sorgsamer Pflege bemüht, die natürlichen Kräfte des Bodens, der Pflanzen- und Tierwelt zu steigern und das Gleichgewicht des Naturganzen zu erhalten." (Mäding 1943, S. 51).

Die hier beschriebenen Landschaften entsprechen in etwa dem, was heute seitens des Naturschutzes als Kulturlandschaft bezeichnet wird: eine Mischung aus Siedlung, Grünflächen und genutzter Landschaft, durchsetzt von Wald und Baumgruppen (vgl. Anhang I der FFH-RL; vgl. Haber 2001; vgl. Ellenberg 1978).

Die Siedlungsbilder selbst zeigen um den Ortsmittelpunkt gruppierte Gemeinschaftsbauten, unter ihnen der unvermeidliche Glockenturm, mit planmäßig zu den Acker- und Grünlandflächen hin angeordneten Gehöften, alles sehr rationell und durchdacht, aber auch überschaubar, in Teilen multifunktionell nutzbar und durchgrünt, vermeintlich eine ländliche Idylle, in Wirklichkeit Ausdruck einer menschenverachtenden, totalitären Ideologie.

3 Herausforderungen für den Naturschutz heute

3.1 Selbstverständnis des Naturschutzes

Ob und welche Spuren die Zeit zwischen 1933 und 1945 in Bezug auf das Selbstverständnis des Naturschutzes gehabt hat, konkret auf die Definition von Orten und Nicht-Orten – darüber kann man trefflich streiten. J. Wolschke-Bulmahn und G. Gröning behaupten in Bezug auf die „Landschaftsregeln", dass sie nach 1945 „so gut wie unberücksichtigt geblieben" seien (Gröning und Wolschke-Bulmahn 1987, S. 112). Das ist im Ergebnis allerdings kaum vorstellbar, waren Heinrich Friedrich Wiepking, der Sonderbeauftragte für die eingegliederten Ostgebiete, und Konrad Meyer, Multifunktionär des NS-Staates und Planungsverantwortlicher für den Generalplan Ost beim Reichskommissariat, nach 1945 bestallte Professoren an der Universität Hannover und bildeten ‚Fachleute für die Landschaft' aus. Eine Distanzierung von ihren Einstellungen während des Nationalsozialismus nach 1945 ist nicht bekannt.

3.2   Kodifizierung und Institutionalisierung

Zur Erinnerung: Das Reichsnaturschutzgesetz (RNG), die erste ‚reichsweit' geltende
gesetzliche Grundlage des Naturschutzes, war ein sogenanntes ‚Regierungsgesetz', also
nach Inkrafttreten des sog. ‚Ermächtigungsgesetzes' und ohne parlamentarische Beratung 1935 in Kraft getreten. Es war die erste, ‚reichsweite' Geltung beanspruchende
Legitimation des Naturschutzes als hoheitliche Aufgabe. ‚Landespflege' im Sinne der
„Leistungs- und Funktionsfähigkeit des Naturhaushalts einschließlich der Regenerationsfähigkeit und nachhaltigen Nutzungsfähigkeit der Naturgüter" (BNatSchG 2009, §1 Ziff.
2) war im RNG nicht kodifiziert.

In der ‚Allgemeinen Anordnung Nr. 7/II des Reichsführers SS, Reichskommissars für
die Festigung deutschen Volkstums vom 26. November 1940, betr. Grundsätze und Richtlinien für den ländlichen Aufbau in den neuen Ostgebieten' bezeichnete H. Himmler
erstmals die Landespflege als öffentliche Aufgabe.

Mit der ‚Allgemeinen Anordnung Nr. 20/VI/42 des Reichsführers SS, Reichskommissars für die Festigung deutschen Volkstums, über die Gestaltung der Landschaft in den eingegliederten Ostgebieten vom 21.12.1942' wurde die Landespflege
weiter kodifiziert und damit auch institutionalisiert. Der Kommentar E. Mädings aus
dem Jahr 1943 verankerte diese Kodifizierung durch Interpretation und verstärkte die
Institutionalisierung durch seine Stellung innerhalb des Stabshauptamtes des Reichs-
kommissariats für die Festigung deutschen Volkstums.

Die ‚Vereinbarung des Reichskommissars für die Festigung deutschen Volkstums
mit dem Reichsforstmeister über Landschaftsgestaltung. Vom 11. Mai 1942' trieb die
Institutionalisierung voran: Die Abteilung Naturschutz im Reichsforstamt wurde zur
‚Abteilung für Naturschutz und Landschaftspflege' und damit zuständig für Landschaftsgestaltung und Landschaftsschutz. Sie wurde in Gruppen untergliedert: die Gruppe ‚Landschaftspflege in den neuen Siedlungsgebieten' wurde in der Vereinbarung dem Sonderbe-
auftragten für Landschaftsgestaltung und Landschaftspflege des Reichskommissars für
die Festigung deutschen Volkstums, also H. F. Wiepking, zugewiesen, der parallel seine
Funktion beim Reichskommissar wahrnahm (Vereinbarung 11. Mai 1942, Ziff I).

In der Vereinbarung wurde zudem geregelt, dass die ‚Stelle' i.S. d. § 8 RNG, also das
ehrenamtlich besetzte Naturschutzfachgremium, das der Verwaltung Entscheidungs-
vorlagen liefern sollte, innerhalb der Gauselbstverwaltung die Bezeichnung ‚Gaustelle
(Provinzialstelle) für Landschaftspflege und Naturschutz' erhielt und als ‚Initiativstelle'
fungieren sollte (Vereinbarung 11. Mai 1942, Ziff. III). Die ‚Stelle' sollte dem Reichsstatt-
halter in Posen und Danzig und dem Oberpräsidenten in Ostpreußen und Oberschlesien
in Gestalt des dort anzusiedelnden ‚Generalreferenten für Landschaftspflege' zuarbeiten,
der die übergeordneten Planungen der Landschaftsgestaltung und die für die Sonderver-
waltungen betreiben sollte (Vereinbarung 11. Mai 1942, Ziff. II). Eine „Denkschrift über
die Errichtung eines „Reichslandschaftsamtes" beim Reichsforstmeister (25.11.1941)" ent-
hielt organisatorische Überlegungen für eine Verfestigung dieser Struktur, die ‚reichsweit'
gelten sollten, aber nie in Kraft traten (Gröning und Wolschke-Bulmahn 1987, S. 223ff.).

Gert Kragh als Nachfolger Hans Kloses als Leiter der Vorgängerinstitution des heutigen Bundesamts für Naturschutz setzte sich nach 1945 für eine analoge Struktur in der neuen Bundesrepublik Deutschland ein – wohl nicht zufällig, denn er war ein Schüler H. F. Wiepkings (Frohn und Schmoll 2006, S. 229). U. a. hierauf baute die Naturschutzgesetzgebung nach 1945 auf (vgl. zu einzelnen Schritten auf dem Weg bis 1976 Eissing 2014).

3.3 Herausforderungen

Anders als in den ‚Landschaftsregeln' wird im BNatSchG als Begründung selbstverständlich nicht auf rassistische, „Blut-und-Boden" bezogene Ideologeme oder die Eignung der Landschaft für Angriff und Verteidigung, sondern auf ein Bündel überwiegend anthropozentrischer Begründungen aus dem Kontext der nachhaltigen Entwicklung abgehoben. Implizit tauchen aber das ‚Gleichgewicht des Naturganzen' wie auch die ‚heimischen Arten' als Ziele in der aktuellen Rechtsetzung auf – eindeutig nicht naturwissenschaftlich begründet. Wie dann?

Die ‚deutsche Kulturlandschaft' in den ‚eingegliederten Ostgebieten' sollte aus Sicht H. Himmlers ökologische Rahmenbedingungen und intensive land- sowie forstwirtschaftliche Bodennutzung mit ästhetischen Maßstäben an Schönheit und Harmonie sowie einer aus seiner Sicht sozial ausgewogenen Bevölkerungsstruktur verbinden – überwach- und steuerbar durch die SS. Die Verbindung zwischen Landschaft und Bewohnern war nicht ideell, sondern physisch-real gemeint. ‚Seelenlandschaft' war in dieser Ideologie keine Metapher für Erholung oder Geborgenheit, sondern beschrieb ganz real die unterstellte Wechselwirkung zwischen Bevölkerung und Landschaft: Ein Ideal der Nachhaltigkeit, das sich in der nationalsozialistischen Ideologie nur mit der ‚gesunden Volksgemeinschaft' verwirklichen ließ – also auf der Basis der Ungleichheit der Menschen, von dadurch begründetem Rassismus und unter Geltung des Führerprinzips.

Die Frage nach ‚Orten' stellt sich aber im Naturschutz auch heute, sei es beim Schutz historischer Kulturlandschaften, sei es beim Schutz sogenannter ‚Wildnis', z. B. in Nationalparken. Anders als zur Zeit der nationalsozialistischen Diktatur lassen sich ‚Orte' aber heute nicht mehr per ‚Allgemeiner Anordnung' schaffen. Eine pluralistische Demokratie und ein Rechtsstaat verlangen nach Legitimation von Entscheidungen des Naturschutzes. Der Verweis auf rechtliche Vorgaben erweist sich im Konfliktfall häufig nicht als ausreichend belastbar, weil Naturschutzsachverhalte nur selten eindimensional und eindeutig sind und Auswahlentscheidungen sich zumeist als Werte gesteuert erweisen. Bisweilen fehlen auch schlicht und einfach Daten und wissenschaftlich fundiertes Wissen, die Entscheidungen absichern könnten. Fragen von Partizipation und Teilhabe stellen sich daher dringlich. Für den Naturschutz, der sie bisher nur in Ausnahmefällen praktiziert hat, bedeuten sie eine Herausforderung. Es steht ein Kulturveränderungsprozess an.

Literatur

AA Nr. 7/II: Allgemeine Anordnung Nr. 7/II des Reichsführers SS, Reichskommissars für die Festigung deutschen Volkstums vom 26. November 1940, betr. Grundsätze und Richtlinien für den ländlichen Aufbau in den neuen Ostgebieten. In M.A. Hartenstein (1998), *Neue Dorflandschaften. Nationalsozialistische Siedlungsplanung in den „eingegliederten Ostgebieten" 1939 bis 1944* (S. 93-96). Berlin: Verlag Dr. Köster.

AA Nr. 20/VI/42: Allgemeine Anordnung Nr. 20/VI/42 des Reichsführers SS, Reichskommissars für die Festigung deutschen Volkstums über die Gestaltung der Landschaft in den eingegliederten Ostgebieten. In E. Mäding (1943), *Regeln für die Gestaltung der Landschaft. Einführung in die Allgemeine Anordnung Nr. 20/VI/42 des Reichsführers SS, Reichskommissars für die Festigung deutschen Volkstums über die Gestaltung der Landschaft in den eingegliederten Ostgebieten von Erhard Mäding* (S. 50-62). Berlin: Verlag deutsche Landbuchhandlung Berlin.

Augé, M. (2012). *Nicht-Orte*. 3. Aufl. München: Verlag C.H. Beck.

Buchwald, K. (1957). Gesundes Land – Gesundes Volk. Eine Besinnung zum Gesundheits- und Erholungsproblem. *Natur und Landschaft Bd. 32. H. 6*, 94-98.

Buchwald, K. (1961). Die Natur in der Stadt. In Deutsche Gartenbaugesellschaft 1961: *Die Grüne Charta von der Mainau*. Heft 10 der Schriftenreihe der Deutschen Gartenbaugesellschaft e.V. Union Druckerei Stuttgart. Verlegt bei Günther Neske Pfullingen, 21-32.

BNatSchG (2009). *Gesetz zur Neuregelung des Rechts des Naturschutzes und der Landschaftspflege vom 29. Juli 2009*. BGBL I, 2542-2579.

Cassirer, E. (2002). *Philosophie der symbolischen Formen. Teil 3: Phänomenologie der Erkenntnis. Gesammelte Werke – Hamburger Ausgabe*. Band 13. Hamburg: Meiner.

Denkschrift (1941). Denkschrift über die Errichtung eines „Reichslandschaftsamtes" beim Reichsforstmeister (25.11.1941). In G. Gröning & J. Wolschke-Bulmahn (1987), *Die Liebe zur Landschaft. Teil III: Der Drang nach Osten. Zur Entwicklung der Landschaftspflege im Nationalsozialismus und während des Zweiten Weltkriegs in den „eingegliederten Ostgebieten"*. Arbeiten zur sozialwissenschaftlich orientierten Freiraumplanung. Bd 9 (S. 223 - 228). München: minerva publikationen.

Eissing, H. (2011). Das Reichsnaturschutzgesetz im Spiegel seiner Kommentare. Kontinuitäten im deutschen Naturschutz. *Naturschutz und Landschaftsplanung Bd. 43, H. 10*, 308-312.

Eissing, H. (2014). Kein Kommentar bitte! Anmerkungen zum Reichsnaturschutzgesetz. In N. Franke, & U. Pfenning (Hrsg.), *Kontinuitäten im deutschen Naturschutz* (S. 163-180). Stuttgart: Nomos Verlag.

Ellenberg, H. (1978). *Vegetation Mitteleuropas mit den Alpen in ökologischer Sicht*. 2., völlig neu bearbeitete Aufl. Stuttgart: Eugen Ulmer Verlag.

FFH-RL. *Richtlinie 92/43/EWG des Rats zur Erhaltung der natürlichen Lebensräume sowie der wildlebenden Tiere und Pflanzen vom 21. März 1992* (ABL: EG Nr. L. 206 S. 7), zuletzt geändert durch Richtlinie 97/62/EG vom 27.10.1997 (Abl. EG Nr. L 305 S. 42).

Friederichs, K. (1937). *Ökologie als Wissenschaft von der Natur oder Biologische Raumforschung. Bios. Abhandlungen zur theoretischen Biologie und ihrer Geschichte, sowie zur Philosophie der organischen Naturwissenschaft*. Hrsg. von A. Meyer. Band VII. Leipzig: Verlag von Johann Ambrosius Barth.

Gröning, G., & Wolschke-Bulmahn, J. (1987). *Die Liebe zur Landschaft. Teil III: Der Drang nach Osten. Zur Entwicklung der Landschaftspflege im Nationalsozialismus und während des Zweiten Weltkriegs in den „eingegliederten Ostgebieten"*. Arbeiten zur sozialwissenschaftlich orientierten Freiraumplanung. Bd 9. München: minerva publikationen münchen.

Haber, W. (2001): Kulturlandschaft zwischen Bild und Wirklichkeit. In: ARL (Hrsg.). Die Zukunft der Kulturlandschaft zwischen Verlust, Bewahrung und Gestaltung. Wissenschaftliche Plenarsitzung 2000 der Akademie für Raumforschung und Landesplanung in Zusammenarbeit mit der Österreichischen Gesellschaft für Raumplanung. Forschungs- und Sitzungsberichte/ARL Bd. 215 (S. 6-29). Hannover: Verlag der ARL.

Hartenstein, M.A. (1998). *Neue Dorflandschaften. Nationalsozialistische Siedlungsplanung in den „eingegliederten Ostgebieten" 1939 bis 1944*. Berlin: Verlag Dr. Köster.

Longerich, P. (2008). *Heinrich Himmler. Biographie*. München: Siedler-Verlag.

Mäding, E. (1943). *Regeln für die Gestaltung der Landschaft. Einführung in die Allgemeine Anordnung Nr. 20/VI/42 des Reichsführers SS, Reichskommissars für die Festigung deutschen Volkstums über die Gestaltung der Landschaft in den eingegliederten Ostgebieten von Erhard Mäding*. Berlin: Verlag deutsche Landbuchhandlung.

Olschowy, G. (1966). Was will die „Grüne Charta von der Mainau"? Festvortrag gehalten am 4. September 1965 vor dem „Grünen Kreis" im Stadttheater Augsburg. Naturschutz und Naturparke. Mittteilungen des Vereins Naturschutzpark e.V.. Stuttgart. Hamburg. H. 40/1. 1. Vierteljahr 1966. S. 11-16.

RNG. Reichsnaturschutzgesetz vom 26.06.1935 (RGBL I 821) i.d.F. der Gesetze vom 29.09.1935 (RGBL I 1191), 11.12.1936 (RGBL I 1001) und 28.01.1938 (RGBL I 36).

Thienemann, A.F. (1941). *Leben und Umwelt*. Leipzig. BIOS. Band 12.

Vereinbarung 11. Mai (1942): Vereinbarung des Reichskommissars für die Festigung deutschen Volkstums mit dem Reichsforstmeister über Landschaftsgestaltung. Vom 11. Mai 1942. In Mäding, E. (1943), *Regeln für die Gestaltung der Landschaft. Einführung in die Allgemeine Anordnung Nr. 20/VI/42 des Reichsführers SS, Reichskommissars für die Festigung deutschen Volkstums über die Gestaltung der Landschaft in den eingegliederten Ostgebieten von Erhard Mäding* (S. 72). Berlin: Verlag deutsche Landbuchhandlung.

Wiepking-Jürgensmann, H.F. (1942). *Landschaftsfibel*. Berlin: Deutsche Landbuchhandlung Sohnrey & Co.

Von der Ohnmacht über die Macht zur demokratischen Neuaushandlung

Die geschichtliche Herausbildung der Position des Planers zur Gewährleistung ‚Landschaftlicher Daseinsvorsorge'

Axel Zutz

Zusammenfassung

„So fanden sich im Nationalsozialismus auch die Männer, die sich berufen fühlen, als *Anwälte der Landschaft* vor dem ganzen Volke Klage gegen die Nützlichkeitsmenschen zu erheben." So beschrieb im August 1942 ein unbekannter Autor im SS-Wochenblatt ‚Das Schwarze Korps' den Einsatz der sogenannten ‚Landschaftsanwälte' zunächst an den Reichsautobahnen und dann später auch bei anderen Großprojekten[1].
Berufung wozu? Anwaltschaft von was? Klage wogegen?
Der Beitrag befasst sich mit der Bedeutung von Macht für die Herausbildung der Position des Landschaftsplaners in Deutschland als Gestalter gesellschaftlicher Modernisierungsprozesse. Der Betrachtungszeitraum reicht dabei von den ersten gutachterlichen Beauftragungen um 1900 bis zum zweiten Nachkriegsjahrzehnt. Betrachtet werden einerseits das Ringen um eine reguläre Einbeziehung bei landschaftsverändernden Infrastrukturprojekten, andererseits die politischen Rahmenbedingungen, die die Institutionalisierung der Landschaftsplanung beförderten und ermöglichten.

1 Einleitung

Wenn heute von ‚Kulturlandschaft' die Rede ist, so wird zumeist gleichzeitig die Frage nach ihrer Erhaltung bzw. Pflege aufgeworfen. Zugleich wird damit ein Landschaftsverständnis artikuliert, das – ausgehend von der in den landschaftlichen Strukturen ablesbaren und enthaltenen Arbeit vorangegangener Epochen – einen gestalterischen Anspruch an die Begleiterscheinungen und Auswirkungen menschlichen Siedelns und Produzierens stellt (Kazal et. al. 2006). Zur Bewahrung bzw. Wiederherstellung eines

---

1 Abschrift von Guido Erxleben im Rundbrief der Landschaftsanwälte vom Dezember 1942, Anhang 10, im Seifert-Nachlass an der TU München-Weihenstephan (SN) 118, 4 S., hier S. 4 (Hervorhebung AZ).

bestimmten Zustandes einer Landschaft werden Vorgaben für die ‚Eingliederung‘ von Bauwerken bzw. für die ‚Rekultivierung‘ ausgebeuteter oder industriell genutzter Flächen nach zeitlich begrenzten ‚Eingriffen‘ formuliert (Zutz 2006; Meyer und Zutz 2010). Diese Praxis erfuhr als ‚Landschaftsgestaltung‘, ‚Landschaftspflege‘, oder ‚Landespflege‘, ihre ersten organisatorischen und juristischen Festlegungen in den 1930er/40er Jahren zur Zeit des Nationalsozialismus (Runge 1998; Körner 2001).

Die beiden wichtigsten Arbeitsfelder stellen dabei die Arbeiten der Landschaftsanwälte an den Reichsautobahnen (im Folgenden RAB) und die während des Zweiten Weltkrieges im ‚Reichskommissariat für die Festigung deutschen Volkstums‘ (RKF) entwickelten Planungen für die ‚eingegliederten Ostgebiete‘ dar (Nietfeld 1985; Rollins 1995; Zeller 2002, S. 77ff.; Reitsam 2004/2009; zur RAB allgemein: Stommer 1982; Gruber und Schütz 1996; zur Landschaftsgestaltung innerhalb des RKF: Gröning und Wolschke-Bulmahn 1987; Rössler und Schleiermacher 1993; Gutschow 2001; Fehn 2003).

Grundsätzlich wurde die Bedeutung dieses fachgeschichtlichen Entwicklungsschrittes von der Gartenkunstgeschichte erkannt: Bereits für Dieter Hennebo (1923-2007) war die Arbeit der Landschaftsanwälte ein „bedeutender Schritt auf dem Weg zu einer umfassenden Landespflege“ (Hennebo 1973, S. 16). Er befand, dass die 1930er Jahre, „trotz mancher durch ideologische Verblendung, politischen Opportunismus oder fachliche Inferiorität bedingter Fehlleistung – offenbar neue Impulse für die Entwicklung einer hinsichtlich ihrer Aspekte, Instrumente und Zielstellungen differenzierten Landespflege“ gebracht hätten (Hennebo 1980, S. 23). Ihm folgte Joachim Wolschke: „Beim Autobahnbau entwickelte sich die Landschaftspflege erstmals als selbständiges Aufgabengebiet“ (Wolschke 1980, S. 110). „Die während der Zeit des Nationalsozialismus gewonnenen Erkenntnisse und entwickelten Methoden bilden [...] die Grundlage der modernen Landschaftspflege“ und stellen „einen Wendepunkt in der Geschichte der Landschaftspflege“ dar, schlussfolgerte Annette Nietfeld in der ersten ausführlichen Darstellung der Landschaftsgestaltung an den Reichsautobahnen nach 1945 (Nietfeld 1985, S. 96, 98). Erneut ins Zentrum der Entwicklung gestellt wurden die Modernisierungsschritte der Landschaftspflege während des ‚Dritten Reichs‘ von Stefan Körner (1995, 2001).

Trotz des umrissenen Forschungsstandes muss die bisherige Aufarbeitung der Fachgeschichte während des 20. Jahrhunderts nach wie vor als unzureichend bezeichnet werden. Vor allem mangelt es an detaillierteren Langzeitstudien. Anhand schlaglichtartiger Ausschnitte aus der Entwicklungsgeschichte der Landschaftsplanung sollen in diesem Beitrag Positionen der Ohnmacht, Macht und Etablierung erläutert und mittels historischer Meinungsäußerungen herausgearbeitet werden, welches Interesse jeweils wie begründet wurde und in welcher Funktion sich die Protagonisten selbst verorteten.

2   Ohnmacht:
Empörte Einforderung und institutionalisierende Initiativen

Die eingangs zitierte „Klage gegen den Nützlichkeitsmenschen" steht in der Tradition der ab 1900 formulierten Kulturkritik. Ein eindrückliches Beispiel für diese Haltung ist die Rede des Philosophen und Psychologen Ludwig Klages (1872-1956) beim Treffen der Jugendbewegung auf dem Hohen Meißner im Jahr 1913. Er beschrieb die von ihm als „Verwüstungsorgie ohne gleichen" wahrgenommenen Veränderungen wie folgt:

„Zerrissen ist der Zusammenhang zwischen Menschenschöpfung und Erde, vernichtet für Jahrhunderte, wenn nicht für immer, das Urlied der Landschaft."

„[...] bei uns wie anderswo werden die Gefilde ‚verkoppelt', d.h. in rechteckige und quadratische Stücke zerschnitten, Gräben zugeschüttet, blühende Hecken rasiert, schilfumstandene Weiher ausgetrocknet; die blühende Wildnis der Forsten von ehedem hat ungemischten Beständen zu weichen, soldatisch in Reihen gestellt und ohne das Dickicht des ‚schädlichen' Unterholzes; [...] die giftigen Abwässer der Fabriken verjauchen das lautere Naß der Erde" (Klages 1913/1929).

Ein wesentliches Argument Klages' für eine Umkehr ist die Kritik am „schrankenlosen Beutehunger". Das wundert nicht, denn die Verfügungsgewalt über Natur und Landschaft beruhte weitgehend auf den Prinzipien des privaten Eigentums. Für den frühen Heimatschutz drückte diesen Konflikt z.B. der Gartenarchitekt Camillo Schneider aus, wenn er forderte, gegen „den industriellen Kapitalismus, soweit er die künstlerisch-sozialen Interessen der Allgemeinheit schädigt, müssen alle, die deren Wert empfinden, Front" machen, darin liege „die Hauptbedeutung des Heimatschutzes" (Schneider 1907, S. 234; zu Schneider vgl. Vierle 1998). Ähnlich formulierte 1904 der Professor für Volkswirtschaft Karl Johannes Fuchs: „Es müssen [dem Kapitalismus] gewisse Schranken gezogen werden, einmal hinsichtlich der Ausbeutung der Menschenkräfte, die er sich dienstbar macht, durch den ‚Arbeiterschutz', andererseits hinsichtlich der Ausbeutung der Naturkräfte des Landes und der landschaftlichen Schönheiten durch den ‚Heimatschutz'" (Fuchs 1904, S. IX, nach Rollins 1997, S. 174; Hervorhebung A.Z.). Mit dieser Position scheinen Schneider und Fuchs jedoch eine Ausnahme unter den bürgerlichen Reformern darzustellen, die, wie Julius Posener es charakterisiert, aus „Unfähigkeit" oder auch „Unwillen", „die Gründe der allgemeinen Zerstörung nicht erkennen wollte[n]" (Posener 1979, S. 196, 193).

Die Forderungen nach Schutz von Natur und Landschaft gelangten mitunter auch ins Parlament. Sie wurden z.B. von Wilhelm Wetekamp (1859-1945), als Mitglied der linksliberalen ‚Freisinnigen Volkspartei' 1893 bis 1903 Abgeordneter des Preußischen Landtags, in seiner Rede zur Einrichtung von reservatorischen Staatsparks von 1898 vertreten (Schmoll 2006, S. 56). 1914 bezeichnete er erneut „das Bedürfnis von Zeit zu Zeit zu reiner unverfälschter Natur zurückzukehren als ein *allgemeines*", als „dringendes *soziales* Bedürfnis" (nach Schmoll 2006, S. 57; Hervorhebung A.Z.). Auch der sozialdemokratische

Reichstagsabgeordnete Karl Liebknecht (1871-1919) widmete sich in seiner Rede von 1912 dem Thema Naturschutz in sozialpolitischer Argumentation (Liebknecht 1963; dazu Frohn 2006, S. 104f.). Sein Parteifreund August Bebel (1840-1913) schlussfolgerte: „Ohne starke Eingriffe in das Privateigentum kann aber auf diesem Gebiet [der Land- und Wasserwirtschaft, des Wasserbaus] nichts erreicht werden." (Bebel 1974 (1909), S. 455ff.)

Stellvertretend für Viele forderte eine der einflussreichsten Persönlichkeiten in dieser Debatte, der konservative Kulturkritiker, Künstler und Architekt, Paul Schultze-Naumburg (1869-1949), am Vorabend der Novemberrevolution: „Hier könnten wohl nur Gesetze helfen, die nicht allein das Eigentum des Einzelnen beschützen, sondern die auch das ideale Eigentum des ganzen Volkes mit ihrem Schutz bedenken" (Schultze-Naumburg 1917 Bd. IX, Teil 3, S. 333; zu Schultze-Naumburg vgl. Torka 1987; Wimmer 1989, S. 355ff.; Hokema 1996; Schmoll 2003). Die Forderung nach einem allgemeinen Recht auf eine geschützte Natur in Verbindung mit staatlicher Regulierung der Landnutzung floss nach der Überwindung der Monarchie in § 155 der Weimarer Verfassung ein: „Alle Bodenschätze und alle wirtschaftlich nutzbaren Naturkräfte stehen unter der Aufsicht des Staates." Der § 150 definierte darüber hinaus erstmals besondere Schutzformen: „Die Denkmäler der Kunst, der Geschichte und der Natur sowie der Landschaft genießen den Schutz und die Pflege des Staates". Dennoch fehlten Regularien zur Umsetzung dieser Grundsätze und so empfand sich der Natur- und Heimatschutz oftmals als ohnmächtig. Die Bewegung war, so der Natur- und Heimatschützer Robert Mielke (1863-1935), „Ausdruck des Unbehagens weiter Kreise über die Ausartung unserer Kultur", und suchte „seine Hauptarbeit zunächst in der *Abwehr* dringender Gefahren, später in einer *Erziehung* des Volkes zu reinem Kunstgenuss" (Mielke 1908, S. 156f.; Hervorhebung A.Z.). Es ging also darum, aus der Kritik heraus eine Einflussnahme zu entwickeln.

Seit den ersten Auseinandersetzungen um die Gestaltung technischer Bauwerke außerhalb städtischer Siedlungsgebiete forderte die Natur- und Heimatschutzbewegung die Hinzuziehung von beratenden Gutachtern. Ihre größten Erfolge liegen in der institutionalisierten Beauftragung von Experten als Vertretern eines allgemeinen, und damit sozialen, politisch legitimierten Interesses (Rollins 1997, S. 211, 216; weiterhin Sieferle 1984, S. 254f.; Rohrkrämer 1999, S. 138; Williams 2005, S. 198, 201).

Schultze-Naumburg, wie Mielke und Ernst Rudorff (1840-1916), Mitbegründer der Natur- und Heimatschutzbewegung sowie erster Vorsitzender des Deutschen Bundes Heimatschutz (DBH) bis 1913, formulierte das Ziel, „[...] die deutsche Heimat in ihrer natürlichen und geschichtlich gewordenen Eigenart [zu] schützen" (Schultze-Naumburg o.J. [1908], S. 1; zu ‚Eigenart' vgl. Voigt und Zutz 2012). Der DBH kann damit als die erste Institution des Naturschutzes in Deutschland angesehen werden.

Die Haltungen gegenüber Veränderungen des außerstädtischen Siedlungsraumes durch Industrie-, Energie- und Verkehrsbauten haben anfangs zwar noch sehr defensiven Charakter; sie gehen jedoch nicht ausschließlich in einer romantisierend rückwärts gewandten Haltung auf (Andersen 1987, S. 145; Bergmann 1970, S. 130), sondern enthalten wichtige Elemente sozialer Fortschrittlichkeit (Rollins 1997, S. 172ff., 177; Rohrkrämer 1999, S. 344, 346; Williams 2005, S. 185, 196). Nach den ersten Abwehrreaktionen auf eine als zerstörerisch empfundene Modernisierung entwickelte sich allmählich eine weiterreichende Auseinandersetzung mit den Folgen der Industrialisierung, die neue Maßstäbe setzte. Instrumente für eine planmäßige Transformation der vorindustriellen Kulturlandschaft, die Morphologie, Bodenverhältnisse, Wasserhaushalt und Vegetation erfassen, und von ästhetisch geschulten Gartenkünstlern berücksichtigt und gestalterisch nutzbar gemacht werden können, mussten erst noch herausgebildet werden.

Während Rudorff in seinem Beitrag „Zur Talsperrenfrage" noch 1904 äußerte, dass dieser „gewaltsame Eingriff größten Maßstabes in die natürlich gewordene Gestalt der Landschaft [...] niemals als eine Verschönerung der Natur" angesehen werden könne (Rudorff 1904, S. 174 nach Bergmann 1970, S. 128), formulierte Arthur Glogau (1874-1960) im selben Jahr unter bewusstem Rückgriff auf die *Landesverschönerung* des 19. Jahrhunderts als neues Betätigungsfeld des Gartenarchitekten: „Der Ingenieur in Verbindung mit dem für Naturschönheit fein empfindenden Künstler wird in der Lage sein, Industriewerke, die Naturgebilde zerstören müssen oder das Landschaftsbild vollkommen verändern, so zu gestalten, daß wir das Verschwinden des ursprünglich Schönen weniger schmerzlich empfinden" (Glogau 1904, S. 536 nach Däumel 1961, S. 164; zur Landesverschönerung vgl. Eckebrecht 2007).

Hennebo nennt als frühes Beispiel die Maßnahmen zur „Einbindung" der Bodetalsperre in die Landschaft durch den Gartenarchitekten Fritz Encke (1861-1931) im Jahr 1901 (Encke 1901; Hennebo 1973, S. 12f.; Wiegand 1975, S. 83ff.). Der prominenteste Streit dieser Zeit betraf die Erhaltung der Laufenburger Stromschnellen entgegen dem Bau eines Wasserkraftwerkes. Hier gelang es erstmals, eine gutachterliche Beteiligung zur Berücksichtigung landschaftlicher Schönheiten durchzusetzen – wenn auch ohne Erfolg (Rohkrämer 1999, S. 135.)[2]. Die Einforderung und das Beharren auf einer Institutionalisierung derartiger Gutachten war ein wesentlicher Bestandteil der Aktivitäten, die der DBH gegenüber solchen Projekten entfaltete.

Es stellte sich die Frage, welcher Berufsstand für derartige Gutachten geeignet sei. Mielkes Antwort: „Wer ist dazu berufener als der Gartenkünstler, der am besten mit den Pflanzenmitteln des Landes zu arbeiten weiß?" (Mielke 1908, S. 158). Dabei ging es nicht nur um ‚Schutz', sondern auch und gerade um ‚Gestaltung'. Für Eugen Gradmann, Landeskonservator in Württemberg, begann das Aufgabengebiet der Landschaftsgestaltung „da, wo der Mensch etwas baut im weitesten Sinne des Wortes" (Gradmann 1910, S. 47). Sein Anliegen war es ausdrücklich, „über neue und alte romantische Bestrebungen hinauszuweisen auf einen gesunden Realismus und über unfruchtbare Negation und starren Konservatismus auf *positives künstlerisches Schaffen*" (Gradmann 1910, S. VII; Hervorhebung A.Z.). Für ihn war Landschaftspflege nicht nur die Erhaltung einer landschaftlichen Schönheit, sondern zugleich auch die landschaftskünstlerische „*Verschönerung*" des Landes (Gradmann 1910, S. 29).

---

2 Siehe zu dem Konflikt auch den Beitrag von Christoph Leber unter http://www. umweltunderinnerung.de/index.php/kapitelseiten/geschuetzte-natur/55-die-laufenburgerstromschnellen. Zugegriffen: 8. Juni 2014.

Mielkes und Gradmanns Bestrebungen korrespondierten mit der Auffassung des Naturschützers Hans Schwenkel. Dessen Definition von *Landschaftspflege* soll hier wiedergegeben werden, denn sie gehört – datiert auf das Jahr 1927 – zu den ersten Beschreibungen des neuen Aufgabenfeldes: „Unter Landschaftspflege versteht man die Rücksichtnahme des Menschen auf das überkommene Landschaftsbild bei allen Gestaltungen, die in der Landschaft sichtbar in Erscheinung treten. [...] Dies ist im wahren Sinne des Wortes eine Angelegenheit von Sachverständigen. Ohne Geschmack und künstlerische Veranlagung, ohne feines Empfinden für die Eigenart der Landschaft einerseits und die räumlichen Beziehungen zwischen Bauwerk und Umgebung andererseits, ohne viel Erfahrung oder gründliche künstlerische Durchbildung, ohne die Mitarbeit der Schaffenden auf den einzelnen Gebieten, sind diese schwierigen mannigfaltigen Aufgaben, die unsere Zeit stellt, überhaupt nicht zu lösen" (Schwenkel 1927, S. 15).

Auf diesem Wege bildete sich die Tendenz zur öffentlichen Einflussnahme in gestalterisch vermittelnder Absicht heraus, denn das allein auf Schutz durch Verhinderung orientierte Konzept hatte sich in seiner Absolutheit als untaugliche Reaktion auf die technischen Modernisierungsprozesse erwiesen.

Über die ‚nötige Sachkunde' für einen Schutz *durch* Gestaltung verfügte der Berufsstand der Gartenkünstler. Bei dem sich abzeichnenden Arrangement von reformorientiertem Heimatschutz mit den industriellen, verkehrstechnischen und energiewirtschaftlichen Modernisierungen in dem bis dahin agrarisch und forstlich geprägten ländlichen Raum fiel insofern der Gartenkunst eine Schlüsselrolle zu (Knaut 1993, S. 397f.). Nach Stefan Körner ist die bewusste Konstruierbarkeit der Landschaft das Ergebnis gerade dieses Versuchs, Natur und Tradition mit dem Industriesystem zu vereinen (Körner 1995, S. 44; dazu auch Andersen 1987, S. 150; Bergmann 1970, S. 131; Hermand 1991, S. 104ff.; Knaut 1993, S. 395; Linse 1986, S. 14ff.).

Wichtig für das Verständnis der Heimatschutzbewegung ist neben der Betrachtung ihrer inhaltlichen und strukturellen Ziele auch die Wahrnehmung ihres politischen Charakters: 1925 konnte Schultze-Naumburg im Mitteilungsblatt des DBH feststellen: „Aus den bescheidenen Anfängen ist eine große festgegründete Organisation erwachsen, hinter die sich unzählige Tausende gestellt haben [...]; die Verbände arbeiten in bester Eintracht mit den Behörden, denen sie zum Teil angegliedert worden sind; die Gesetzgebung ist auf mancherlei Wegen den Anregungen des Heimatschutzes gefolgt" (Schultze-Naumburg 1925, S. 1).

Mit William Rollins erscheint es mir bemerkenswert, dass es gerade die auf ästhetische Fragen abhebende Intervention dieser Bewegung war, die es ermöglichte, breite Kreise für die Veränderungen der Umwelt zu sensibilisieren (Rollins 1997, S. 179, 181; dazu auch Rohkrämer 1999, S. 212ff.). Es gelang dem Heimatschutz als Teil der spät-wilhelminischen *Gegenkultur* einen bildhaften Heimatbegriff zu entwickeln, der die für jeden sichtbaren Umweltveränderungen integrierte und damit auf der visuellen Ebene – unabhängig von den jeweiligen Besitzverhältnissen – politisch als kollektives Eigentum verhandelbar machte (Rollins 1997, S. 3ff., 26). Dieser Blickwinkel der Heimatschützer muss, auch wenn er sich auf vergangene Zustände bezieht, als sozial fortschrittlich angesehen werden, denn er beinhaltete unter Rückgriff auf den von Rudorff formulierten „idealen Mitbesitz an Gottes Erde" (Rudorff 1880, S. 275; zu Rudorff vgl. Wimmer 1989, S. 338ff.) die Idee von der Umwelt als öffentlichem Gut (Rollins 1997, S. 5, 12; Andersen 1999, S. 128ff.).

Die Diskussion um eine Institutionalisierung der Landschaftsgestaltung wurde von verschiedenen Seiten vorangetrieben. Der Königsberger Gartenarchitekt Karl Schirmacher (geb. 1882) forderte als einer der ersten 1925 reguläre „Dienststellen für Landschaftsgestaltung" einzurichten. Diese sollten für die Erstellung eines „Flächenaufteilungsplanes" hinzugezogen werden und mit *Einspruchsrecht* ausgestattet sein (Schirmacher 1925). Im Sommer 1930 kam es erneut zu einer Eingabe an die Ministerien im Reich und in Preußen, diesmal mit dem Ziel der Einsetzung eines Forschungsausschusses zur Formulierung von Richtlinien für die Landschaftsgestaltung (Hempel 1930, S. 135). Zeitgleich entwickelte der Kasseler Regierungsrat a.D. R. Hempel für die Zeitschrift ‚Gartenkunst' einen programmatischen Abriss landschaftsgestalterischer Grundsätze (1930): Er kritisierte erneut den „Nützlichkeitsfanatismus" (Hempel 1930, S. 170 ff.), der sich seiner Empfindung nach in der „Sucht zur Verebnung", der Schaffung von „Kulturwüsten" und der „Kahlmacherei unserer Felder" ausdrücke (Hempel 1930, S. 171, 172, 1930, S. 184). Verantwortlich machte Hempel für diese Entwicklung einen „herrschenden Materialismus" im „konservativen Bauerngemüt", der „von einem bedenkenlosen Unternehmertum auch öfters mißbraucht" würde (Hempel 1930, S. 183). Dagegen erhob Hempel einerseits die Forderung nach einem umfassenden Naturschutzgesetz, andererseits glaubte er, sein Anliegen „durch beharrlichen Einfluß auf die zum Teil sowieso umkehrbedürftigen Kulturmaßnahmen der Zeit gleichsam als Nebenergebnis zu erreichen" (Hempel 1930, S. 137, 136). Einen weiteren Ansatz sah Hempel in der Ausbildung von Landmessern, Forstbeamten, Kulturbaubeamten, Gartenarchitekten, Lehrern, Baumeistern und Ingenieuren, was darauf hindeutet, dass es den Beruf des Landschaftsgestalters als eigenständiges Tätigkeitsfeld erst in Übergangsformen gab (Hempel 1930, S. 185).

Zur Verdeutlichung des Wandels der Disziplin soll an dieser Stelle auch auf das Engagement des Landschaftsarchitekten und Schriftführers der ‚Fürst Pückler-Gesellschaft' Hinrich Meyer-Jungclaussen (1888-1970) eingegangen werden: Dieser verfolgte vor allem den Ansatz, die Landschaftsgestaltung innerhalb der sich in industriellen Schwerpunktgebieten herausbildenden Planungsverbände zu verankern und forderte, dass flächendeckend Landesplanungsverbände eingerichtet werden (Oberkrome 2004, S. 131ff.; Zutz 2006; 2014; Kegler 2010, 2014). Deren primäre Aufgabe bestand darin, „für wirtschaftlich begrenzte Gebiete die Grundlagen der weiteren wirtschaftlichen, verkehrstechnischen und baulichen Entwicklung festzulegen" (Rappaport 1927, S. 957). Als politische Voraussetzung betonte er, dass „[...] bei allen Arbeiten in der Landschaft die Belange des Gemeinwohls das Vorrecht behalten sollen [...]" (Meyer-Jungclaussen 1932, S. 13).

Wie gezeigt werden sollte, entwickelte sich aus der Empörung eine Einmischung, die zu punktuellen Beteiligungen und institutionalisierenden Ansätzen der Landschaftsgestaltung führte. Diese beruhten vor dem Hintergrund der nationalen politischen Entwicklung seit der Republikgründung auf den politischen Entscheidungen regional verantwortlicher Stellen und können auf den Druck der Natur- und Heimatschutzbewegung zurückgeführt werden. Die Berufung auf das Gemeinwohl ist dabei konstitutiv, wenn auch derartige Forderungen häufig in einem radikal antidemokratischen und rassistischen Kontext geäußert wurden, wie die zunehmenden nationalistischen Formulierungen Schultze-Naumburgs und manchem seiner Mitstreiter belegen (Hokema 1996, S. 135f.; Miller-Lane 1996, S. 160ff.). Gerade in diesem Konglomerat aus nationalistischen, rassistischen, antikapitalistischen und lebensreformerischen Ideen fanden viele Natur- und Heimatschützer eine politische Heimat, die ihnen erlaubte, ihre Forderungen nach einem rücksichtsvolleren und planenden Umgang mit Natur und Landschaft sowie nach Einbeziehung fachlich ausgebildeter Berater zu bekräftigen (Lekan 2003).

3   Macht: Kompetenzzuwachs und weichenstellende Konzeptionalisierung

Mit der Beteiligung der Landschaftsanwälte am Bau der RAB schon im frühesten Planungsstadium, ihrer festen Integration in den Bauablauf und der weiteren Hinzuziehung ingenieurbiologischer und pflanzensoziologischer Experten erlangte das junge Aufgabengebiet ‚Landschaftsgestaltung' erstmals eine weit über die eigenen Fachkreise hinausragende Bedeutung. Der Einsatz der ‚Landschaftsberater', die ungefähr ab 1935 als ‚Landschaftsanwälte' bezeichnet wurden, schrieb erstmalig verbindlich die Zusammenarbeit von Landschaftsarchitekten mit einer Fachbehörde fest. Als entscheidende Träger des nationalsozialistischen Technik-Natur-Verständnisses bildeten die Landschaftsanwälte im Zusammenhang mit der praktischen Umsetzung der Bauaufgabe ‚Landschaftliche Eingliederung' eine besondere Gruppe unter den Ingenieuren des ‚Dritten Reiches'. Ohne Frage ist diese Phase der Fachgeschichte politisch schwer belastet und kann nicht losgelöst von den politischen Begleitumständen betrachtet werden (Wolschke-Bulmahn 2004; Voigt und Zutz 2006).

Zentral für die Disziplingeschichte ist auch hier die Durchsetzung der Auffassung von Landschaftsgestaltung als „Aufgabe der öffentlichen Hand", wie es Seifert anlässlich des ‚Tages für Denkmalpflege und Heimatschutz' in Kassel im September 1933 forderte: „Wer immer mit Hilfe öffentlicher Mittel neue Ödflächen schafft [...], ist gehalten, sie mit der jeweils bodenständigen und standortsgemäßen Laubholzgesellschaft aufzuforsten, [...] " (Seifert 1933; zu Seifert vgl. Reitsam 2001). Dieser Anspruch wurde in den Folgejahren zunächst an den RAB, ab 1940 auch im Bereich der Wasser- und Energiewirtschaft umgesetzt. Beide Bereiche unterstanden dem ‚Generalinspektor für das deutsche Straßenwesen' bzw. dem ‚Generalinspektor für Wasser und Energie', Fritz Todt (1891-1942), der sich für die Forderungen des Heimatschutzes offen zeigte. Das von ihm etablierte System der Landschaftsanwälte sah die Zuständigkeit für räumlich und inhaltlich festgelegte Aufgaben vor. In der Zusammenschau von Bodenschutzmaßnahmen, Waldumbau, Flurschutzpflanzungen sowie – unter Zuhilfenahme der Ingenieurbiologie – naturnahem Wasserbau, Halden- und Gruben-Rekultivierung, die alle mehr oder weniger von der

Landschaftsgestaltung beim Reichsautobahnbau abgeleitet worden sind, kristallisierte sich ein umfassendes landschaftspflegerisches Reformprogramm heraus (Meyer und Zutz 2010; Zutz 2009).

Die neue Berufsbezeichnung ‚Landschaftsanwalt‘, die nur zwischen 1935 und 1945 als quasi offizieller Titel für die landschaftsgestalterische Beratung und Begleitung öffentlicher Großbauvorhaben einschließlich Maßnahmen des Arbeitsdienstes gelten sollte, bringt in ihrer Wortkonstruktion bzw. -kombination das bei diesen Projekten geforderte Aufgabenverständnis zum Ausdruck: ‚Anwaltlich‘ vertreten werden sollten bei der Planung bzw. Durchführung dieser Maßnahmen Belange von Landschaftsschutz, -pflege und -gestaltung, da diese der Erfahrung nach von Auftraggebern, Bauingenieuren und Architekten gar nicht oder zu wenig berücksichtigt würden. Die Legitimation der Landschaftsanwälte erfolgte also über den Anspruch eine Art ‚Landschaftliche Daseinsvorsorge‘ im Interesse des Gemeinwohls zu gewährleisten (zum 1938 eingeführten Begriff vgl. Niemeyer 1970, S. 431ff.).

Es mag befremden, dass in einer Zeit der Verweigerung elementarer demokratischer Rechte auf einem technischen Einzelgebiet eine mehr oder weniger unabhängige Kontrollinstanz für den Umgang mit Natur und Landschaft innerhalb des Baugeschehens geschaffen werden sollte. Da es jedoch kein wirkliches Mandat der Landschaftsanwälte in Form einer Rückbindung beispielsweise an Natur- und Heimatschutzorganisationen gab, und diese politisch gleichgeschaltet waren, beschränkt sich die in der Berufsbezeichnung zum Ausdruck kommende anwaltliche Vertretung öffentlicher, allgemeinwohlorientierter Interessen v.a. auf eine Idee. Weder gab es formale Klagemöglichkeiten noch übergeordnete Entscheidungsgremien, die hätten angerufen können, sollte der Landschaftsanwalt eine grobe Verletzung der von Todt und seinem Mitarbeiterstab formulierten Richtlinien erkennen. Insofern verbargen sich hinter dem großen Begriff keine juristischen Eingriffsmöglichkeiten, wie man möglicherweise annehmen könnte. Dennoch war die Berufsbezeichnung mehr als nur ein Etikett.

Die sowohl technologisch wie ideologisch erfolgreiche Teilnahme an dem Autobahnprojekt gab den etwa 30 Landschaftsanwälten einen professionellen Status und unterstützte die Herausbildung einer starken kollektiven Identität (Nietfeld 1985; Rollins 1995; Zutz 2009). Ihre praktischen und theoretischen Erfahrungen markieren einen bedeutenden Schritt in der Professionalisierung der Landschaftsplanung in Deutschland, jedoch stand der methodische Fortschritt im Schatten seiner politisch-ideologischen Aufladung und der militarisiert-ausbeuterischen Umsetzungsbedingungen. Bedingt durch diese Erblast der ‚Straßen des Führers‘, aber auch wegen des bereits 1940/41 auf eine Verallgemeinerung drängenden Aufgabenprofils, gab es keine offene und direkte Kontinuität der neuen Arbeitsfelder nach dem Krieg in keiner der beiden deutschen Nachkriegsgesellschaften. U. a. deshalb ist der Beitrag der Landschaftsanwälte zur Fachgeschichte der Landschaftsplanung bis heute nur unangemessen beleuchtet.

Wichtig ist vor allem ihr Beitrag zum Ebenenwechsel von der Ressort bezogenen Beteiligung einer regionalen Zuständigkeit mit allgemeinem Aufgabenprofil. „Die totale Landschaftsplanung der Kultur- und Siedlungsordnung fordert den Typ und die Stellung eines neuen Landschaftsgestalters umfassender Bildung und Zuständigkeit" formulierte 1937 der spätere Landschaftspflege-Referent der ‚Reichsstelle für Raumordnung' Heinrich Dörr (1937, S. 12)[3]. In einem vor der ‚Deutschen Gesellschaft für Gartenkunst' (DGG) gehaltenen Vortrag formulierte er dieses Programm aus (Dörr 1939, S. 207). Die Abhandlung stellt einerseits ein an völkisch-rassistischem Fanatismus kaum zu übertreffendes Dokument raumordnerischen ‚Blut-und-Boden'-Denkens dar, andererseits zählt sie zu den ersten konkreten Ausformulierungen einer eigenständigen Landschaftsplanung. Hierin formulierte Dörr ‚Zehn Gebote der Landschaftsgestaltung' und hob diese mit der Stadtplanung auf eine gleiche Stufe.

Nach Dörr habe die Landschaftsgestaltung in der „Räumlichen Revolution" die Aufgabe, die Kulturlandschaft zu „beseelen" und den „Entstädterungsprozess" zu begleiten (Dörr 1939, S. 207). Der Raumplaner forderte schließlich eine „Generallandschaftsplanung" als Grundlage aller Raumordnungspläne, darin die Festlegung eines „Landschaftsnetzes", welches auf der Ebene der Landesplanung Großräume mit „Reichslandschaftszügen" umschließen soll (Dörr 1939, S. 205ff.). Der Text vom Oktober 1939 markiert einen disziplinären Etappensprung, der sich auch in den Diskussionen der Landschaftsanwälte widerspiegelte.

Da sich deren landschaftliche Beratung an Autobahnen, Landstraßen, Wasserstraßen, an Tagebauen und beim Reichsarbeitsdienst (RAD) einerseits zunehmend zu einer anerkannten Aufgabe entwickelt hatte, es aber andererseits immer wieder zu Autoritätskonflikten der freiberuflichen tätigen Landschaftsanwälte mit den Ingenieuren der verantwortlichen Behörden gekommen war, tauchte konsequenterweise am Beginn der 1940er Jahre der Vorschlag zu einer regulären Beschäftigung auf Provinzebene bzw. zur Verbeamtung von Landschaftsgestaltern auf. Die Diskussion über eine verallgemeinerte und vom Naturschutz unabhängige öffentliche Aufgabe der Landschaftsgestaltung wurde in den Rundbriefen der Landschaftsanwälte im Januar 1940 begonnen. Grundsätzlich bejahend zu dieser Idee äußerte sich z. B. der Geschäftsführer der ‚Hannoverschen Provinzialstelle für Naturschutz', Gert Kragh (1911-1982), unter Erläuterung seiner Bemühungen Bauratsstellen für Landschaftspflege durchzusetzen. Er sah deren Befugnisse in nicht mehr und nicht weniger einer „Landschaftspolizei„ und stellte sich den Verwaltungsaufbau ähnlich einer Straßenbaubehörde vor (Rundbrief vom 18.6.1940 im SN 117 Landschaftsanwälte 1940, Bl. 5; zu Kragh vgl. Piechocki 2006a).

Die Einrichtung regionaler öffentlicher Stellen, die Landschaftsanwälte beauftragen, wurde auch in dem Vorschlag des Stadtplaners Erich Kühn (1902-1981) für eine Organisation der Landschaftspflege formuliert, vorgetragen auf der ersten Arbeitstagung des ‚Deutschen Heimatbundes' im Juli 1941 auf der Burg Sternberg. Kühns detaillierter Vorschlag reichte von dem an oberster Stelle dirigierenden Reichslandschaftsanwalt als einer den Ministerien gleichgeordneten und „mit umfassenden Vollmachten ausgestatteten Reichsstelle" über Landschaftspflegedezernate bei den Regierungen bis zu Landschaftspflegeämtern in den Provinzen (Kühn 1941, S. 9, siehe auch Kühn 1940 ; zu

---

3 Dörr benutzt den Begriff der ‚Landschaftsplanung' als einer der ersten.

Kühn vgl. Boettger und Pflug 1969; Bandholtz und Kühn 1984, S. 326f.). Die Betreuung regional abgeschlossener Landschaftsräume sollte zudem freien Landschaftsgestaltern, den Landschaftsanwälten, übertragen werden.

Das Programm der flächendeckenden Landschaftspflege wird auch von den NS-Planern im RKF Erhard Mäding (1909-1998) und Friedrich Wiepking Jürgensmann (1891-1973) in die „Allgemeine Anordnung Nr. 20/VI/42 über die Gestaltung der Landschaft in den eingegliederten Ostgebieten" vom 21. Dezember 1942 hinein formuliert.[4] Das auch als ‚Landschaftsregeln' bezeichnete Werk stellt als Teil des sogenannten ‚Generalplans Ost' eine von mehreren Planungsgrundlagen für die Neuerschaffung einer ‚Deutschen Heimat' in den durch Ermordung und Vertreibung eroberten und in das Deutsche Reich ‚eingegliederten Ostgebieten' dar und entstand in Absprache mit Reichslandschafts-anwalt Seifert und dem im Reichsforstamt (RFA) für die Landschaftspflege im ‚Altreich' zuständigen Schwenkel (Gröning und Wolschke-Bulmahn 1987, S. 23ff., 112 ff.; Reisch 1990, Kapitel 6; Kellner 1998, S. 136ff.).

Vor allem der Verwaltungsjurist Mäding, 1942 bis Anfang 1943 ‚Referent für Land-schaftsplanung beim Reichskommissar für die Festigung des Deutschen Volkstums', der auch Biologie und Geografie studiert hatte, trieb den organisatorischen Aufbau und die Verrechtlichung der Landschaftspflege, die er als Gegenspielerin zur eher wirtschaftlich orientierten Raumordnung sah, voran: Argumentierend, dass die weltbildlich heraus-gehobene Stellung von Natur und Landschaft im Nationalsozialismus auch in einer rechtlichen Entsprechung ihren praktischen Ausdruck finden müsse, definierte er es als „unzweifelbares Hoheitsrecht" der Verwaltung, sich umfassend mit allen landschafts-pflegerischen Belangen zu beschäftigen (Mäding 1942, S. 9). Die Landschaftsregeln sah Mäding als einen „entscheidenden Markstein der deutschen Landwirtschaft und deutschen Landeskultur" an: „Zum ersten Mal in der Geschichte der deutschen Landes-pflege sind umfassende Richtlinien für das Gesamtgebiet der Landschaftspflege und -ge-staltung erlassen, die vom Gesamtraum ausgehen und seine Funktion und Gestalt im Auge haben" (Mäding 1943a, S. 16; siehe auch 1943b). Ab 1942 wurde nach Mäding in den ‚eingegliederten Ostgebieten' die Anstellung von sogenannten ‚Gaureferenten für Land-schaftsgestaltung' vorgenommen (Mäding 1942, S. 230; Mrass 1970, S. 23; siehe auch Mrass 1981; Gröning und Wolschke-Bulmahn 1987, S. 68f., 183ff.).

In den Landschaftsregeln erfuhr die Landschaftspflege ihre – für den Zeitraum des Nationalsozialismus – endgültige Manifestation als erster umfassender Regelung von Landschaftsschutz und -gestaltung in Deutschland. Die Landschaftsregeln formulieren einerseits erstmals ein modernes, den derzeitigen Erfahrungsstand der Natur- und Raumwissenschaften konzentrierendes Planungsleitbild. Andererseits sind sie – den politischen Umständen entsprechend – völkisch-rassistischen Leitbildern verpflichtet und unter den sämtliche Menschen- und Persönlichkeitsrechte außer Kraft setzenden

---

4 Das Originaldokument befindet sich im Bundesarchiv R 49/157a einsehbar unter: http://
   www.1000dokumente.de/index.html?l=de&c=dokument_de&dokument=0138_gpo&object=f
   acsimile&pimage=02&v=100&nav=. Zugegriffen: 28. April 2014.

Besatzungsbedingungen des NS-Terrors entstanden, was bis heute ein schwerwiegendes Erbe darstellt (Reisch 1990, S. 62; Hennecke et al. 2004; Voigt und Zutz 2006).

Einen ebenso wichtigen Etappensprung von der Einzelfall bezogenen landschaftlichen Beratung der Weimarer Zeit zur *regulären* Einbeziehung von Landschaftsarchitekten bei der Realisierung von Großbauvorhaben auf der Basis administrativer Vorgaben stellt die Arbeit der Landschaftsanwälte an den RAB dar. Mit ihnen wurde der Anspruch der Heimatschutzbewegung umgesetzt, dass auf Natur und Landschaft als sinnlich erfahrbare Gemeingüter in ästhetischer wie ökologischer Hinsicht stärker als zuvor planend und gestaltend Rücksicht im Sinne eines Allgemeininteresses genommen wird. Durchgesetzt hat dies an den Autobahnen, Energietrassen und Wasserstraßen zunächst Todt mit der ihm eigenen Macht des Generalinspektors (Seidler 1986; Botzet 2006; Stier 2006).

Bezüglich der Landschaftsanwälte kann also die allgemein anerkannte These von Gröning/Wolschke-Bulmahn, dass der Polenfeldzug wesentlich für die Entwicklung der Landschaftsgestaltung gewesen sei, insofern erweitert werden, dass die konzeptionelle Entwicklung von Organisationsmodellen der Landschaftspflege hier ähnlich weit, und zwar gleichzeitig im Herbst 1941, zur Diskussionsreife gediehen war. Durch das kriegsbedingte Aussetzen des Autobahnbaus, bzw. die nur punktuelle Umsetzung und die räumlichen wie institutionellen Überschneidungen wurde dieser wichtige Aspekt bisher übersehen. Auf diese elementaren, durch die politische Macht von Sonderinstanzen der NS-Diktatur ermöglichten, Schritte wurde nach 1945 aufgebaut.

4   Demokratische Neuaushandlung: Ländersache Landschaftspflege und Legitimierungsstrategien

Von den Landschaftsanwälten arbeitete keiner nach Kriegsende in seinem bisherigen Aufgabengebiet weiter. Dennoch gab es trotz des Wechsels in andere Bereiche eine Kontinuität der Ideen und Konzepte und man befand sich weiterhin in regem Austausch. Der Neuaufbau der Verwaltungen eröffnete die Chance, die zu Beginn der 1940er Jahre formulierten Vorstellungen von einer institutionalisierten allgemeinen Landschaftspflege zu verwirklichen. Walter Funcke (1907-1987), Mitarbeiter des eh. Landschaftsanwaltes Hermann Mattern, forderte 1947 folgerichtig den Landschaftsgestalter nun als „Anwalt der Gesamtlandschaft" einzusetzen (Funcke 1947, S. 2 nach Karn 2004, S. 220).

Anfang der 1950er Jahre organisierten sich ehemalige Landschaftsanwälte und Mitarbeiter der RKF-Planungsabteilung sowie junge Absolventen der Wiepking/Tüxen-Schule in einem sogenannten ‚Arbeitskreis der Landschaftsanwälte' (ADL). Zu den zwölf Gründungsmitgliedern gehörten: Kragh, Kühn sowie die eh. Landschaftsanwälte Max Müller und Max Karl Schwarz, zum ersten Vorsitzenden wurde der Diplom-Gärtner Egon Barnard (1911-2012) gewählt. Beisitzer war u. a. der vormalige ‚Generalreferent für Landschaftspflege und Naturschutz im Warthegau' Werner Lendholt (1912-1980) (Gutschow 2001, S. 161). Seifert hatte ausdrücklich seine Zustimmung zu der Verwendung des Begriffs ‚Landschaftsanwalt' erteilt (ADL 1991).

Insbesondere in der SBZ/DDR trugen ehemalige Landschaftsanwälte und RAB-Mitarbeiter Verantwortung für den Aufbau von ministeriellen Landschaftspflegestellen. Dies gestaltete sich in den einzelnen Ländern unterschiedlich: So gab es ein ‚Sonderreferat Landschaftsgestaltung' in Sachsen-Anhalt (Otto Rindt, 1906-1994) und ein ‚Amt für Landschaftspflege' in Brandenburg (Hermann Göritz, 1902-1998). In Sachsen sind Aktivitäten der ‚Arbeitsgemeinschaft sächsischer Landschaftsarchitekten' (Werner Bauch, 1902-1983, u. a.) belegt. In Thüringen und Mecklenburg engagierten sich die eh. RAB-Mitarbeiter Rudolph Ungewitter (1909-1988) und Martin Ehlers (Lebensdaten unbek.) (Meyer und Zutz 2010; Zutz 1998, 2009, 2014).

Gleichzeitig gab es in den westlichen Besatzungszonen Versuche, die als Erfolg bewertete Beteiligung der Landschaftsanwälte bei den RAB und der Wasserwirtschaft entsprechend der Vorschläge Kühns und Mädings von 1941/42 praktisch und juristisch zu institutionalisieren. Initiativen dafür gingen u. a. von dem am 24. Juni 1946 unter Beteiligung eh. Landschaftsanwälte in der britischen Besatzungszone gegründeten gesamtdeutschen ‚Arbeitskreis Landespflege' aus, der bis 1949 tagte.

In Niedersachsen hatte schon unmittelbar nach Kriegsende der Hannoversche Bezirksbeauftragte für Naturschutz und Landespflege Kragh entsprechend seinen 1940 angestellten Überlegungen unter dem Titel ‚Gesunde Landschaft bedingt die Zukunft des Volkes' die Einstellung von Provinzial- und Bezirkslandschaftsanwälten zur Einflussnahme auf die land- und forstwirtschaftliche Produktion im Sinne eines „Landschaftssozialismus" gefordert. Kragh selbst richtete noch 1945 die nun in ‚Landesstelle für Naturschutz und Landschaftspflege Niedersachsen' umbenannte seit 1937 existierende ‚Provinzialstelle für Naturschutz' (wieder) ein und blieb hier bis 1954 tätig (Gaede 1976).

1949 wurde eine amtliche Stelle in Form eines Sachgebietes ‚Ingenieurbiologie' bei der ‚Abteilung Straßen- und Wasserbau des Regierungspräsidiums Südwürttemberg-Hohenzollern' und als Abteilung ‚Landschaftspflege' bei der ‚Wasserwirtschaftlichen Planungsstelle' angesiedelt und mit dem ehemaligen Mitarbeiter der für die Autobahn-Landschaftsgestaltung eingerichteten ‚Zentralstelle für Vegetationskartierung Stolzenau' Konrad Buchwald (1914-2003) besetzt (zu Buchwald vgl. Institut für Landschaftspflege und Naturschutz der Universität Hannover 1989; Potthast 2006).

Die größte Wirkung entfaltete vermutlich das u. a. auf Initiative des ehemaligen Landschaftsanwaltes Erxleben (1892-1959) und des ‚Sternbergers' Kühn entsprechend seinen 1941 gemachten Vorschlägen im Februar 1947 in der britischen Zone in Münster als Teil des Provinzialverbandes Westfalen eingerichtete ‚Amt für Landespflege' (Barnard 1991[1981]; Westfälisches Amt für Landes- und Baupflege 1997). Kühn war ehrenamtlicher Leiter des Amtes, ihm ging es von Anbeginn darum „einen Arbeitskörper zu schaffen, der durchpulst wird von dem Willen, die Landschaft zu gesunden" (Kühn 1950a, S. 105; Bandholtz und Kühn 1984, S. 326f.). Dem Amt, das später bis zu 30 Mitarbeiterinnen und Mitarbeiter in zwei Außenstellen beschäftigte, stand Barnard als Leitender Landesbaudirektor über 29 Jahre lang vor (LWL o.J.). Erxleben hatte hier bereits als Gaureferent des Reichsarbeitsdienstes gewirkt und unter der Losung „Der autoritäre Staat kann und muß eingreifen" für die „Industriewüsten" des Ruhrgebietes die Erschaffung einer neuen

Kulturlandschaft, in der dem „sozialen Grün" entsprechend große Flächen eingeräumt werden, gefordert (Erxleben 1938, S. 124f.; dazu Zutz 2014). Schwerpunkt der Maß-nahmen war die Anlage von Windschutzpflanzungen und die Begrünung von Ödland-flächen (Barnard 1950, 1953 a, b, 1959; Ley 1964).

1951 bilanzierte Kragh, dass eine ganze Reihe von Projekten in Angriff genommen worden sei, die das „Erscheinungsbild und damit das innere Gefüge der natürlichen Zusammenhänge unserer Landschaften" beeinflussen (dieses und die folgenden Zitate in Kragh 1951, S. 6ff.). Dazu zählte er die Heilung der Kriegsschäden, den Wiederauf-bau der übernutzten Waldungen, die Kultivierung und Besiedelung extensiv genutzter Flächen, Meliorationen, Eindeichungen zur Wasserregulierung, Kanalisierungen und Erdölgewinnung. Durch Erosionserscheinungen und „verheerende Sandstürme" als Er-gebnis einer „individualistisch betriebenen Wirtschaftsweise" sei das biologische Gleich-gewicht empfindlich gestört. Zur Erreichung einer größeren Wirksamkeit empfahl Kragh die Aufstellung von Landschaftspflegeplänen. „Verödete Kultursteppen" sollten so eine planmäßige Gliederung durch Baum- und Strauchwände erhalten, Schutz- und Schongebiete ausgewiesen werden. Kraghs Ausführungen demonstrieren, wie die vor 1945 im Zusammenhang mit dem Autobahnbau geforderten landschaftlichen Reform-maßnahmen – nun auch ohne Autobahn auf die Fläche übertragen – umgesetzt werden, er hielt aber auch an der erprobten Kombination von Infrastruktur-Eingliederung und ästhetisch/ökologisch inspirierter Landschaftspflege fest (Kragh 1950). Die biologistische Argumentation des inneren Zusammenhangs von Landschaft-Wirtschaft-Mensch gleicht dabei – ihrer rassistischen Elemente bereinigt – derjenigen der Vorjahre (Körner 2001, S. 82f.).

Interessant ist die Hervorhebung der Bedeutung der kommunalen Selbstver-waltungskörperschaften durch Kühn, wie sie Mäding bereits Anfang der 1940er Jahre vorgeschlagen hatte. So bilanzierte Kühn nach den ersten drei Jahren des Münsteraner Amtes, dass es sich als „richtig erwiesen hat, die Selbstverwaltung der Gemeinden zum Träger der eigentlichen Arbeit zu machen" und die „Initiativen und Tatkraft der Selbstverwaltung mit den Möglichkeiten des Staates und dem Fachwissen des Land-schaftsarchitekten geschmeidig zu verbinden und die Verwaltung mit Helfern aus der Bevölkerung in enge Beziehung zu setzen" (Kühn 1950b, S. 11). Mit dieser, sich durch seinen Aushandlungscharakter von den zentral geplanten und dirigistisch umgesetzten RAD- und RAB-Landschaftsgestaltungen unterscheidenden, neuartigen Kombination der fachlichen und politischen Ebenen war die Landschaftspflege zu einem Bestandteil des demokratischen Neuaufbaus auf dem Land geworden.

Auf Tagungen zu den Themen Rekultivierung, Erosions- und Windschutzpflanzungen und Lebendverbau an Wasserläufen, die zwischen 1954 und 1958 stattfanden, wurde das Landschaftsanwälte-Netzwerk gestärkt und ausgebaut (Olschowy und Köhler 1955, 1956, 1957; Olschowy 1958). Verantwortlich für diese Tagungen zeichnete der Wiepking-Schüler und spätere Direktor der ‚Bundesforschungsanstalt für Naturschutz und Land-schaftsökologie', Gerhard Olschowy (1915-2002), der ab 1955 Referent für Landschafts-pflege beim ‚Bundesministerium für Ernährung, Landwirtschaft und Forsten', war (zu

Olschowy vgl. Piechocki 2006b). Hinzu kam anknüpfend an Wiepkings Lehrstuhltätigkeit ab 1934 und die Erosionsforschungen der Bodenkundler um Hans Kuron Ost wie West eine zunehmende wissenschaftliche Begleitung der Maßnahmen u. a. durch die ,Akademie für Raumforschung und Landesplanung' (ARL), an der dafür ab 1950/51 ein Expertenkreis existierte (ARL 1953; dazu Zutz 2009).

Bereits 1949 entstand als Ergebnis des 1946 gebildeten ,Arbeitskreises Landespflege' Hannover ein Landschaftspflege-Gesetzesentwurf unter der Federführung Kühns. ,Grundsätze für eine gesetzliche Regelung der Landschaftspflege' erarbeitete 1950 im Auftrag des ,Arbeitskreises für Raumforschung' am ,Institut für Raumforschung Bonn' auch der Wiepking-Schüler Aloys Bernatzky (1910-1992) (zu Bernatzky vgl. Gröning/Wolschke-Bulmahn 1997, S. 38f.). Im Interesse einer Mitbeteiligung von wissenschaftlich ausgebildeten Landschaftsanwälten auf allen Planungsebenen formulierte er darin auch die Notwendigkeit eines ,Generalreferats Landespflege' auf Bundesebene und definierte für Westdeutschland: „Landschafts- und Landespflege sind öffentliche Aufgaben" (Punkt 5, S. 2 des Entwurfs im SN 023 Amt für Landespflege; Bernatzky 1950 a, b). An diesem Vorhaben, die Bedeutung der Landespflege als eigenständiger Fachplanung, v. a. in ihrem Verhältnis zur Raumordnung, zu stärken, arbeitete insbesondere Mäding bis Mitte der 1960er Jahre (Mäding 1951a, b, 1952, 1963a, b). Ähnliches passierte zeitgleich in der DDR im Rahmen des ,Ausschusses Landespflege' der ,Deutschen Landwirtschaftsgesellschaft' (DLG), der unter dem Vorsitz des Landschaftsgestalters und Professors für Garten- und Landeskultur an der Berliner Humboldt-Universität Georg Bela Pniower (1896-1960) tagte (zu Pniower vgl. Nied 1992; Wolschke-Bulmahn und Fibich 2004; Giese und Sommer 2005).

Die Maßnahmen, die in dieser Zeit bearbeitet wurden, widmeten sich vor allem den Fragen des Erosions- und Windschutzes, sowie der Rekultivierung. Prominentes Beispiel für Ostdeutschland war die ,Landschaftsdiagnose der DDR', eine flächendeckende Umweltzustandserhebung in allen fünf Ländern unter der Federführung der Landschaftsarchitekten Reinhold Lingner (1902-1968) und Frank Erich Carl (1904-1994) in der ,Abteilung Landschaft' des ,Instituts für Bauwesen der Deutschen Bauakademie' (zu Lingner vgl. Nowak 1995; Kirsten 1989; zur Landschaftsdiagnose Gelbrich 1995; Hiller 2002; Zutz 2003). Während Lingner mit dem Landschaftsdiagnose-Projekt strukturell wie personell an die Erfahrungen der Landschaftsanwälte anknüpfte, darf bei einer Gesamtbewertung der Nachkriegslandschaftspflege in der SBZ/DDR die beständig an eine Ent-Romantisierung und Ent-Völklichung des Landschaftsverständnisses mahnende Stimme Pniowers nicht außer Acht gelassen werden. Beide leisteten als Führungspersönlichkeiten einen entscheidenden Beitrag zur theoretischen Herausbildung und Neudefinition, aber auch punktuellen Umsetzung einer ,Sozialistischen Landeskultur'. Dies geschah sowohl unter Anknüpfung an die sozialen Ideen des Heimatschutzes vor 1933 als auch unter Aufgreifen des im Rahmen der Landschaftsanwälte-Tätigkeiten um 1940 und im Rahmen der RKF-Planungen um 1942 entwickelten konzeptionellen Programms einer umfassenden Landschaftspflege. Da ihr Adressatenkreis überschaubar und einheitlich war, wirkten beide Vorgehensweisen, die Lingnersche integrative, wie die Pniowersche kritische, auf ihre Weise und der Stand der ostdeutschen Landschaftspflege am Ende der 1950er Jahre spiegelt gleichsam ihr beider Wirken wider. Beide – und das war die entscheidende Basis für die neuen Ansätze – definierten ihre Vorstellungen auf der Grundlage einer sozialistischen Volkswirtschaft, innerhalb der die Landschaftsplaner als Experten fest integriert werden sollten.

Was in der Arbeit der Landschaftsanwälte bis 1941 und innerhalb des RKF allenfalls fragmentarisch erkennbar war, erhielt in der ‚Landschaftsdiagnose der DDR‘ programmatische Konsistenz: die interdisziplinäre Komplexität von Forschung und Planung für eine umfassende landesweite Umweltzustandserhebung als Grundlage für den Wiederaufbau und die zukünftige Entwicklung. Sie war trotz ihres Abbruchs 1952 und des Torso-haften Planwerks Ausgangspunkt für eine Vielzahl späterer Forschungsfelder und Planungsaufgaben in der Land- und Forstwirtschaft, für die Erholungsplanung und den Naturschutz der DDR (dazu Wübbe 1995; Behrens 2003).

Vergleichbar der ‚Landschaftsdiagnose der DDR‘ leitete das ‚Institut für Raumforschung‘ Bonn 1950 eine überregionale Erosionskartierung ein, die, wenn auch methodisch ähnlich gelagert, bei Weitem nicht den komplexen Anspruch der Landschaftsdiagnose hatte (Grosse 1955; Ehrenberg 1953; Kuron und Jung 1954; Siebert 1952). Anders als in der DDR konnte allerdings im Westen direkter zur Planung übergegangen werden: So sieht das Gliederungsschema des Landespflegeplans nach Mäding die Festlegung von Aufforstung, Gewässerreinigung sowie sonstiger Landespflegebereiche in einem Plan zur „Landesverbesserung“ vor (Herberg 2002, S. 11). Eine Einheit von Analyse und Maßnahmen sah auch der Landespflegeplan nach Wolfram Pflug (1923-2013) vor (Herberg 2002, S. 15f.). Die Ausarbeitung solcher Pläne sollte sich zum bestimmenden Aufgabengebiet der Landschaftsplanung entwickeln.

Gegen Ende der 1950er Jahre manifestieren sich die Debatten in einigen wichtigen westdeutschen Zusammentreffen. Ihre Orientierung ist dabei deutlich auf die sich etablierende Raumordnung gerichtet. Da ist zum einen der Deutsche Naturschutztag, der unter dem Motto ‚Ordnung der Landschaft – Ordnung des Raumes‘ mit über 200 Teilnehmenden aus West und Ost im Juni in Bayreuth stattfand (Kragh 1959). In der Resolution der Versammlung wurde gefordert, dass die Raumordnung wirksamer als bisher eingesetzt werden muss, um die „vielfältigen Störungen“ im „Erscheinungsbild der Landschaft“ abzuwenden (Kragh 1959, S. 92). Ferner wurden Mittel und Stellen eingefordert, um die notwendige Forschung, Planung und Schutzmaßnahmen mit hauptamtlichen Kräften durchführen zu können. Eine weitere Resolution forderte die Einrichtung von Lehrstühlen für Landschaftsökologie und Landschaftspflege (Kragh 1959, S. 93f.).

Ein wichtiges Ergebnis war die Vorstellung und Diskussion von beispielhaften Landschaftspflegeplänen (Runge 1998, S. 81ff.). Buchwald wollte den Landschaftspflegeplan stragtegisch als einen „integrierenden Teil der Gesamtplanung“ verstanden wissen und damit der Landespflege als raumintegrierender Disziplin zu einem zentralen Platz in der Raumordnung, vor allem gegenüber den Fachplanungen Verkehr und Landwirtschaft verhelfen (Buchwald 1959, S. 35). An den traditionellen Naturschutz in Gestalt eines immer zu spät kommenden Feuerwehrhauptmannes gerichtet, schlussfolgerte er mit der nicht ganz neuen Naturschutz-kritischen Formel „Wir brauchen die Synthese: Erhalten und Gestalten!" (Buchwald 1959, S. 36)

Kragh, inzwischen Leiter der ‚Bundesforschungsanstalt für Naturschutz und Landschaftspflege' vertiefte in seinem Beitrag dieses Ansinnen. Unter Hinweis auf das biologistische Modell, dementsprechend „nur in einer gesunden, d. h. naturnahen oder naturgemäßen Landschaft die seelischen und körperlichen Kräfte jedes Bürgers gedeihen können, und nur in einer Landschaft, deren natürliche Hilfsquellen sorgsam gepflegt und bewirtschaftet werden, eine nachhaltig fruchtbare Landeskultur und Landwirtschaft betrieben werden kann," forderte er wie schon seine Vorgänger ein halbes Jahrhundert zuvor, sich „den stürmischen, reißenden Wellen der Gegenwart und der Zukunft" mit einem eigenen Programm entgegenzustellen, um aus „dem Schleppseil der Wirtschaft und Technik", die „mit starken organisatorischen und kapitalistischen Kräften anrücken," heraus zu kommen (Kragh 1959, S. 134ff.). Dieses Programm hieß, der „Hauptbetroffenen", der „Landschaft" eine *anwaltliche Vertretung* an die Seite zu stellen und in „Plänen zur Ordnung der Landschaft" sowohl Entwicklungsmöglichkeiten wie Tabuzonen festzulegen. (Kragh 1959, S. 138f.) Auch Buchwald vertrat die Ansicht, „daß der Beitrag des Landschaftsanwalts zu einem *selbstverständlichen Bestandteil* jeder raumordnenden und planenden Arbeit wird" (1958, S. 113 zitiert nach Herberg 2002, S. 12f.; Hervorhebungen A.Z.).

Im gleichen Jahr der Mahnungen des Deutschen Naturschutztages ging vom Deutschen Werkbund ein Warnruf ins Land: Ausgehend von seiner Tagung in Marl über ‚Die große Landzerstörung', so der Titel, wurde gefordert, der planlosen Siedlungsentwicklung Einhalt zu gebieten. Bisher gäbe es keine Möglichkeiten mit den vorhandenen Planungsmitteln die „fortschreitende Landzerstörung" aufzuhalten (Rossow 1961, S. 2). Deshalb müsse den verschiedenen Interessensansprüchen an das Land jetzt mit einer koordinierenden übergeordneten Instanz begegnet werden. Über allem stand der von Landschaftsarchitekt Walter Rossow (1910-1992) geprägte Ausspruch: „Die Landschaft muß das Gesetz werden" (Rossow 1961, S. 4ff.; zu Rossow vgl. Koenecke 2010). Um diesem „Gesetz" zur Beachtung zu verhelfen, forderte Rossow, „daß das Land einen *Anwalt* braucht, ausgestattet mit Mitteln und *Macht*, um geistig den Boden zu bereiten, bevor überhaupt etwas Reales geschehen kann" (Rossow 1961, S. 4; Hervorhebung A.Z.).

Die eingeforderte Institution sollte dafür sorgen, dass,

1. eine allgemeine „Stillhalte-Vereinbarung", d. h. ein Aufschub aller großen in die Landschaft eingreifenden Vorhaben einsetzt;
2. eine Landschaftsbilanz aufgestellt wird, also eine Inventarisierung „gesunder" wie „geschädigter Gebiete" erfolgt;
3. für das ganze Land ein Landschaftsleitplan aufgestellt wird für die „sinnvolle Nutzung der Naturkräfte" und die „überregionale Ordnung" der Landnutzungsformen; und dieser
4. für verbindlich erklärt wird (alle Zitate Rossow 1961, S. 6).

Die vorgeschlagenen Maßnahmen sind erneut dem Charakter der ‚Landschaftsdiagnose der DDR‘ sehr ähnlich. Wie man sieht, kann – zumindest bis zu diesem Zeitpunkt – von einer gesamtdeutsch wahrgenommenen Problemlage ausgegangen werden.

Weitaus folgenreicher als die ‚Äußerung‘ des Deutschen Werkbundes war jedoch ein anderer Text: Das zentrale Dokument des Anspruchs auf eine umfassende, rechtlich und materiell abgesicherte Landschaftspflege dieser Jahre ist die 1961 u. a. von Kühn ausgearbeitete ‚Grüne Charta von der Mainau‘. Sie wurde von einem ‚Grünen Parlament‘ anlässlich des 5. Mainauer Rundgesprächs am 20. April 1961 beschlossen, mitgewirkt hatten daran Buchwald, Kragh, Lendholt, Mattern, Olschowy, Seifert, Wiepking, Rossow, Buchwald (DGG 1961, S. 71f.). Adressiert ist sie wie der Werkbund-Aufruf an die politisch Verantwortlichen. Insofern kommt der Anwesenheit von Alt-Bundespräsident Theodor Heuss bei der Präsentation auf der Insel Mainau eine wichtige Bedeutung zu. Die offizielle Endfassung wurde an Bundespräsident Heinrich Lübke überreicht.

Die aus fünf Abschnitten bestehende Charta bezieht sich eingangs auf das Grundgesetz Art 1 (1) „Die Würde des Menschen ist unantastbar. Sie zu achten und zu schützen ist Verpflichtung aller staatlichen Gewalt", (2) das Bekenntnis zu den unverletzlichen und unveräußerlichen Menschenrechten, Art. 2 (1) die freie Entfaltung der Persönlichkeit, (2) das Recht auf Leben und körperliche Unversehrtheit, sowie Art. 14 (2) „Eigentum verpflichtet. Sein Gebrauch soll zugleich dem Wohle der Allgemeinheit dienen." Diese Bezugnahme irritiert, wenn man sich in Erinnerung ruft, dass Seifert und Wiepking sich während des Zweiten Weltkrieges vor allem gegenüber den Menschen im Osten wenig um die Menschenwürde geschert haben und z. B. auch Olschowy SS-Mitglied war. Allerdings knüpft die Argumentation weit früher an die Bestrebungen der ersten Jahrzehnte des 20 Jahrhunderts an: Mit dem Hinweis auf das Grundgesetz wurde erstens die Notwendigkeit von Schutz, Pflege und Entwicklung von Landschaft begründet und zweitens die Möglichkeit eröffnet, Eigentümer zu landschaftspflegerischen oder -gestalterischen Maßnahmen zu verpflichten (Sozialbindung des Eigentums). Beides steht in der eingangs dargestellten Tradition der Naturschutzargumentation seit Rudorff, die bereits in der Weimarer Verfassung ihren Niederschlag gefunden hatte. Um dies zu erreichen sollte, wie in Abschnitt V gefordert: 1. „eine rechtlich durchsetzbare Raumordnung auf allen Planungsebenen unter Berücksichtigung der natürlichen Gegebenheiten" und in den Punkten 7 und 8 sowohl die „Verhinderung vermeidbarer, landschaftsschädigender Eingriffe" als auch die „Wiedergutmachung unvermeidbarer Eingriffe", für deren naturschutzrechtliche Bewertung zu diesem Zeitpunkt noch keine Gesetzesgrundlagen existierten, etabliert werden (DGG 1961, S. 6ff.).

Wie Kühn es in Anlehnung an Rossow formulierte, müsse die Grundlage aller Raumordnung „die Landschaft" sein, d.h. die Landschaftspflege oder später auch Landespflege sollte nicht nur von allen Fachplanungen berücksichtigt werden, sondern als integrierendes Gesetz *über* ihnen stehen. Da die bisherigen Gesetze nicht ausreichen, bräuchte es deshalb ein „umfassendes Grüngesetz" (Kühn 1961, S. 10). Nicht zuletzt ging es den Initiatoren um die materielle Absicherung: Buchwald forderte „für jeden Kreis einen hauptamtlichen Sachbearbeiter für die Aufgabengebiete der Landschaftspflege, der

Grünplanung und des Naturschutzes" (Buchwald 1961, S. 31; Olschowy 1966). Wichtiges Ergebnis der Veranstaltung war die Zusicherung Lübkes ein „unabhängiges und freies Gremium aus Persönlichkeiten des kulturellen, politischen und wirtschaftlichen Lebens und der Landschaftspflege" zu berufen und damit die Umsetzung der Charta zu überwachen (DGG 1961, S. 4; DRL 1980, 1997).

5   Fazit

Strukturell kann sowohl für die Bundesrepublik als auch für die DDR festgestellt werden, dass es den Landschaftsanwälten wie den RKF-Planern und ihren Schülern gelang, Aufbau und Organisation der Landschaftsplanung deutlich zu bestimmen. Lehrer-Schüler-verhältnisse, berufliche Kontakte und während der Zeit des Nationalsozialismus entstandene Netzwerke spielten dabei eine maßgebliche Rolle.

Während die Beschäftigung mit dem Gesamtkomplex ‚Landschaft' in der unmittelbaren Nachkriegszeit zunächst einer Konzentration auf ‚Boden' (Erosionschutz) und ‚Pflanzung' (Windschutz) wich, kann – Ost wie West – ab Beginn der 1960er Jahre eine rhetorische Wendung zu einer mehr sozial orientierten Argumentation für eine landschaftliche Erholungsplanung identifiziert werden (Körner 2003, S. 424; Zutz 2003, S. 36). ‚Gesundheit' tritt dabei häufig an die Stelle von ‚Eigenart' und übernimmt den ästhetischen Bedeutungsgehalt der Landschaft (Körner 2001, S. 98; Voigt und Zutz 2012).

In anderer Weise wurde der nationalsozialistische ‚Kulturauftrag' bezüglich des Verhältnisses zwischen Natur und Technik durch ein ökologisch und sozialwissenschaftlich argumentierendes Vokabular ersetzt. Durch diese fortgesetzte Verwissenschaftlichung – der Prozess begann bereits im Nationalsozialsimus (Trepl und Voigt 2014) – ergab sich ein Verlust des kulturellen Inhalts, sie war jedoch notwendig um in der Nachkriegsgesellschaft von der Notwendigkeit der Landschaftspflege überzeugen zu können (Körner 2001, S. 86ff., 125). Gleichzeitig ist ein Wandel von den Gegensatzkonstrukten der 1930er/1940er Jahre (‚liberalistisch', ‚bolschewistisch', ‚ostisch') gerade hin zu einer Orientierung an den Maßnahmen in den USA und der UdSSR feststellbar. Problematisch ist die weiterhin existierende Bindung der Idee der Landschaft an ‚Heimat' und ‚Tradition', was z.T. bis heute wenig Offenheit für die zunehmende Heterogenität der Gesellschaft, z.B. durch Migration und andere Veränderungen zulässt.

Auch wenn sich das biologistische Landschaftsmodell, das von ‚Störungen' im ‚Organismus Landschaft' ausgeht, wie es in unverkennbarer gedanklicher Nähe zu den in den 1930er Jahren formulierten Auffassungen Seiferts bei Lingner, Pniower, Bernatzky, Buchwald, und Kragh im ersten Nachkriegsjahrzehnt der Fall ist, noch bis weit in die 1960er Jahre hält (Zutz 2002; Körner 2003; Engels 2003), müssen die Initiativen zu einer umfassenden institutionellen und rechtlichen Verankerung der Landschaftspflege nach 1945 wegen ihrer Orientierung auf ein Allgemeininteresse an Umweltgestaltung und auf die Gemeinwohlfunktionen von ‚Natur-und-Landschaft' als wichtige Schritte zur Gewährleistung ‚Landschaftlicher Daseinsvorsorge' als öffentlicher Aufgabe im Rahmen einer demokratischen Planungskultur eingeschätzt werden.

Es fällt auf, wie stark sich in den 1950er Jahren z. B. die Aufrufe zum Windschutz an die Gesamtbevölkerung richteten, die Umsetzung der Maßnahmen als Gemeinschaftswerk propagiert und ihre Legitimierung durch die betroffenen Landwirte eingefordert wurde. Dies ist ein deutlicher Unterschied zur Landschaftspflege im Nationalsozialismus und kennzeichnet die neuen politischen Bedingungen, unter denen der Wiederaufbau auf dem Land stattfand. Sicherlich muss weiterhin von einem hierarchischen Planungsverständnis und einer sich in fachlichen Fragen den Bauern und der Landbevölkerung überlegen fühlenden Experten-Haltung der agierenden Landschaftsgestalter ausgegangen werden. Aber die gemeinschaftliche Abwendung der als bedroht empfundenen natürlichen Lebensgrundlagen vermochte möglicherweise dazu beizutragen, den Beruf des Landschaftsgestalters vom Status einer „Landschaftspolizei" (Kragh 1940, S. 5) zu einem vermittelnden und auf Interessenausgleich orientierenden ‚Landschaftspfleger' um- und neu zu definieren. Zudem mochte die Verschiebung der Front von den ‚inneren und äußeren Feinden' der nationalsozialistischen Volksgemeinschaft zu einem neuen Gegner des ‚Raubbaus' und der ‚Wüste' einigend auf eine innerlich in Täter und Opfer gespaltene Gesellschaft gewirkt haben.

Die Programme und Maßnahmen der 1950er Jahre atmen den sozialen Geist des sich Anfang des 20. Jahrhunderts artikulierenden Natur- und Heimatschutzes, sie tragen den in die Nachkriegsjahre hineinragenden und auf Ausweitung und Institutionalisierung drängenden praktischen Erfahrungen der 1930er und theoretischen Konzepten der 1940er Jahre Rechnung, und sie zeigen, dass und wie der Natur- und Heimatschutz in der Nachkriegsgesellschaft angekommen ist. Der veränderte politische Rahmen wirkte sich hier positiv aus und drängte zur Anpassung an parlamentarische Entscheidungsprozesse, was schließlich unter Anknüpfung an die frühen Forderungen der Natur- und Heimatschutzbewegung zum Aufgreifen des Sozialstaatlichkeitsprinzips führte. Dies gilt auf konzeptioneller Ebene eingeschränkt auch für die DDR, auch wenn die restriktiven politischen Rahmenbedingungen die Entwicklung einer demokratischen Planungskultur ausschlossen. Die während der Weimarer Republik erreichten ersten Institutionalisierungserfolge, die zur Zeit des Nationalsozialismus auf der Grundlage einer durch die Instanzen der Diktatur per Anordnung verliehenen Autorität etabliert wurden, mussten innerhalb der ersten 15 bis 20 Jahre Nachkriegsentwicklung mittels neuer Legitimationsstrategien auf demokratischem Wege erst wieder neu errungen werden.

Literatur

Arbeitskreis der Landschaftsanwälte e.V. (1991). ADL40. ADL Festschrift. Hamm/Westfalen.

Andersen, A. (1987). Heimatschutz. Die bürgerliche Naturschutzbewegung. In F.J. Brüggemeier & T. Rommelsbacher (Hrsg.), *Besiegte Natur. Geschichte der Umwelt im 19. und 20. Jahrhundert* (S. 143-157). München: Beck.

Anonym (1942). Landschaft und Heimat. *Das Schwarze Korps 6.8.1942*.

Akademie für Raumforschung und Landesplanung (ARL), Hannover, Forschungsausschuß Landschaftspflege und Landschaftsgestaltung (Hrsg. Brüning, K.) (1953). *Wirksame Landschaftspflege durch wissenschaftliche Forschung. Referate und Ergebnisse der dritten Jahrestagung des Forschungsausschusses „Landschaftspflege und Landschaftsgestaltung" am 8. und 9. Mai 1951 in Goslar* (Forschungs- und Sitzungsberichte der Akademie für Raumforschung und Landesplanung II). Bremen: W. Dorn.

Bandholtz, T., & Kühn, L. (Hrsg.) (1984). *Erich Kühn. Stadt und Natur. Vorträge, Aufsätze, Dokumente 1932 – 1981*. Hamburg: Christians.

Barnard, E. (1950). Landespflege in Westfalen. *Garten und Landschaft 8*, 4-5.

Barnard, E. (1953a). Zur Feststellung und Bekämpfung von Landschaftsschäden. In Akademie für Raumforschung und Landesplanung, Hannover, Forschungsausschuß Landschaftspflege und Landschaftsgestaltung (Hrsg. Brüning, K.), *Wirksame Landschaftspflege durch wissenschaftliche Forschung. Referate und Ergebnisse der dritten Jahrestagung des Forschungsausschusses „Landschaftspflege und Landschaftsgestaltung" am 8. und 9. Mai 1951 in Goslar* (Forschungs- und Sitzungsberichte der Akademie für Raumforschung und Landesplanung II) (S. 146-151). Bremen: W. Dorn.

Barnard, E. (1953b). Erfahrungsbericht des Amtes für Landespflege von 1953. In Landschaftsverband Westfalen-Lippe (Hrsg.), *Vorträge der Jahrestagung des Amtes für Landespflege in Soest* (S. 40ff.). Münster: Verwaltung des Provinzialverbandes Westfalen.

Barnard, E. (1959). Erfahrungen des Amtes für Landespflege Münster im Flurbereinigungsverfahren. In Bundesministerium für Ernährung, Landwirtschaft und Forsten (Hrsg.), *Landschaftspflege und Flurbereinigung. Ein Bericht über die Arbeitstagung in Münster vom 5. bis zum 7. Oktober 1955* (zusammengestellt und bearbeitet von Gerhard Olschowy). Stuttgart: Ulmer.

Barnard, E. (1991). 30 Jahre Arbeitskreis der Landschaftsanwälte – Rückblick und Ausblick (1981). In Arbeitskreis der Landschaftsanwälte e.V., *ADL40. ADL Festschrift* (S. 20-25). Hamm, Westfalen: Selbstverlag.

Bebel, A. (1974). *Die Frau und der Sozialismus*. Berlin: Dietz (nach der 50. Auflage 1909).

Behrens, H. (2003). Naturschutz und Landeskultur in der Sowjetischen Besatzungszone und in der DDR. Ein historischer Überblick: In Bayerl, G./Meyer, T. (Hrsg.), *Die Veränderung der Kulturlandschaft. Nutzungen – Sichtweisen – Planungen* (Cottbuser Studien zur Geschichte von Technik, Arbeit und Umwelt 22) (S. 213-271). Münster: Waxmann.

Bergmann, K. (1970). *Agrarromantik und Großstadtfeindschaft* (Marburger Abhandlungen zur politischen Wissenschaft 20). Meisenheim am Glan: Hain.

Bernatzky, A. (1950a). Koordinierung der in der Landschaft tätigen Kräfte. In Akademie für Raumforschung und Landesplanung (Hrsg.), *Referate und Ergebnisse der zweiten Tagung des Forschungsausschusses „Landschaftspflege und Landschaftsgestaltung"* (Forschungs- und Sitzungsberichte 1). Bremen.

Bernatzky, A. (1950b). Grundsätze für eine gesetzliche Regelung der Landespflege. *Garten und Landschaft 12*, 16-17.

Boettger, A. C., & Pflug, W. (Hrsg.) (1969). *Stadt und Landschaft, Raum und Zeit. Festschrift für Erich Kühn zur Vollendung seines 65. Lebensjahres*. Köln: Dt. Verb. f. Wohnungswesen, Städtebau u. Raumplanung e.V..

Botzet, C. (2006). Ministeramt, Sondergewalten und Privatwirtschaft. Der Generalbevollmächtigte für die Regelung der Bauwirtschaft. In R. Hachtmann, & W. Süß (Hrsg.), *Hitlers Kommissare. Sondergewalten in der nationalsozialistischen Diktatur* (Beiträge zur Geschichte des Nationalsozialismus 22) (S. 115-137). Göttingen: Wallstein.

Buchwald, K. (1958). Naturschutz, Landschaftspflege, Landesplanung. *Natur und Landschaft 7*, 113-115.

Buchwald, K. (1959). Der Landschaftspflegeplan in der Praxis einer Landesstelle. In G. Kragh (Hrsg.), *Ordnung der Landschaft – Ordnung des Raumes. Bericht über den Deutschen Naturschutztag Bayreuth 1959* (S. 33-36). Bad Godesberg: Selbstverlag.

Buchwald, K. (1961). Die Stadt in der Natur. In Deutsche Gartenbau-Gesellschaft e.V. (Hrsg.). *Die Grüne Charta von der Mainau* (Schriftenreihe der DGG 10) (S. 21-32). Pfullingen: Günther Neske.

Däumel, G. (1961). *Über die Landesverschönerung*. Geisenheim, Rheingau: Hch. Debus.

Deutsche Gartenbau-Gesellschaft e.V. (Hrsg.) (1961). *Die Grüne Charta von der Mainau* (Schriftenreihe der DGG 10). Pfullingen: Günther Neske.

Deutscher Rat für Landespflege (Hrsg.) (1980). *Geschieht genug für die natürliche Umwelt? – 20 Jahre „Grüne Charta von der Mainau" – Bestandsaufnahme und Strategie des Deutscher Rat für Landespflege* (Schriftenreihe des Deutschen Rates für Landespflege 34). Bonn: Selbstverlag.

Deutscher Rat für Landespflege (Hrsg.) (1997). *Betrachtungen zur „Grünen Charta von der Mainau" im Jahre 1997. Stellungnahme verfaßt anläßlich des 175. Jubiläums der Deutschen Gartenbau-Gesellschaft 1882 e.V.* (Schriftenreihe des Deutschen Rates für Landespflege 68). Bonn: Selbstverlag.

Dörr, H. (1937). Das Grün in der Raumordnung. Baum und Strauch in der rheinischen Landschaft. *Rheinische Denkmalpflege 1*, 7-15.

Dörr, H. (1939). Landschaftsgestaltung und Raumordnung. *Gartenkunst 10*, 199-208.

Eckebrecht, B. (2007). Ökonomischer Nutzen als Gestaltungsprinzip. Die Landesverschönerung des 18. und 19. Jahrhunderts. In U. Eisel, & S. Körner (Hrsg.), *Landschaft in einer Kultur der Nachhaltigkeit Bd. II Landschaftsgestaltung im Spannungsfeld zwischen Ästhetik und Nutzen* (Arbeitsberichte des Fachbereichs Architektur, Stadtplanung, Landschaftsplanung 166) (S. 42-55). Kassel: Selbstverlag.

Ehrenberg, P. (1953). *Bodenabtrag und Bodenschutz. Beiträge zum Problem der Bodenerosion für landwirtschaftlichen Beratung und Umlegung.* (Mitteilungen aus dem Institut für Raumforschung Bonn 20). Bad Godesberg: Selbstverlag.

Encke, F. (1901). Die geplante Thalsperre im Bodethale. Vortrag gehalten im „Verein deutscher Gartenkünstler" am 11. November 1900. Die Gartenkunst im Dienste der Landesverschönerung. *Die Gartenkunst 6*, 109-115.

Engels, J. I. (2003). „Hohe Zeit" und "dicker Strich": Vergangenheitsdeutung und – bewahrung im westdeutschen Naturschutz nach dem Zweiten Weltkrieg. In J. Radkau, & F. Uekötter (Hrsg.), *Naturschutz und Nationalsozialismus* (S. 363-403). Frankfurt/Main, New York: Campus.

Erxleben, G. (1938). Industrie und ‚Landschaft'. *Die Gartenkunst 5*, 124-125.

Fehn, K. (2003). „Lebensgemeinschaft von Volk und Raum": Zur nationalsozialistischen Landschaftsplanung in den eroberten Ostgebieten. In J. Radkau, & F. Uekötter (Hrsg.), *Naturschutz und Nationalsozialismus*(S. 207-224). Frankfurt/Main, New York: Campus,.

Frohn, H.-W. (2006). Naturschutz macht Staat – Staat macht Naturschutz. Von der Staatlichen Stelle für Naturdenkmalpflege in Preußen bis zum Bundesamt für Naturschutz 1906 bis 2006 – eine Institutionengeschichte. In H.-W. Frohn, & F. Schmoll (Hrsg.) (2006). *Natur und Staat. Staatlicher Naturschutz in Deutschland 1906–2006* (Naturschutz und biologische Vielfalt 35) (S. 85-341). Bonn: Bundesamt für Naturschutz.

Fuchs, K. J,. (1904). *Zur Wohnungsfrage*. Leipzig: Duncker & Humblot, IX sowie (1912) *Heimatschutz 2-3*, 58.

Funcke, W. (1947). Die Aufgaben des Garten- und Landschaftsgestalters in der Landschaft – insbesondere im Hinblick auf die Bodenreform. *Thüringer Gartenbau. Fachzeitschrift für Garten-, Obst- und Gemüsebau, Amtliches Mitteilungsblatt des Ministeriums für Versorgung 1. Oktoberheft,* 1-2.

Gaede, K.-A. (1976). Die Entwicklung der Landespflegeverwaltung in Niedersachsen. In Der Niedersächsische Minister für Ernährung, Landwirtschaft und Forsten (Hrsg.), *30 Jahre Naturschutz und Landschaftspflege in Niedersachsen* (S. 13-19). Hannover: Selbstverlag.

Gelbrich, H. (1995). Landschaftsplanung in der DDR in den 50er Jahren. *Natur und Landschaft 11,* 539-545.

Giese, H., & Sommer, S. (2005). *Prof. Dr. Georg Pniower. Leben und Werk eines bedeutenden Garten- und Landschaftsarchitekten – eine Dokumentation* (Schriftenreihe des Instituts für Landschaftsarchitektur der Technischen Universität Dresden). Dresden: Selbstverlag.

Glogau, A. (1904). Heimatschutz und Landesverschönerung. *Möllers Deutsche Gärtner-Zeitung,* 454-457 und 534-537.

Gradmann, E. (1910). *Heimatschutz und Landschaftspflege.* Stuttgart: Strecker & Schröder.

Gröning, G., & Wolschke-Bulmahn, J. (1987). *Die Liebe zur Landschaft. Teil III. Der Drang nach Osten: Zur Entwicklung der Landespflege im Nationalsozialismus und während des Zweiten Weltkrieges in den „eingegliederten Ostgebieten" Freiraumplanung* (Arbeiten zur sozialwissenschaftlich orientierten Freiraumplanung 9). München: Minerva.

Gröning, G., & Wolschke-Bulmahn, J. (1997). *Grüne Biographien. Biographisches Handbuch zur Landschaftsarchitektur des 20. Jahrhunderts in Deutschland.* Berlin, Hannover: Patzer.

Grosse, B. (1955). *Die Bodenerosion in Westdeutschland. Ergebnisse einiger Kartierungen* (Mitteilungen aus dem Institut für Raumforschung 11). Bad Godesberg: Selbstverlag.

Gruber, E., & Schütz, E. (1996). *Mythos Reichsautobahn. Bau und Inszenierung der „Strassen des Führers" 1933-1941.* Berlin: Links.

Gutschow, N. (2001). *Ordnungswahn. Architekten planen im „eingedeutschten Osten" 1939-1945* (Bauwelt-Fundamente 15). Basel, Gütersloh, Berlin: Birkhäuser.

Hempel, D. R. (1930). Heimatschutz und Landschaftsbild im Spiegel des Naturgeschehens. *Gartenkunst 8,* 135-138; *10,* 170-172; *11,* 181-185.

Hennebo, D. (1973). Gartenkünstler – Gartenarchitekt – Landschaftsarchitekt: Versuch einer Übersicht über die Entwicklung des Berufes und Berufsstandes in Deutschland von den Anfängen bis zur Neugründung des BDGA im Jahre 1948. In *Das Berufsbild des Garten- und Landschafts-Architekten. Sonderheft von „Der Landschafts-Architekt".* München.

Hennebo, D. (1980). Die Entwicklung der Aufgabengebiete der Landschaftsarchitekten. In Technische Universität Berlin, der Präsident (Hrsg.) *Hochschule zwischen Theorie und Praxis. 50 Jahre Hochschulausbildung für Garten- und Landschaftsarchitekten. Dokumentation des Fachbereichstages 1979, Fachbereich Landschaftsentwicklung* (Berlin 21.-23. März 1979) (TUB-DOKUMENTATION Kongresse und Tagungen 9) (S. 12-25). Berlin: Selbstverlag.

Hennecke, S., Schütze, B., Voigt, A., & Zutz, A. (2004). Rezension von: Radkau, J./ Uekötter, F. (Hrsg.) (2003), Naturschutz und Nationalsozialismus. Frankfurt/Main, New York: Campus, *Grüner Weg 31a, Zeitschrift für die Sozial- und Ideengeschichte der Umweltbewegungen 56,* 72.87. Auch unter: http://de.indymedia.org/2004/11/97926.shtml; gekürzte Fassung: http://hsozkult. geschichte.hu-berlin.de/rezensionen/id=3201. Zugegriffen: 30. Juni 2014.

Herberg, A. (2002). *Landschaftsrahmenplanung in Deutschland. Ihre Implementation in Brandenburg vor dem Hintergrund ihrer Entstehung und Entwicklung in Deutschland.* (Dissertation TU Berlin). Berlin: Mensch und Buch.

Hermand, J. (1991). *Grüne Utopien.* Frankfurt am Main: Fischer.

Hiller, O. (Hrsg.) (2002). *Die Landschaftsdiagnose der DDR. Zeitgeschichte und Wirkung eines Forschungsprojekts aus der Gründungsphase der DDR: Tagung an der TU Berlin, 15./16. Nov.*

1996. (Materialien zur Geschichte der Gartenkunst, Schriftenreihe des Fachgebiets Theorie und Geschichte der Landschaftsentwicklung 6). Berlin: Selbstverlag.

Hokema, D. (1996). *Ökologische Bewußtheit und künstlerische Gestaltung. Über die Funktionsweise von Planungsbewußtsein anhand von drei historischen Beispielen: Willy Lange, Paul Schultze-Naumburg, Hermann Mattern.* (Beiträge zur Kulturgeschichte der Natur 5). Berlin: Selbstverlag.

Institut für Landschaftspflege und Naturschutz der Universität Hannover (1989). *Festschrift für Konrad Buchwald zum 75. Geburtstag. Naturschutz und Umweltpolitik als Herausforderung.* Hannover: Ulmer.

Karn, S. (2005). *Freiflächen- und Landschaftsplanung in der DDR. Am Beispiel von Werken des Landschaftsarchitekten Walter Funcke (1907-87).* (Dissertation Universität der Künste Berlin, Arbeiten zur sozialwissenschaftlich orientierten Freiraumplanung 15). Münster: LIT.

Kazal, I., Voigt, A., Weil, A., & Zutz, A. (Hrsg.) (2006). *Kulturen der Landschaft. Ideen von Kulturlandschaft zwischen Tradition und Modernisierung.* (Landschaftsentwicklung und Umweltforschung, Schriftenreihe der Fakultät Architektur Umwelt Gesellschaft der TU Berlin 127). Berlin: Selbstverlag.

Kegler, H. (2010). Landschaftspark Thüringen. Eine geplante Landschaft – der Ansatz für den planungshistorischen Diskurs. In M. Welch Guerra Forschungsgruppe (Hrsg. Bauhaus-Universität Weimar, Fachhochschule Erfurt, Thüringer Ministerium für Bau, Landesentwicklung und Verkehr), *Kulturlandschaft Thüringen* (S. 262-283). Weimar: Selbstverlag.

Kegler, H. (2014): Der Landesplanungsverband für den deutschen Industriebezirk. Anfänge und Perspektiven der Landesplanung in Mitteldeutschland 1925-1933. In R. Kastorff-Viehmann, Y. Utku, & Regionalverband Ruhr (Hrsg.), *Regionale Planung im Ruhrgebiet. Von Robert Schmidt lernen?* (S. 85-93). Essen: Klartext.

Kellner, U. (1998). *Heinrich Friedrich Wiepking (1891-1973). Leben, Lehre und Werk* (Dissertation Universität Hannover).

Kirsten, R. (1989). *Die sozialistische Entwicklung der Landschaftsarchitektur in der DDR: Ideen, Projekte und Personen; unter besonderer Berücksichtigung des Wirkens von Reinhold Lingner* (Dissertation Hochschule für Architektur und Bauwesen Weimar) (unveröffentlicht).

Klages, L. (1913/1929). Mensch und Erde. In L. Klages (Hrsg.), *Mensch und Erde. Sieben Abhandlungen* (S. 20-21). Jena: Diederichs.

Klueting, E. (Hrsg.) (1991). *Antimodernismus und Reform. Zur Geschichte der deutschen Heimatbewegung.* Darmstadt: Wiss. Buchges.

Knaut, A. (1993). *Zurück zur Natur! Die Wurzeln der Ökologiebewegung.* Greven: Kilda.

Koenecke, A. (2010). „Raus aus der Defensive". Walter Rossow (1910-1992) – ein Protagonist der Moderne. *Stadt+Grün 1,* 7-12.

Körner, S. (1995). *Der Aufbruch der modernen Umweltplanung in der nationalsozialistischen Landespflege* (Diplomarbeit TU Berlin, Beiträge zur Kulturgeschichte der Natur 1). Berlin: Selbstverlag.

Körner, S. (2001). *Theorie und Methodologie der Landschaftsplanung, Landschaftsarchitektur und sozialwissenschaftlichen Freiraumplanung vom Nationalsozialismus bis zur Gegenwart* (Dissertation TU Berlin, Landschaftsentwicklung und Umweltforschung 118). Berlin: Selbstverlag.

Körner, S. (2003). Kontinuum und Bruch: Die Transformation des naturschützerischen Aufgabenverständnisses nach dem Zweiten Weltkrieg. In J. Radkau, & F. Uekötter (Hrsg.), *Naturschutz und Nationalsozialismus* (S. 405-433). Frankfurt/New York: Campus.

Kragh, G. (1950). Wer pflanzt in der Landschaft! *Garten und Landschaft 12,* 15.

Kragh, G. (1951). Landschaftspflege in Niedersachsen. *Garten und Landschaft 8,* 6-7.

Kragh, G. (Herausgegeben in Fortsetzung der Schriftenreihe: Verhandlungen Deutscher Beauftragter für Naturschutz und Landschaftspflege) (1959). *Ordnung der Landschaft – Ordnung des Raumes. Bericht über den Deutschen Naturschutztag Bayreuth 1959.* Bad Godesberg: Selbstverlag.

Kragh, G. (1959). Vom Naturschutz zum Landschaftspflegeplan. In G. Kragh (Hrsg.), *Ordnung der Landschaft – Ordnung des Raumes. Bericht über den Deutschen Naturschutztag Bayreuth 1959* (S. 134-140). Bad Godesberg: Selbstverlag.

Kühn, E. (1940). Landschaftspflege – Eine neue Aufgabe im Dienste der Heimat. *Heimat und Reich.* Nachdruck in T. Bandholtz, & L. Kühn (Hrsg.), *Erich Kühn. Stadt und Natur. Vorträge, Aufsätze, Dokumente 1932 – 1981* (S. 101-104). Hamburg: Christians.

Kühn, E. (1970[1941]). Vorschlag für eine Organisation der Landschaftspflege von Erich Kühn. Vorgetragen auf der ersten Arbeitstagung des deutschen Heimatbundes in Sternberg. Anhang 5 im Rundbrief vom 8.9.1941 im SN 117 Landschaftsanwälte 1940 Bl. 9-11. Zusammenfassend wieder gegeben in W. Mrass (Hrsg.), *Die Organisation des staatlichen Naturschutzes und der Landschaftspflege im Deutschen Reich und in der Bundesrepublik Deutschland seit 1935. Gemessen an der Aufgabenstellung in einer modernen Industriegesellschaft. Landschaft und Stadt,* Sonderheft 1 (S. 19-20). Stuttgar: Ulmer.

Kühn, E. (1950a). Drei Jahre Landespflege in Westfalen. Manuskript. Abdruck in Bandholtz, T., & Kühn, L. (1984). *Erich Kühn.* Stadt und Natur (105-113). Hamburg: Hans Christians.

Kühn, E. (1950b). Über die Organisation der Landespflege in Westfalen. *Garten und Landschaft* 12, 11.

Kühn, E. (1961). Kommentar zur Grünen Charta. In DGG e.V. (Hrsg.), *Die Grüne Charta von der Mainau* (Schriftenreihe der DGG 10) (S. 7-13). Pfullingen: Günther Neske.

Kuron, H., & Jung, L. (1954). Landwirtschaft und Bodenerosion. Untersuchungen typischer Schadensgebiete (Mitteilungen aus dem Institut für Raumforschung Bonn 23). Bad Godesberg.

Landschaftsverband Westfalen-Lippe (LWL) (o. J.). Pionier der Landespflege wird 100. Egon Barnard war nach dem Zweiten Weltkrieg Mitgestalter des Landschaftsbildes von Westfalen-Lippe. http://www.lwl.org/LWL/Der_LWL/PR/LWL_aktuell/artikel-august-2011/egon-barnard. Zugegriffen: 28. April 2014.

Christoph L. (Hrsg. Rachel Carson Center) (2008). Die Laufenburger Stromschnellen. http://www. umweltunderinnerung.de/index.php/kapitelseiten/geschuetzte-natur/55-die-laufenburger-stromschnellen. (Zugegriffen: 8. Juni 2014)

Lekan, T.M. (2003). Organische Raumordnung: Landschaftspflege und die Durchführung des Reichsnaturschutzgesetzes im Rheinland und Westfalen. In J. Radkau, & F. Uekötter (Hrsg.), *Naturschutz und Nationalsozialismus* (S. 145-165). Frankfurt/New York: Campus.

Ley, N. (1964). Zehn Jahre Landschaftspflege im rheinischen Raum. In Ministerium für Landesplanung, Wohnungsbau und Öffentliche Arbeiten (Hrsg.), *Zehn Jahre Landschaftspflege im Rheinland 1953 – 1963* (Schriftenreihe des Ministers für Landesplanung, Wohnungsbau und Öffentliche Arbeiten des Landes Nordrhein-Westfalen 20) (S. 7-10). Düsseldorf: Selbstverlag.

Liebknecht, K. (1912). Die Natur schützen und dem Volke näherbringen! Reden im preußischen Abgeordnetenhaus zu einem Antrag der Fortschrittlichen Partei (11.12.1912). In K. Liebknecht (1963). *Gesammelte Reden und Schriften V* (S. 479-485). Berlin: Dietz.

Linse, U. (1986). *Ökopax und Anarchie. Eine Geschichte der ökologischen Bewegungen in Deutschland.* München: dtv.

Mäding, E. (1942). *Landespflege. Die Gestaltung der Landschaft als Hoheitsrecht und Hoheitspflicht.* Berlin: Deutsche Landesbuchhandlung.

Mäding, E. (1943a). *Regeln für die Gestaltung der Landschaft: Einführung in die Allgemeine Anordnung Nr. 20/VI/42 des Reichsführers SS, Reichskommissars für die Festigung deutschen Volkstums, über die Gestaltung der Landschaft in den eingegliederten Ostgebieten.* Berlin: Deutsche Landesbuchhandlung.

Mäding, E. (1943b). Wirklichkeit und Gestaltung des Landes. *Reich Volksordnung Lebensraum.* Zeitschrift für völkische Verfassung und Verwaltung VI, Organ des Reichsforschungsrates Abteilung Staats- und Verwaltungswissenschaften, Vorläufiges Organ der Internationalen Akademie für Staats- und Verwaltungswissenschaften, 355-381.

Mäding, E. (1951a). *Verwaltungsaufbau und Organisation der Landespflege in der Bundesrepublik Deutschland* (Mitteilungen aus dem Institut für Raumforschung Bonn 4). Bonn: Selbstverlag.

Mäding, E. (1951b). Landespflege als kommunale Aufgabe. *Naturschutz und Landschaftspflege 5/6,* 49.

Mäding, E. (1952). *Rechtliche Grundlagen der Landespflege* (Mitteilungen aus dem Institut für Raumforschung Bonn 7). Bonn: Selbstverlag.

Mäding, E. (1963a). Die Landespflege im öffentlichen Gemeinwesen. Vortrag gehalten vor der Abteilung Landespflege (Fakultät IV) der Technischen Hochschule Hannover am 16.12.1960. In K. Buchwald, W. Lendholdt, & K. Meyer (Hrsg.), *Festschrift für H. Fr. Wiepking* (Beiträge zur Landespflege 1) (S. 315-326). Stuttgart: Ulmer.

Mäding, E. (1963b). Elemente des Landschaftsrechts. In K. Buchwald, W. Lendholdt, & K. Meyer (Hrsg.), *Festschrift für H. Fr. Wiepking* (Beiträge zur Landespflege 1) (S. 326-331). Stuttgart: Ulmer.

Meyer, T. und Zutz, A. (2010). Rekultivierung von Braunkohlentagebauen in der Niederlausitz 1930 – 1950. Institutionalisierungstendenzen und Protagonisten als Wegbereiter des Senftenberger Seengebietes. In F. Betker, C. Benke, & C. Bernhardt (Hrsg.), *Paradigmenwechsel und Kontinuitäten im DDR-Städtebau. Neue Forschungen zur ostdeutschen Architektur- und Planungsgeschichte* (REGIO transfer, Beiträge des Leibniz-Instituts für Regionalentwicklung und Strukturplanung zur anwendungsbezogenen Stadt- und Regionalforschung 8) (S. 273-328). Erkner: Selbstverlag.

Meyer-Jungclaussen, H. (1932). Heimatliche Landschaftsgestaltung. Flugschrift Nr. 4, Sonderdruck *Gartenkunst 9,* 131-136, nach einem Lehrgangsvortrag der Fürst Pückler-Gesellschaft.

Mielke, R. (1908). Heimatschutz und Landesverschönerung. Vortrag gehalten auf der Hauptversammlung der D.G.f.G. in Mannheim. *Die Gartenkunst 8,* 143-145; *9,* 156-160; *10,* 182-186.

Miller Lane, B. (1996). *Architektur und Politik in Deutschland 1918-1945.* Braunschweig: Vieweg.

Mrass, W. (1970). Die Organisation des staatlichen Naturschutzes und der Landschaftspflege im Deutschen Reich und in der Bundesrepublik Deutschland seit 1935. Gemessen an der Aufgabenstellung in einer modernen Industriegesellschaft. *Landschaft und Stadt, Sonderheft 1.* Stuttgart: Ulmer.

Mrass, W. (1981). Zu einigen Organisations- und Zielmodellen für Naturschutz und Landschaftspflege zwischen 1935 und 1945. *Natur und Landschaft 7/8,* 270-273.

Nied, A. (1992). *Georg Béla Pniower. Bausteine zu seiner Biographie als Gartenarchitekt* (Diplomarbeit TU Berlin). (unveröffentlicht).

Nietfeld, A. (1985). *Reichsautobahn und Landschaftspflege - Landschaftspflege im Nationalsozialismus am Beispiel der Reichsautobahn.* Diplomarbeit TU Berlin (Werkstattberichte des Instituts für Landschaftsökonomie 13). Berlin.

Niemeyer, H.-G. (1970). Daseinsvorsorge. In Akademie für Raumforschung und Landesplanung, *Handwörterbuch der Raumordnung und Raumforschung* (S. 431-435). Hannover: Jänecke.

Nowak, K. (1995). Reinhold Lingner - Sein Leben und Werk im Kontext der frühen DDR-Geschichte (Dissertation Hochschule für bildende Künste Hamburg).

Oberkrome, W. (2004). Deutsche Heimat. Nationale Konzeption und regionale Praxis von Naturschutz, Landschaftsgestaltung und Kulturpolitik in Westfalen-Lippe und Thüringen (1900–1960) (Forschungen zur Regionalgeschichte 47). Paderborn, München, Wien, Zürich: Schöningh.

Olschowy, G. (Hrsg. ARL) (1958). *Baum und Strauch am Wasser* (AID Nr.169). [o.O.]

Olschowy, G. (1966). Was will die „Grüne Charta von der Mainau"? *Naturschutz und Naturparke 40,* 11-16.

Olschowy, G. & Köhler, H. (Hrsg.) (1955). *Begrünen und Rekultivieren von extremen Standorten. Vorträge, Aussprachen und Ergebnisse der Bundestagung für Landschaftsanwälte vom 13.-15.10.1954 in Tübingen.* Bearbeitet und zusammengestellt von G. Olschowy – BML – und Dr. H. Köhler – AID (Landwirtschaft, angewandte Wissenschaft 43). Münster: Landwirtschaftsverlag.

Olschowy, G., & Köhler, H. (Hrsg.) (1956). *Anlage und Pflege von Pflanzungen in freier Landschaft. Vorträge, Aussprachen und Ergebnisse der gleichnamigen Arbeitstagung auf Bundesebene vom 29.2. - 2.3.1956 in Geisenheim am Rhein.* Bearbeitet und zusammengestellt von G. Olschowy und H. Köhler (Landwirtschaft, angewandte Wissenschaft 53). Hiltrup bei Münster: Landwirtschaftsverlag.

Olschowy, G., & Köhler, H. (Hrsg.) (1957). *Naturnaher Ausbau von Wasserläufen. Vorträge, Aussprachen und Ergebnisse der gleichartigen Arbeitstagung auf Bundesebene vom 10.-12.10.1956 in Würzburg.* Bearbeitet und zusammengestellt von Dr. G. Olschowy und Dr. H. Köhler (Landwirtschaft, angewandte Wissenschaft 79). Münster: Landwirtschaftsverlag.

Piechocki, R. (2006a). Der Staatliche Naturschutz - im Spiegel seiner Wegbereiter. 11. – Gert Kragh (1911-1984) „Zukunft durch gesunde Landschaft". *Natur und Landschaft 9/10*, 500-501.

Piechocki, R. (2006b). Der Staatliche Naturschutz - im Spiegel seiner Wegbereiter. 12. – Gerhard Olschowy (1915-2002) „Ökologie als Maßstab!". *Natur und Landschaft 11*, 550-551.

Posener, J. (1979). *Berlin auf dem Weg zu einer neuen Architektur. Das Zeitalter Wilhelms II* (Studien zur Kunst des 19. Jahrhunderts 40). München: Prestel.

Potthast T. (2006). Konrad Buchwald. In H.-W. Frohn, & F. Schmoll (Hrsg.), *Natur und Staat. Staatlicher Naturschutz in Deutschland 1906-2006* (Naturschutz und biologische Vielfalt 35) (S. 405). Bonn: Bundesamt für Naturschutz.

Rappaport, P. (1927). Landesplanung. In *Handwörterbuch der Kommunalwissenschaften. Erg. Bd. H-Z* (S. 957). Jena: Fischer,.

Reisch, A. (1990). *Der Beitrag Erhard Mädings zur Institutionalisierung der Landespflege unter besonderer Berücksichtigung ihrer Konstituierungsbedingungen im Dritten Reich* (Diplomarbeit TU Berlin). (unveröffentlicht).

Reitsam, C. (2001). *Das Konzept der „bodenständigen Gartenkunst" Alwin Seiferts. Fachliche Hintergründe und Rezeption bis in die Nachkriegszeit* (Dissertation TU München). Frankfurt/Main: Lang.

Reitsam, C. (2004/2009). Reichautobahn im Spannungsfeld von Natur und Technik. Internationale und interdisziplinäre Verflechtungen. Habilitationsarbeit an der Architekturfakultät der TU München. Freising. Publiziert unter dem Titel: *Reichsautobahn-Landschaften im Spannungsfeld von Natur und Technik. Transatlantische und interdisziplinäre Verflechtungen.* Saarbrücken: VDM.

Rössler, M., & Schleiermacher, S. (Hrsg.) (1993). *Der „Generalplan Ost". Hauptlinien der nationalsozialistischen Planungs- und Vernichtungspolitik.* Berlin: Akad.-Verl.

Rohkrämer, T. (1999). *Eine andere Moderne? Zivilisationskritik, Natur und Technik in Deutschland 1880-1933.* München, Wien, Zürich: Schöningh.

Rollins, W. H. (1995). Whose Landscape? Technology, Fascisms and Environmentalism on the National Socialist Autobahn. *Annals of the Association of the American Geographers 3*, 257-272.

Rollins, W. H. (1997). *A Greener Vision of Home. Cultural Politics and Environmental Reform in the German Heimatschutz Movement; 1904-1918.* Michigan: University of Michigan.

Rossow, W. (1961). Die große Landzerstörung. *Garten und Landschaft 1*, 2-6.

Rudorff, E. (1880). Ueber das Verhältniss des modernen Lebens zur Natur. *Preussische Jahrbücher*, Märzheft, 262-276.

Rudorff, E. (1904). Zur Talsperrenfrage. *Mitteilungen des Bundes Heimatschutzes 1*, 174.

Runge, K. (1998). *Entwicklungstendenzen der Landschaftsplanung. Vom frühen Naturschutz bis zur ökologisch nachhaltigen Flächennutzung.* Berlin, Heidelberg: Springer.

Schirmacher, K. (1925). Landschaftsgestaltung. *Der Deutsche Gartenarchitekt 12*, 11-13.

Schmoll, F. (2003). Paul Schultze-Naumburg – von der ästhetischen Reform zur völkischen Ideologie. Anmerkungen zum Heimatschutz in der Naturschutzgeschichte zwischen Kaiserreich und Nationalsozialismus. In Stiftung Naturschutzgeschichte (Hrsg.), *Naturschutz hat Geschichte* (Naturschutzgeschichte 4) (101-112). Essen: Klartext.

Schmoll, F. (2006). Schönheit, Vielfalt, Eigenart. Die Formierung des Naturschutzes um 1900, seine Leitbilder und ihre Geschichte In H.-W. Frohn, & F. Schmoll (Hrsg.), *Natur und Staat. Staatlicher Naturschutz in Deutschland 1906-2006* (Naturschutz und biologische Vielfalt 35) (S. 13-84). Bonn: Bundesamt für Naturschutz.

Schneider, C. (1907). *Landschaftliche Gartengestaltung. Insbesondere über die künstlerische Verwertung natürlicher Vegetationsvorbilder in den Werken der Gartenkunst und mit einem Beitrag über Heimatschutz und Landesverschönerung.* Leipzig: Carl Scholtze.

Schultze-Naumburg, P. (1908), *Die Entstellung unseres Landes.* (Flugschriften des Bundes Heimatschutz). Meiningen: Selbstverlag.

Schultze-Naumburg, P. (1917 und 1928). *Die Gestaltung der Landschaft durch den Menschen* (Kulturarbeiten Band IX, Teil 3). München: Callwey.

Schultze-Naumburg, P. (1925). Heimatschutz einst und jetzt. *Mitteilungsblatt Deutscher Bund Heimatschutz 1*, 1.

Schwenkel, H. (1927). *Naturschutz und Landschaftspflege. Ihre Vorbedingungen, Begründung, Zielsetzung und die in ihrem Dienste angewandten Mittel.* Stuttgart: Grüninger.

Seidler, F. W. (1986). *Fritz Todt: Baumeister des Dritten Reiches.* München, Berlin: Herbig.

Seifert, A. (1933). *Aufgaben der öffentlichen Hand zur Landschaftsgestaltung.* Kassel (unveröffentlichtes Manuskript vom 18.11.1933 im Bundesarchiv (BArch) Lichterfelde 46.01/1487).

Siebert, A. (1952). *Bodenerosion als Weltproblem* (Umschaudienst des Forschungsausschusses Landschaftspflege und Landschaftsgestaltung der Akademie für Raumforschung und Landesplanung 7/8). Hannover: Selbstverlag.

Sieferle, R. P. (1984). *Fortschrittsfeinde? Opposition gegen Technik und Industrie von der Romantik bis zur Gegenwart.* München: Beck.

Stier, B. (2006) Nationalsozialistische Sonderinstanzen in der Energiewirtschaft. Der Generalinspektor für Wasser und Energie 1941-1945. In R. Hachtmann, & W. Süß (Hrsg.), *Hitlers Kommissare. Sondergewalten in der nationalsozialistischen Diktatur* (Beiträge zur Geschichte des Nationalsozialismus 22) (S. 138-158). Göttingen: Wallstein.

Stommer, R. (Hrsg.) (1982). *Reichsautobahnen, Pyramiden des Dritten Reichs: Analysen zur Ästhetik eines unbewältigten Mythos.* Marburg: Jonas.

Torka, S. (1987). *Die Relevanz der Arbeiten von Paul Schultze Naumburg für die Landschaftsplanung* (Diplomarbeit Technische Universität Berlin). (unveröffentlicht).

Trepl, L. und Voigt, A. (2014). Die Verwissenschaftlichung des Naturschutzes. Über die historischen Gründe der Ökologisierung und ihre Unangemessenheit. In N.M. Franke, & U. Pfenning (Hrsg.), *Kontinuitäten im Naturschutz* (S. 209-244). Baden-Baden: Nomos.

Vierle, C. (1998). *Camillo Schneider : Dendrologe und Gartenbauschriftsteller. Eine Studie zu seinem Leben und Werk* (Diplomarbeit TU Berlin, Materialien zur Geschichte der Gartenkunst, Schriftenreihe des Fachgebiets Theorie und Geschichte der Landschaftsentwicklung 4). Berlin: Selbstverlag.

Voigt, A., & Zutz, A. (2006). Zum Umgang mit dem, was nicht sein darf: Reflexionen über die ‚gute Sache' Naturschutz im Nationalsozialismus. In G. Gröning, & J. Wolschke-Bulmahn (Hrsg.), *Naturschutz und Demokratie!? Dokumentation der Beiträge zur Veranstaltung der Stiftung Naturschutzgeschichte und des Zentrums für Gartenkunst und Landschaftsarchitektur (CGL) der Leibniz Universität Hannover in Kooperation mit dem Institut für Geschichte und Theorie der Gestaltung (GTG) der Universität der Künste Berlin* (CGL-Studies. Schriftenreihe des Zentrums für Gartenkunst und Landschaftsarchitektur der Leibniz Universität Hannover 3) (S. 193-197). München: Meidenbauer.

Voigt, A., & Zutz, A. (2012). Schutz, Planung und Gestaltung von Heimat: Spielarten von Eigenart in der Geschichte von Naturschutz und Landschaftsplanung. In Thüringer Landesanstalt für Umwelt und Geologie (Hrsg., Redaktion Olaf Bellstedt), *Eigenart der Landschaft* (Schriftenreihe der TLUG 113) (S. 39-62). Jena: Selbstverlag.

Westfälisches Amt für Landes- und Baupflege (Hrsg.) (1997). *50 Jahre Landespflege in Westfalen-Lippe. Berichte aus der Arbeit des Westfälischen Amtes für Landes- und Baupflege von 1947 bis 1997 mit Zeitdokumenten und Bibliographie* (Beiträge zur Landespflege 13). Münster: Selbstverlag.

Wetekamp, W. (1914). Aus der Geschichte der staatlichen Naturdenkmalpflege. *Mitteilungen der Brandenburgischen Provinzialkommission für Naturdenkmalpflege 7,* 207-218.

Wiegand, H. (1975). *Die Entwicklung der Gartenkunst und des Stadtgrüns in Deutschland zwischen 1890 und 1925 am Beispiel der Arbeiten Fritz Enckes* (Dissertation TU Hannover).

Williams, J. A. (2005). Protecting Nature Between Democracy and Dictatorship: The Changing Ideology of the Bourgeois Conservationist Movement, 1925-1935. In T. Lekan, & T. Zeller (Hrsg.). *Germany's Nature. Cultural Landscapes and Environmental History* (S. 183-206). New Brunswick: Rutgers Univ. Press.

Wimmer, C. A. (1989). *Geschichte der Gartentheorie.* Darmstadt: Wissenschaftliche Buchgesellschaft.

Wolschke, J. (1980). *Landespflege und Nationalsozialismus. Ein Beitrag zur Geschichte der Freiraumplanung* (Diplomarbeit Universität Hannover) (unveröffentlicht).

Wolschke-Bulmahn, J. (2004). Zu Verdrängungs- und Verschleierungstendenzen in der Geschichtsschreibung des Naturschutzes in Deutschland. In U. Schneider, & J. Wolschke-Bulmahn (Hrsg.), *Gegen den Strom. Gert Gröning zum 60. Geburtstag* (Inst. für Grünplanung und Gartenarchitektur, Beiträge zur räumlichen Planung 76) (S. 313-334). Hannover: Selbstverlag.

Wolschke-Bulmahn, J., & Fibich, P. (2004). *Vom Sonnenrund zur Beispiellandschaft. Entwicklungslinien der Landschaftsarchitektur in Deutschland, dargestellt am Werk von Georg Pniower (1896-1960)* (Inst. für Grünplanung und Gartenarchitektur, Beiträge zur räumlichen Planung 73). Hannover: Selbstverlag.

Wübbe, I. (1995). *Landschaftsplanung in der DDR. Aufgabenfelder, Handlungsmöglichkeiten und Restriktionen in der DDR der sechziger und siebziger Jahre.* Diplomarbeit TU Berlin (Reihe Pillnitzer Planergespräche). Pilnitz: Selbstverlag.

Zeller, T. (2002). *Straße, Bahn, Panorama. Verkehrswege und Landschaftsveränderung in Deutschland 1930-1990.* Frankfurt/Main: Campus.

Zutz, A. (1998). Otto Rindt - Kontinuitäten und Neuorientierung im Wirken eines Landschaftsplaners nach 1945. In H. Barth (Hrsg.), *Projekt Sozialistische Stadt. Beiträge zur Bau- und Planungsgeschichte der DDR* (S. 243-250). Berlin: Reimer.

Zutz, A. (2002). „Kranke" und „gesunde" Landschaft – Anmerkungen zur Kritik des Landschaftsbegriffs bei der Landschaftsdiagnose. In O. Hiller, O. (Hrsg.), *Die Landschaftsdiagnose der DDR. Zeitgeschichte und Wirkung eines Forschungsprojekts aus der Gründungsphase der DDR: Tagung an der TU Berlin, 15./16. Nov. 1996* (Materialien zur Geschichte der Gartenkunst, Schriftenreihe des Fachgebiets Theorie und Geschichte der Landschaftsentwicklung 6) (S. 111-118). Berlin: Selbstverlag.

Zutz, A. (2003). Die Landschaftsdiagnose der DDR. *Garten und Landschaft 3,* 34-37.

Zutz, A. (2006). „Heimatliche Landschaftsgestaltung". Die Herausbildung des Prinzips der landschaftlichen Eingliederung, dargestellt am Beispiel der Flugschriften der Fürst Pückler-Gesellschaft 1931 – 1934. In I. Kazal, A. Voigt, A. Weil, & A. Zutz (Hrsg.), *Kulturen der Landschaft. Ideen von Kulturlandschaft zwischen Tradition und Modernisierung* (Landschaftsentwicklung und Umweltforschung, Schriftenreihe der Fakultät Architektur Umwelt Gesellschaft der TU Berlin 127) (S. 39-58). Berlin: Selbstverlag.

Zutz, A. (2009). Wege grüner Moderne: Praxis und Erfahrung der Landschaftsanwälte des NS-Staates zwischen 1930 und 1960. In H. Mäding, & W. Strubelt (Hrsg.), *Vom Dritten Reich zur Bundesrepublik. Beiträge einer Tagung zur Geschichte von Raumforschung und Raumplanung* (Arbeitsmaterial der Akademie für Raumplanung und Landesforschung 346) (S. 101-148). Hannover: Selbstverlag.

Zutz, A. (2014). „Grüne Arbeit im Ruhrgebiet": Heimatschutz und Landschaftspflege als Impulsgeber und Bestandteil der Regionalplanung 1930-1960, dargestellt am Beispiel der „Landschaftsanwälte" Guido Erxleben und Rudolf Ungewitter. In R. Kastorff-Viehmann, Y. Utku, & Regionalverband Ruhr (Hrsg.), *Regionale Planung im Ruhrgebiet. Von Robert Schmidt lernen?* (S. 121-136). Essen: Klartext.

IV Diskurse, Symbole und Macht

Diskurs – Macht – Landschaft

Potenziale der Diskurs- und Hegemonietheorie von Ernesto Laclau und Chantal Mouffe für die Landschaftsforschung

Florian Weber

Zusammenfassung

‚Landschaft' wird auf vielfältige Weise mit bestimmten Eindrücken, Assoziationen und Sichtweisen aufgeladen. Bestimmte Aspekte werden auf diese Weise verfestigt und erscheinen im ‚Alltag' vielfach unhinterfragt und gegeben – Prozesse, mit denen sich bereits seit längerem die sozialkonstruktivistische Landschaftsforschung auseinandersetzt. Bisher wurde allerdings kaum auf Potenziale und Chancen der Diskurstheorie geblickt, die sich für die Landschaftsforschung gerade zur Analyse von Machtstrukturen ergeben. Der Artikel stellt vor diesem Hintergrund die Anschlussfähigkeit der Diskurstheorie von Ernesto Laclau und Chantal Mouffe an ein konstruktivistisches Landschaftsverständnis heraus, präsentiert zentrale Leitlinien der Theorie sowie Methoden der Operationalisierung (lexikometrische Verfahren, Analyse narrativer Muster, diskurstheoretisch-orientierte Bildanalyse und Filmanalyse), mit der Prozesse der Verfestigung ‚sozialer Wirklichkeit' und die Macht hegemonialer ‚Strukturen' zielführend analysiert werden können. Neben Potenzialen werden Grenzen einer entsprechenden Herangehensweise in den Blick genommen und kontrastiert.

1 Einleitung: Diskurstheorie trifft auf Landschaftsforschung – Potenziale eines anderen Blicks auf ‚Landschaft'

„Was Wanderer am Salzburger Land so schätzen, ist die Fülle an außergewöhnlichen Landschaften. Das sanfte Hügelland rund um die Seen im Norden. Das Wechselspiel von freundlich grünen Grasbergen, schroffen Felsgipfeln und malerischen Bergseen im Süden des Landes. Dazu kommen die vielen kleinen einladenden Dörfer [...].“[1]

---

1 SalzburgerLand: Salzburger Almsommer. Geschichten, Tipps und Angebote. Wanderwegweiser mit Panoramakarten.

„Der Typus der flach gehaltenen Dresdner Elbebrücken ist eine Referenz an den einzigartigen Aufriss des Dresdner Stadtbildes und an die Erhabenheit der Kulturlandschaft. [...]. Die Waldschlösschenbrücke zerschneidet den zusammenhängenden Landschaftsraum des Elbbogens an der empfindlichsten Stelle und teilt ihn irreversibel in zwei Hälften."[2]

„Das Rheintal ist als zusammenhängender Landschaftsraum zu sehen. [...]. Windkraftanlagen in Bad Hönningen, Unkel oder Remagen hätten zur Folge, dass das gesamte Landschaftsbild verunstaltet wird [...]."[3]

Drei verschiedene Passagen, drei verschiedene Kontexte – und jedes Mal ein anderer Bezug zu ‚Landschaft'. Im ersten Zitat eines Wanderwegweisers wird für die „außergewöhnlichen Landschaften" im Salzburger Land in Österreich ein Panorama mit verschiedenen Landschaftselementen aufgespannt – perfekt inszenierte Werbung für die Tourismusdestination Salzburger Land. Der zweite Ausschnitt aus einem Gutachten zur Einschätzung des Baus der Waldschlösschenbrücke im damaligen Weltkulturerbe Elbtal Dresden weist auf die Gefahren einer Zerschneidung des „Landschaftsraums" hin. Im letzten Zitat wird ‚Landschaft' durch Windkraft „verunstaltet". Auch wenn die Orte und die Themen jeweils unterschiedlich sind, ist der Schnittpunkt die Verknüpfung von ‚Landschaft' mit bestimmten Eindrücken, Assoziationen und Sichtweisen. ‚Landschaft' wird auf spezifische Weise mit Bedeutungen aufgeladen und konstituiert – als Idyll, als klar differenzierbare Einheit, als durch menschliche Eingriffe ‚verschandelter' Raum. ‚Landschaft' wird nicht einfach als gegeben angenommen, sondern als soziales Konstrukt verstanden. Deren ‚Eindeutigkeit' wird also aufgegeben. Diese Sichtweise bedeutet damit eine konstruktivistische Lesart von ‚Landschaft' (wie u. a. bei Cosgrove 1988; Gailing 2012; Hokema 2013; Kühne 2013a und b; Kühne et al. 2013; Leibenath und Otto 2012 und 2013; Stakelbeck und Weber 2013), die den Blick auf deren ‚Herstellung' lenkt. Mit welchen Elementen wird ‚Landschaft' in unterschiedlichen Kontexten verknüpft und wie werden damit spezifische soziale Wirklichkeiten generiert? Der Aspekt der ‚Herstellung' bringt gleichzeitig einen weiteren Aspekt ins Spiel: Wie kommt es dazu, dass bestimmte Deutungen als ‚natürlich' wahrgenommen und wenig hinterfragt werden? Ein Beispiel hierfür wäre eine bunte Blumenwiese mit einem dahinter aufragenden Alpenpanorama, das voraussichtlich in einem sehr hohen Konsens als ‚schöne Landschaft' beschrieben wird. Kämen zu diesem Panorama eine vierspurige Autobahn und ein Bergwerk hinzu, würde dies in hohem Maße deutlich anders ausfallen. Gleichwohl sind Veränderungen grundsätzlich möglich: Früher galten die Alpen als „schreckliche und furchterregende Berge" (Bätzing 2005, S. 13, vgl. auch den Beitrag von Schönwald in diesem Band).

---

2 Passagen aus dem „Gutachten zu den visuellen Auswirkungen des ‚Verkehrszuges Waldschlösschenbrücke' auf das UNESCO-Weltkulturerbe ‚Elbtal Dresden', Seiten 84 und 111". http://archiv.welterbe-erhalten.de/pdf/0604gutachten.pdf (Zugegriffen: 02. Januar 2014).

3 Bürgerinitiative   Romantischer   Rhein: http://www.biromantischerrhein.de/argumente/umwelttiere-schutzen/ (Zugegriffen: 02. Januar 2014).

Gerade bei (weiblichen) Akademikern werden Industrieanlagen heute zunehmend als ästhetische postmoderne Landschaften wahrgenommen (dazu im Detail Kühne 2008b). Die Beispiele zeigen, dass bei der Konstituierung von ‚Landschaft' die Deutungsmacht bestimmter Sichtweisen und damit Machtstrukturen von zentraler Bedeutung sind. Welche landschaftsbezogenen Eindrücke werden wie, aus welchen Gründen und durch welche Prozesse verfestigt? Und welche alternativen Vorstellungen werden damit marginalisiert und ausgeblendet?

Um gerade den Machtaspekt von ‚Landschaft' in den Blick zu nehmen, bietet die Diskurs- und Hegemonietheorie von Ernesto Laclau und Chantal Mouffe entscheidende Möglichkeiten, die es erlauben, in der Landschaftsforschung durch einen veränderten Zugriff unterschiedliche Themen auf spezifische Weise zu beleuchten. Bisherige Rückgriffe auf die Diskurs- und Hegemonietheorie entstammen primär dem Feld der Kulturgeographie und fokussierten unterschiedlichste Fragestellungen der Dekonstruktion sozialer Wirklichkeiten (siehe u. a. Chilla 2005; Glasze 2007; Glasze und Mattissek 2009b; Husseini de Araújo 2011; Keller 2004; Weber 2013), allerdings nicht in Bezug auf ‚Landschaft'. Ausnahmen bilden Leibenath und Otto (u. a. 2012 und 2013) zum Thema erneuerbare Energie sowie Kühne, Weber und Weber (2013) zur (De)Konstruktion von Almlandschaften. Leibenath und Otto gehen davon aus, dass ‚übliche' Methoden der qualitativen und quantitativen Sozialforschung zum Einsatz kommen können. Dem widersprechen verschiedene Diskurstheoretiker (u. a. Glasze und Mattissek 2009a und b; Husseini de Araújo 2011; Mattissek 2008; Weber 2013) allerdings und plädieren für spezifische, den theoretischen Implikationen angepasste Methoden. Vor diesem Hintergrund verfolgt der Artikel das Ziel, zunächst die Anschlussfähigkeit und die Potenziale der Diskurs- und Hegemonietheorie von Laclau und Mouffe für die konstruktivistische Landschaftsforschung und die Erforschung von Machtstrukturen herzuleiten – eine Perspektive, die einen spezifischen (Analyse)Blick erlaubt. Im Anschluss werden den Prämissen der Theorie entsprechende methodische Ansätze dargestellt, die zur Erforschung von Landschaftsdiskursen herangezogen werden können. Der Artikel schließt mit einem Fazit, in dem Möglichkeiten, aber auch Grenzen der diskurstheoretischen Herangehensweise beleuchtet werden.

2   Anschlussfähigkeit des konstruktivistischen Landschaftsverständnisses zur Diskurstheorie

Nach konstruktivistischen Landschaftsverständnissen lässt sich ‚Landschaft' nicht als objektiv und eindeutig definierbar gegebener Teil der physisch-materiellen Welt verstehen, sondern wird auf Grundlage sozialer Normungs- und Wertungsprozesse bewusstseinsintern konstruiert (z. B. Kühne 2011, S. 295; Wojtkiewicz und Heiland 2012, S. 133). Ausgehend vom physischen Raum als Anordnung von Objekten werden nur bestimmte physische Objekte im Bewusstsein bei der Konstruktion von ‚Landschaft' relevant. Auf diese Weise geschieht eine „Entkomplexisierung von Welt" (Kühne 2008a, S. 191). Hinzu kommt, dass Landschaftswahrnehmungen gesellschaftlich beeinflusst sind: ,Landschaft' wird zwar immer wieder individuell aktualisiert, aber es gibt ,sozial präformierte' Wahrnehmungsweisen – von Kühne (2008b, S. 33) als ,gesellschaftliche Landschaft' bezeichnet. ,Landschaft' ist vor diesem Hintergrund als sozial konstruiert zu konzeptionalisieren (Kühne 2005, 2011, S. 295). Was erfasst wird, stellt nicht einfach den Raum dar, sondern wird selektiert und mit bestimmten Bedeutungen aufgeladen (Kühne 2006, S. 1, 2008a, S. 190ff.).

Was als ,Landschaft' gedeutet wird, wird innerhalb der Sozialisation im Kindes- und Jugendalter erlernt (Kühne 2008b, S. 80). Hierbei erfolgt die Bildung von Gestalten: als *ähnlich* Konstruiertes wird von *verschieden* Konstruiertem abgegrenzt. Diese Gestaltbildung vollzieht sich unbewusst, wodurch „sie uns nicht als soziale Konstruktion [erscheint], sondern als Wirklichkeit" (Ipsen 2006, S. 31). So entstehen auch Vorstellungen stereotyper ,Landschaften', also solcher, die durch allgemeine, charakteristische Elemente gekennzeichnet sind (Kühne 2008a, S. 193, 195f., 2008b, S. 84f.). Landschaften werden so zu „mehr oder weniger distinkte[n] räumliche[n] Einheiten" (Gailing 2012, S. 3).

3   Die Diskurstheorie als Grundperspektive und das diskurstheoretische Untersuchungsdesign zur Analyse von Landschaftskonstruktionen

Im Folgenden werden zentrale Stränge der Diskurs- und Hegemonietheorie nach Laclau und Mouffe dargestellt, die direkt anschlussfähig an das skizzierte konstruktivistische Landschaftsverständnis sind und gleichzeitig einen spezifischen Blick mit sich bringen. Regelmäßige Verknüpfungen von textlichen und nicht-textlichen Elementen rücken bei der Analyse von Landschaftskonstruktionen in den Fokus, womit der Ort der Bedeutungskonstitution und -fixierung zentral wird. Auf diese Weise können entsprechend Facetten und Nuancen herausgearbeitet werden, durch die bestimmte Ansichten verfestigt und so ,naturalisiert' werden, also natürlich erscheinen und nicht in Frage gestellt werden. Damit kann die Macht bestimmter Diskurse um ,Landschaft' deutlich werden.

3.1   Ein diskurstheoretischer Zugang zur Analyse von Landschaftskonstruktionen

Diskurstheoretische Überlegungen basieren auf einem Zugang zur sozialen Wirklichkeit über Sprache und damit auf strukturalistischen und poststrukturalistischen Ansätzen (dazu u. a. Barthes 1957, 1987[1970]; Derrida 1983[1967]; Saussure 2005[1913]). Mit Sprache werden unterschiedliche Repräsentationen der sozialen Wirklichkeit erschaffen, das heißt, Sprache trägt zu deren Konstruktion bei (Phillips und Jørgensen 2002, S. 8f.; Torfing 1999, S. 87). Am Beispiel einer Flut lässt sich dies verdeutlichen: Der Anstieg des Wassers erfolgt außerhalb der Gedanken und Sprechakte der Menschen. Sobald allerdings

darüber gesprochen wird, erfolgt eine bestimmte Deutung, da der Anstieg des Wassers
als Naturschauspiel, meteorologisch in Verbindung mit dem El Niño-Phänomen oder
als Wille Gottes interpretiert und kommuniziert werden könnte. Mit Sprache können
damit auch unterschiedliche Bilder von ‚Landschaften' erzeugt werden (Kühne 2006, S.
59; Leibenath und Otto 2012, S. 120; siehe auch Hokema 2013).

Neben dem Produktionscharakter sozialer Wirklichkeit(en) betonen poststrukturalistisch argumentierende Diskurstheorien, wie die von Laclau und Mouffe,
die Unmöglichkeit endgültig fixierter und abgeschlossener Strukturen – und damit
auch von Landschaftskonstrukten. Vielmehr ist zu beobachten, dass auch in vermeintlich stabilen Verhältnissen Veränderungen auftreten können (dazu Laclau 1994, S. 1f.;
Weber 2013, S. 50). Aus dieser Unmöglichkeit einer endgültigen Bedeutungsfixierung
folgt, dass auch Identitäten, gesellschaftliche Beziehungen und ‚Räume' letztendlich
immer kontingent sind. Entscheidungen, die getroffen werden, könnten also durchaus auch anders ausfallen. Es besteht keine Fügung oder Notwendigkeit, dass ein bestimmter Weg eingeschlagen wird. Mittels Sprache werden aktuell gültige Bedeutungen
nur temporär fixiert (Glaze und Mattissek 2009b, S. 12; Mattissek und Reuber 2004, S.
228). Bedeutungsveränderungen sind also grundsätzlich immer möglich. Ein Beispiel ist
der ‚11. September', dessen Bedeutung seit dem Jahr 2001 zentral mit den Anschlägen in
den USA verknüpft ist.

Im Alltag erscheinen Strukturen allerdings üblicherweise als gegeben und ‚normal'.
Sie werden nicht hinterfragt. Es kommt zu einer temporären Fixierung von Differenz-
beziehungen und damit von Bedeutung – von Laclau und Mouffe (1985, S. 112) als Diskurs gefasst. Entsprechend der Verneinung einer eindeutigen sozialen Wirklichkeit kann
es mehrere Diskurse geben, die nebeneinander existieren und sich auch ausschließen
können. Mehrere Diskursstränge können zu einem bestimmten Zeitpunkt bestehen und
Relevanz besitzen, wobei häufig *eine* Möglichkeit als ‚klar' und ‚selbstverständlich' erscheint. Wie es dazu kommen kann, erläutern Laclau und Mouffe über ihre Theorie der
Hegemonie.

Ausgangspunkt ist die Hegemonietheorie Antonio Gramscis (1991-2002 [ital. Original
1948ff.]). Hegemonie ist nach Gramsci als die Fähigkeit der herrschenden Klasse zu verstehen, die Gesellschaft zu führen. Dies wird dadurch erreicht, dass es ihr gelingt, ihre
Ziele als kollektiven Willen durchzusetzen (Glaze/Mattissek 2009a, S. 160; Laclau und
Mouffe 1985; Torfing 1999, S. 108). Um ihre Position zu sichern, hat die dominante Klasse
nach Gramsci Gewalt und Macht zur Verfügung. Wichtiger ist allerdings die Produktion
von Bedeutung, also geteilter Werte und Normen, um die Machtbeziehungen zu sichern.
Dadurch wird es möglich, die Machtbeziehungen als ‚natürlich' erscheinen zu lassen,
so dass sie nicht in Frage gestellt werden. Laclau und Mouffe gehen über die Theorie
Gramscis hinaus, indem sie verbleibende Essentialisierungen auflösen (zum einen das
Festhalten an Klassen, und zum anderen die Gesellschaftsformation, die von einem einfachen hegemonialen Zentrum ausgeht). Ambivalenzen und Heterogenitäten können nur
temporär reduziert, aber nie dauerhaft und vollständig ausgelöscht werden (Glaze und
Mattissek 2009a, S. 160). Hegemonie bedeutet entsprechend, dass Diskurse an Dominanz

gewinnen und als ‚gegeben‘ erscheinen. Alternative soziale Wirklichkeiten werden temporär unterdrückt und marginalisiert (Glasze und Mattissek 2009a, S. 162).

Hegemoniale Diskurse entstehen zum einen durch Äquivalentsetzungen um einen zentralen Knotenpunkt herum, der entscheidend für den Diskurs wird. Die unterschiedlichen Positionen, die in einem Diskurs geäußert werden, werden als ‚Momente‘ bezeichnet. Differenzen, die nicht diskursiv artikuliert werden, werden ‚Elemente‘ genannt und liegen im ‚Feld der Diskursivität‘, dem Feld des Bedeutungsüberschusses. Elemente sind die Zeichen, deren Bedeutung noch nicht fixiert wurde (Phillips und Jørgensen 2002, S. 26f.). Innerhalb des Diskurses werden Elemente in Momente überführt, um eine temporäre Bedeutungsfixierung zu erreichen (Glasze 2013, S. 80ff.; Phillips und Jørgensen 2002, S. 27f.). Bestimmte Bedeutungen werden wiederum fixiert, indem sich die Momente aneinanderreihen. Dabei kann ein Moment als Knotenpunkt fungieren und die anderen Momente repräsentieren.

Zum anderen kommt es zu Verfestigungen durch Abgrenzung von einem Außen, also dem, was der Diskurs *nicht* ist. Das Außen wird auf diese Weise identitätsstiftend und ist damit konstitutiv – also als konstitutives Außen für den Diskurs zu betrachten (Laclau 1993; Stäheli 1999, S. 151f.; Thiem und Weber 2011, S. 175f.; Weber 2013, S. 51ff.). ‚Nachhaltigkeit‘ im Tourismus wird beispielsweise mit den Signifikanten ‚unberührte Natur‘ und ‚Bewahrung kultureller Werte‘ verknüpft und steht in Opposition zu ‚Massentourismus‘ und ‚Überfremdungseffekten‘ (Abbildung 1).

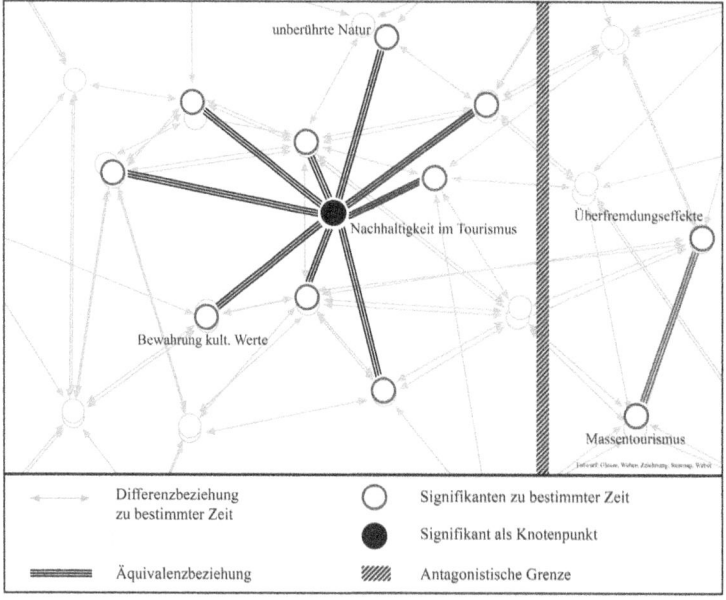

Abbildung 1 Illustration des Diskursverständnisses nach Laclau und Mouffe.
Quelle: Eigene Darstellung in Anlehnung an Glasze 2013, S. 83.

Vor diesem Hintergrund entsteht eine Anschlussfähigkeit, wie ‚Landschaft' entsprechend den bisherigen Ausführungen als Konstrukt zu ‚lesen' ist und wie es zur Verfestigung bestimmter Landschaftsimaginationen durch eine Aufladung mit bestimmten Bedeutungen kommt. Einzelne Elemente reihen sich in Äquivalenzketten aneinander, werden damit zu Momenten in einem oder mehreren Diskursen und grenzen sich von anderen Diskursen ab, wobei diese Abgrenzung entscheidend werden kann, um die eigene ‚Identität' zu festigen. Je machtvoller ein Diskurs wird, umso mehr rücken alternative Deutungsmöglichkeiten in den Hintergrund und werden als nicht plausibel abgetan. In diesem Punkt scheinen Veränderungsmöglichkeiten ‚eingefroren' und undenkbar. Unterdrückte oder marginalisierte Diskurse im Gegensatz zu hegemonialen Diskursen können als Subdiskurse verstanden werden, die hinter hegemonialen Diskursen stehen, grundsätzlich aber auch hegemonial werden könnten (Weber 2013, S. 63 und S. 69ff.).

Eine diskurstheoretische Perspektive kann genau hier an diesen vermeintlichen Eindeutigkeiten ansetzen, diese hinterfragen und auch alternative, verschüttete Diskursstränge herausarbeiten. Produktion, aber auch Reproduktion von Macht und ‚Landschaft' können damit in den Fokus rücken, indem regelmäßige Verknüpfungen, ausgehend vom einzelnen sprachlichen Zeichen, analysiert und herausgearbeitet werden. Der Zugriff einer diskurstheoretischen Analyse in Anschluss an Laclau und Mouffe erfolgt also durch einen Blick auf einzelne sprachliche Verknüpfungen und nicht Sinneinheiten, was sich folglich in der Operationalisierung dieser Perspektive niederschlägt.

3.2 Ansätze zur Operationalisierung der diskurstheoretischen Perspektive und empirische Beispiele

Laclau und Mouffe haben nur wenige Angaben darüber gemacht, in welcher Weise ihre Theorie zu operationalisieren sein könnte (Glasze 2007, Abs. 25). In jüngerer Zeit sind allerdings verschiedene Arbeiten – wie in der Einleitung bereits angeführt – vorgelegt worden, welche zur Operationalisierung auf Methoden aus dem Kontext der so genannten Französischen Schule der Diskursforschung zurückgreifen (u. a. Brailich et. al. 2008; Glasze 2013; Husseini de Araújo 2011; Mattissek 2008; Weber 2013).

Da die Diskurstheorie, wie Mattissek (2008, S. 113f.) betont, sowohl objektivistische als auch handlungstheoretische Ansätze hinterfragt, kann weder problemlos auf quantitativszientistische Verfahren noch auf Methoden der qualitativ-verstehenden Sozialforschung zurückgegriffen werden (siehe dazu auch Angermüller 2007, S. 100ff.; Keller 1997). Es müssen Verfahren ausgewählt werden, die weder objektive Kausalitäten voraussetzen noch von einem intentional handelnden Akteur ausgehen. Die angewandten Methoden müssen vielmehr in der Lage sein, „überindividuelle, ‚hegemoniale' Muster des Sprechens über einzelne Themen" (Mattissek 2008, S. 115) sowie Brüche und Veränderungen sichtbar zu machen. Im Folgenden werden lexikometrische Verfahren als quantitativer Zugriff sowie die Analyse narrativer Muster als qualitativer Zugriff in den Mittelpunkt gerückt und anhand von Beispielen gezeigt, wie diese Analysen vonstattengehen könnten. Diskurstheoretisch-orientierte Bild- und Filmanalysen können sowohl quantitativ als auch qualitativ aufgebaut werden, was ebenfalls beispielhaft verdeutlicht wird, um so einen Überblick über verschiedene Verfahren zu geben.

3.2.1 Lexikometrische Verfahren

Wie beschrieben, liegt der Zugriff der Diskurs- und Hegemonietheorie nach Laclau und Mouffe in der Interpretation von Diskursen als temporäre Fixierung von Differenz-beziehungen, also von sprachlichen Zeichen, die sich grundsätzlich alle voneinander unterscheiden, aber durch Aneinanderreihung in Beziehung gesetzt werden. Be-deutungen werden als Effekte einer solchen Fixierung konzeptionalisiert. Um „groß-flächige Strukturen des Sprechens, d.h. Muster des Sprachgebrauchs" (Mattissek 2008, S. 122) zu analysieren, kann auf lexikometrische Verfahren zurückgegriffen werden, die den Sprachwissenschaften entstammen (dazu besonders Dzudzek et al. 2009). Diese Ver-fahren untersuchen die quantitativen Beziehungen zwischen lexikalischen Elementen, um die Konstitution von Bedeutung herauszuarbeiten (Glasze 2007, Abs. 34f.; Guilhaumou 1986, S. 27; Teubert 1999).

Ausgangspunkt für lexikometrische Untersuchungen ist die Zusammenstellung von zu analysierenden digitalen ‚Textkorpora'. Im Zuge der Analyse werden verschiedene Teile des Korpus mit anderen Teilen oder dem Gesamtkorpus kontrastiert, um die Besonder-heiten des Teilkorpus aufzuzeigen. Daraus ergibt sich, dass die Korpora ‚geschlossen' sein müssen, das heißt, dass nicht nachträglich neue Texte hinzugefügt werden dürfen. Würden beispielsweise verschiedene Jahrgänge einer Tageszeitung mit einem Gesamt-korpus von mehreren Jahrgängen verglichen und nach und nach weitere Artikel hinzu-gefügt, könnten die ersten Ergebnisse mit den letzten nicht sinnvoll verglichen werden. Zudem ist bei der Zusammenstellung des Textkorpus darauf zu achten, dass die Rahmen-bedingungen der Texte möglichst stabil gehalten werden. So sollten also nicht die Zeit und gleichzeitig die Sprecherposition oder das Genre verändert werden (Baker 2006, S. 26ff.; Glasze 2007, Abs. 38).

Bei lexikometrischen Verfahren erfolgt zunächst eine Analyse auftretender Regel-mäßigkeiten. Damit wird eine Suche nach erwarteten Strukturen vermieden und die Möglichkeit gegeben, solche zu finden, die nicht schon vor der Untersuchung an-genommen wurden. Die Interpretation durch den Forscher kann bei lexikometrischen Verfahren entsprechend aufgeschoben werden und unterscheidet sich damit von der quantitativen Inhaltsanalyse, in der vorab bestimmte Kategorien definiert werden (Baker 2006, S. 10ff.).

Mit Hilfe von Frequenzanalysen kann gezeigt werden, wie *absolut* oder *relativ häufig* eine spezifische Form in einem bestimmten Teil des Korpus auftritt (Baker 2006, S. 51ff.; Fiala 1994, S. 115). Analysen der Charakteristika eines Teilkorpus zeigen, welche lexikalischen Formen für einen Teil des Korpus in Bezug auf das Gesamtkorpus *spezifisch* sind (dazu ausführlich Glasze und Weber 2013 sowie Dzudzek et al. 2009).

Über die beiden Methoden können (beispielsweise mit Hilfe des Computerprogramms ‚Lexico 3'[4]) Veränderungen im Zeitverlauf aufgezeigt und so Diskursverschiebungen und -brüche ermittelt werden. Zudem ist es möglich, sich explorativ einen Überblick über charakteristische Zusammenhänge zu verschaffen (Mattissek 2008, S. 123). Lexikometrische Verfahren stoßen allerdings an Grenzen: Zwar lassen sich Verknüpfungen zwischen lexikalischen Elementen nachweisen, jedoch kann über die Qualität der Verbindungen keine Aussage gemacht werden (Glasze 2007, Abs. 44).

Mit Hilfe lexikometrischer Verfahren könnten entsprechend beispielsweise Windenergie-Diskurse untersucht werden. Aus digital vorhandenen Tageszeitungen könnten pro Jahrgang alle Artikel extrahiert werden, die die Begriffe „...-landschaft-...' und ‚Wind-...' enthalten, das heißt, auch entsprechende Wortzusammensetzungen wie Kulturlandschaftsschutz oder Windparks, Windenergie, Windkraft etc.. Auf diese Weise könnten Verschiebungen und Brüche im Zeitverlauf ermittelt werden, die Diskursspezifika deutlich machen. Besonders hohe Frequenzen und Spezifizitäten zeigen, welche Momente im Diskurs als besonders machtvoll angesehen werden können und zu einem bestimmten Zeitpunkt den Diskurs bestimmen. Eine solche Analyse könnte allerdings nicht automatisch für alle Momente des Diskurses zeigen, welche Assoziationen positiv beziehungsweise negativ ausfallen. Bei ‚Verschandelung' wäre dies noch recht eindeutig, bei ‚Bürgerinitiativen' beispielsweise allerdings weniger, da diese sich sowohl für als auch gegen Windkraft engagieren könnten. Hier bedarf es ergänzend eines qualitativen Zugriffs, der dann einzelne Aspekte, die innerhalb der lexikometrischen Analyse besonders auffällig waren, in den Blick nimmt.

3.2.2 Analyse narrativer Muster

Qualitative Methoden machen sich dieselben Prämissen der Diskurs- und Hegemonietheorie wie die quantitativen Methoden zunutze: Im Anschluss an den Zugang zur sozialen Wirklichkeit über Sprache und die Fixierung von Bedeutung über die relationale Verbundenheit einzelner Elemente besteht *eine* Art der Annäherung in der Analyse narrativer Muster – einer Methode, die den kodierenden Verfahren zugeordnet werden kann (dazu Glasze et al. 2009). Die Analyse narrativer Muster untersucht, wie Bedeutungen konstituiert werden, indem sprachliche Elemente in bestimmte Muster eingebunden werden und gewisse Regelmäßigkeiten offenbaren (Glasze 2007, Abs. 44; Somers 1994, S. 616). Beim Sprachgebrauch werden bestimmte Narrationen genutzt, um durch Wiederholung Regelmäßigkeit herzustellen und Bedeutung zu fixieren. Diese Narrationen werden als Konstitution sozialer Wirklichkeit gefasst. Die Analyse (regelmäßiger) Verknüpfungen von Elementen in Bedeutungssystemen kann, so der Ansatz, also Hinweise auf diskursive Verfestigungen und folglich auf die Herstellung sozialer Wirklichkeit geben (Glasze et al. 2009, S. 293f.). Ziel der Analyse narrativer Muster ist es damit, wiederkehrende Argumentationslogiken zu erfassen, mit der aktuelle Bedeutungen verfestigt werden. Auf diese Weise wird es möglich, Äquivalenzketten und

---

4 Download: http://www.tal.univ-paris3.fr/lexico/.

Knotenpunkte sowie Grenzziehungen und das Außen von Diskurssträngen zu identifizieren und so aktuelle Diskurse, gerade auch Landschaftsdiskurse, nachzuzeichnen.

Ein Beispiel bildet die Analyse von Diskursen zu Almenlandschaften (Kühne et al.
2013; Stakelbeck und Weber 2013). Gerade im Tourismusmarketing ist es das Ziel, positive
Assoziationen zu wecken und Touristen mit bestimmten, in Teilen klischeehaften Images
anzulocken. Für Untersuchungen von Kühne, Weber und Weber wurden Materialien wie
Werbeprospekte, Internetseiten und Presseclippings zweier großer Tourismusverbände
ausgewertet. Neben Texten wurden auch Fotos extrahiert, um so zentrale, übergreifende
Muster zu identifizieren (zur Bildanalyse siehe die Ausführungen im nachfolgenden Ab-
schnitt). Die Analyse zeigte, dass ein intaktes Almenimage mit einer ‚schönen‘, ‚perfekten‘
‚Landschaft‘ transportiert wird, die sich primär durch wenige deutlich unterscheidbare
Landschaftselemente auszeichnet: Wiesen, Wälder, Gebirge und Himmel bilden den
Rahmen für alte Almhütten (Abbildung 2).

Abbildung 2   Beispiel für die ‚schöne Almenlandschaft‘
Quelle: © Tourismusverband Großarltal.

Entsprechende Eindrücke werden in der touristischen Vermarktung bedient und inszeniert und so hegemonial fixiert. Innerhalb der Analyse wurde dies dadurch deutlich, dass in einer hohen Anzahl an Zitaten übergreifend immer wieder die gleichen
Elemente in Beziehung gesetzt wurden. Es entsteht ein reduziertes Set an Momenten im
Almendiskurs. Es findet zudem eine Koppelung an Eindrücke wie Ruhe, Besinnlich-
keit, Romantik und Idylle bzw. auch Regionalprodukte und sportliches Erleben statt.

Es entstehen hegemoniale Diskursstränge – andere Aspekte, die auch zu den Almen dazugehören, wie Straßen und Lifte, werden ausgeblendet beziehungsweise stellen diskurstheoretisch nicht hegemoniale Subdiskurse dar (im Detail dazu Kühne et al. 2013). Eine entsprechende Analyse ermöglicht es also, Prozesse der Bedeutungsherstellung und -verfestigung über Werbung zu betrachten und gezielt danach zu schauen, welche Macht Werbung zukommen kann und wer auf welche Weise zur Bedeutungskonstitution beiträgt.

3.2.3   Diskurstheoretisch-orientierte Bildanalyse und Filmanalyse

Fotografien, Bilder und Filme sind heute omnipräsent und bestimmen Eindrücke und Einstellungen entscheidend mit. Sie spielen eine zentrale Rolle bei der Konstitution von Gesellschafts-Raum-Verhältnissen (in Anlehnung an Miggelbrink und Schlottmann 2009, S. 181 und Maasen et al. 2006, S. 14). Ähnlich wie Sprache sind sie kein Instrument der Abbildung von Wirklichkeit. So wie aus einer sozialkonstruktivistischen und diskurstheoretischen Grundperspektive beispielsweise ‚Landschaft' nicht einfach als beobachterunabhängig gegeben verstanden werden kann, so können auch Bilder entsprechend nicht einfach Abbilder der sozialen Wirklichkeit darstellen. Sie beteiligen sich vielmehr an der Konstruktion gesellschaftlicher Wirklichkeiten (Maasen et al. 2006, S. 19). Diese Betrachtungsweise klärt allerdings noch nicht, wie Bilder und Filme analysiert werden können. Vor der konkreten Analyse von Landschaftskonstruktionen liegt zudem eine weitere Schwierigkeit: Sie setzt voraus, dass das, was auf Bildern / Fotos / Filmen dargestellt ist, vom Betrachter als ‚Landschaft' erkannt wird. Bildtheoretisch ist dies, wie Miggelbrink und Schlottmann (2009, S. 191) ausführen, allerdings nicht selbstverständlich – denn dass wir ‚Landschaft' als ‚Landschaft' identifizieren, ist bereits eine Übereinkunft beziehungsweise Setzung. Gleichzeitig kann dieser Aspekt nicht umgangen werden. Diskurstheoretisch kann die Sichtweise, was als ‚Landschaft' ‚gelesen' wird, als hegemonial in der Gesellschaft verankert gedeutet werden – jeder weiß, dass das, was er sieht, als ‚Landschaft' zu deuten ist – und wird bei der Analyse auf diese Weise vorausgesetzt – andernfalls würde eine Untersuchung (fast) unmöglich gemacht.

Die Analyse von Bildern und Filmen kann unter Berücksichtigung bisheriger Ausführungen in Anschluss und Erweiterung der diskurstheoretischen Grundperspektive erfolgen. Der Diskursbegriff von Laclau und Mouffe ist nicht nur auf Sprache beschränkt, sondern geht darüber hinaus, so dass auch Bilder und Filme eingeschlossen sind (dazu bspw. Glasze 2007, Abs. 16; Stäheli 1999, S. 147; Weber 2013, S. 50f.). Bild, Film und Text stehen in engem Verhältnis zueinander und können nicht voneinander entkoppelt betrachtet werden (entsprechend auch Foucault 2001, S. 796). Erfassbar werden Bilder und Filme dadurch, dass sie sprachlich analysiert und kommuniziert werden. Auf diese Weise werden bestimmte aktuell gültige ‚Wahrheiten' mit hergestellt – alternative Deutungsmöglichkeiten ausgeblendet. Empirische Untersuchungen müssen entsprechend herausarbeiten, welche Elemente in Bildern und Filmen auftauchen und welche Regelmäßigkeiten sich ermitteln lassen, das heißt also, welche Verknüpfungen verfestigt werden (in Anlehnung an Miggelbrink und Schlottmann 2009, S. 191). Was wird, in Anschluss an Foucault (1981, S. 98), ein- beziehungsweise ausgeschlossen? Wie in Texten sind in Bildern und Filmen bestimmte Aussagen gestattet, andere tendenziell nicht, was es nachzuzeichnen gilt (dazu auch Bachmann-Medick 2009, S. 348). Im Fokus steht damit nicht das einzelne Werk, sondern eine Vielzahl an Bildern und Filmen, die miteinander in Beziehung gesetzt und verglichen werden. Welche zentralen Momente innerhalb des Diskurses tragen zur Konstruktion sozialer Wirklichkeit bei? Bild- und Filmanalysen können entsprechend den bisherigen Ausführungen sowohl quantitativ als auch qualitativ erfolgen, wenn den dargestellten Implikationen und Prämissen entsprochen wird.

Zentral ist es bei quantitativen Analysen, ein geschlossenes Korpus zu erzeugen, das dann umfassend analysiert wird – dies gilt automatisch, da sonst keine quantifizierenden Aussagen getroffen werden könnten (eine Erweiterung des Korpus wäre möglich, allerdings müsste dann entsprechend das gesamte Korpus neu quantitativ untersucht werden). Gerade in Bezug auf Filmanalysen lag bisher kein entsprechendes Vorgehen vor, was aber methodisch durchaus umsetzbar ist. Beispielsweise lässt sich eine bestimmte Anzahl an Internetvideos nach einem beziehungsweise mehreren Schlüsselwörtern als Korpus aufbereiten. Im nächsten Schritt wäre in einer möglichst offenen, induktiven Herangehensweise nach Elementen zu suchen, die regelmäßig übergreifend in Beziehung gesetzt werden und auf diese Weise Bedeutung konstituieren. Auf diese Weise werden besonders machtvolle Verknüpfungen sichtbar – Machtstrukturen, die alternative Deutungsmöglichkeiten tendenziell unterdrücken können. Ein entsprechendes Vorgehen unternehmen Kühne und Weber am Beispiel des Themas Stromnetzausbau (siehe dazu den entsprechenden Beitrag in diesem Band).

Bei qualitativen Analysen kann das Korpus nach und nach mit zusätzlichen Materialien erweitert werden. Entscheidend wird auch hier, wie bei der Analyse narrativer Muster, Regelmäßigkeiten bild- bzw. filmübergreifend herauszuarbeiten. In Bezug auf das bereits angeführte Beispiel Almendiskurse zeigte sich, dass auch in den Fotos der Tourismuswerbung reduzierte Darstellungen dominieren, in denen Wiesen, Almhütten und Panorama im Mittelpunkt stehen, allerdings weniger größere Menschengruppen oder Siedlungen. In der ‚Landschaft‘ vor Ort kaum auszublendende Objekte wie Skilifte, Hotels oder auch Industrie kommen in der Werbung nicht vor (dazu im Detail Kühne et al. 2013). Es sind auch hier spezifische Landschaftsstereotype, die transportiert werden, und so temporär Bedeutung fixieren.

4   Fazit:
Möglichkeiten sowie Grenzen der Diskurs- und Hegemonietheorie als Analyseinstrument

Zum Abschluss des Artikels sei zunächst auf den Titel des Beitrags rückverwiesen: Diskurs – Macht – Landschaft. Die Dreigliederung macht zunächst deutlich, um was es im Beitrag ging: um Landschaftsdiskurse und die Frage nach Macht und Machtstrukturen.

Gleichzeitig rückten die Prozesse der Bedeutungsherstellung in den Fokus: Diskurs macht ‚Landschaft'. Temporäre Bedeutungsfixierungen erzeugen bestimmte Landschafts-imaginationen, wobei bestimmte Eindrücke hegemonial, andere marginalisiert werden. Die Diskurs- und Hegemonietheorie von Laclau und Mouffe ermöglicht es, danach zu fragen, welche Machtmechanismen der sozialen Konstruktion von ‚Landschaft' zugrunde liegen, also *wer wann in welchem Kontext wie* über ‚Landschaft' kommunizieren darf, ohne den Verlust an sozialer Anerkennung befürchten zu müssen. Ein zentrales Element dieser Fragen nach dem Zusammenhang von Macht und der sozialen Konstruktion von ‚Landschaft' ist also, *wie* ‚Landschaften' *von wem mit welchem Ziel* erzeugt werden und wie damit bestimmte Eindrücke verfestigt und nicht mehr hinterfragt werden.

Welche Schlussfolgerungen lassen sich vor diesem Hintergrund für Potenziale und Grenzen einer diskurstheoretischen Perspektive ziehen? Die Analyse aus diskurs-theoretischer Sicht bietet in Bezug auf das Thema ‚Landschaft' die Chance, bestehende Diskurse ‚kleinteilig', ausgehend von einzelnen Elementen, zu beleuchten und der Frage nachzugehen, welche Hegemonien produziert und reproduziert werden. Eine Ver-knüpfung sprachlich orientierter Analysemethoden wie lexikometrische Verfahren oder die Analyse narrativer Muster mit der Analyse von Bildern oder Filmen kann in besonderer Weise den Blick darauf lenken, wie eng Sprache und Bild / Film zusammen-hängen beziehungsweise zusammengedacht und analysiert werden können: Text wird durch Bilder verstärkt und ‚sichtbar' gemacht. Gerade in Bezug auf Landschafts-konstruktionen können mit einem entsprechenden Vorgehen vormals eher übersehene Details in den Fokus rücken. Praxis- und handlungsorientiert kann mittels einer dis-kurstheoretischen Analyse herausgearbeitet werden, was über ‚Landschaft' ‚sagbar' ist und was nicht. So kann verdeutlicht werden, inwiefern ‚Landschaft' auch ein soziales Machtmedium darstellt und aktiv als solches genutzt werden kann.

Die Diskurs- und Hegemonietheorie nach Laclau und Mouffe ist konstitutiv auf Fragen der Vermachtung ausgerichtet. Sie bietet einen weitgehend konsistenten theoretischen Bezugsrahmen, der eine terminologisch präzise Analyse – hier der sozialen Konstruktion von ‚Landschaft' – erlaubt. Gleichwohl stößt sie aber auch an Grenzen: Textliche und bildliche Materialien können gewinnbringend analysiert werden, allerdings kann Praktikern nicht *der eine* und *richtige* Weg aufgezeigt werden – dies widerspräche auch dem konstruktivistischen Zugriff. Im Mittelpunkt diskurstheoretischer Ansätze stehen damit die Analyse und Dekonstruktion von Diskursen. Wird dies berücksichtigt und in Kauf genommen, ergeben sich vielfältige Forschungsfelder, in denen dieser theoretische Zugriff eine Bereicherung der Landschaftsforschung als Perspektive mit einem spezi-fischen Blick erlaubt.

Literatur

Angermüller, J. (2007). *Nach dem Strukturalismus. Theoriediskurs und intellektuelles Feld in Frankreich.* Bielefeld: transcript.

Bachmann-Medick, D. (2009). *Cultural Turns. Neuorientierungen in den Kulturwissenschaften.* Reinbek bei Hamburg: rowoldt.

Baker, P. (2006). *Using Corpora in Discourse Analysis.* London/New York: Continnuum-3pl.

Barthes, R. (1957). *Mythologies.* Paris: Seuil.

Barthes, R. (1987[1970]). *S/Z.* Frankfurt a.M.: suhrkamp.

Bätzing, W. (2005). *Die Alpen: Geschichte und Zukunft einer europäischen Kulturlandschaft.* München: C.H. Beck.

Brailich, A. et al. (2008). Die diskursive Konstitution von Großwohnsiedlungen in Frankreich, Deutschland und Polen. *Europa Regional 16 (3)*, 113-128.

Chilla, T. (2005). „Stadt-Naturen" in der Diskursanalyse. Konzeptionelle Hintergründe und empirische Möglichkeiten. *Raumforschung und Raumordnung 63 (3)*, 183-196.

Cosgrove, D. E. (1988). *Social Formation and Symbolic Landscape.* London/Sydney: Barnes & Noble.

Derrida, J. (1983[1967]). *Grammatologie.* Frankfurt am Main: suhrkamp.

Dzudzek, I., Glasze, G., Mattissek, A., Schirmel, H. (2009). Verfahren der lexikometrischen Analyse von Textkorpora. In G. Glasze & A. Mattissek (Hrsg.), *Handbuch Diskurs und Raum. Theorien und Methoden für die Humangeographie sowie die sozial- und kulturwissenschaftliche Raumforschung* (S. 233-260). Bielefeld: transcript.

Fiala, P. (1994). L'interprétation en lexicométrie. Une approche quantitative des données lexicales. *Langue française* 103, 113-122.

Foucault, M. (1981 [frz. Original 1969]). *Archäologie des Wissens.* Frankfurt am Main: suhrkamp.

Foucault, M. (2001). *Worte und Bilder. Schriften in 4 Bänden. Dits et Ecrits. Band I. 1954-1969* (S. 794-797). Frankfurt am Main: suhrkamp.

Gailing, L. (2012). Sektorale Institutionensysteme und die Governance kulturlandschaftlicher Handlungsräume. Eine institutionen- und steuerungstheoretische Perspektive auf die Konstruktion von Kulturlandschaft. *Raumforschung und Raumordnung 70 (2)*, 147-160.

Glasze, G. (2007). Vorschläge zur Operationalisierung der Diskurstheorie von Laclau und Mouffe in einer Triangulation von lexikometrischen und interpretativen Methoden. *FQS – Forum Qualitative Sozialforschung 8 (2)*, 73 Absätze, http://www.qualitative-research.net/index.php/fqs/article/view/239. Zugegriffen 02. Januar 2014).

Glasze, G. (2013). *Politische Räume. Die diskursive Konstitution eines „geokulturellen Raums" – die Frankophonie.* Bielefeld: transcript.

Glasze, G., Husseini, S., & Mose, J. (2009). Kodierende Verfahren in der Diskursforschung. In G. Glasze & A. Mattissek (Hrsg.), *Handbuch Diskurs und Raum. Theorien und Methoden für die Humangeographie sowie die sozial- und kulturwissenschaftliche Raumforschung* (S. 293-314). Bielefeld: transcript.

Glasze, G., & Mattissek, A. (2009a). Die Hegemonie- und Diskurstheorie von Laclau und Mouffe. In G. Glasze, & A. Mattissek (Hrsg.), *Handbuch Diskurs und Raum. Theorien und Methoden für die Humangeographie sowie die sozial- und kulturwissenschaftliche Raumforschung* (S. 153-179). Bielefeld: transcript.

Glasze, G., & Mattissek, A. (2009b). Diskursforschung in der Humangeographie: Konzeptionelle Grundlagen und empirische Operationalisierung. In G. Glasze, & A. Mattissek (Hrsg.), *Handbuch Diskurs und Raum. Theorien und Methoden für die Humangeographie sowie die sozial- und kulturwissenschaftliche Raumforschung* (S. 11-59). Bielefeld: transcript.

Glasze, G., & Weber, F. (2013). Die Stigmatisierung der *banlieues* in Frankreich seit den 1980er Jahren als Verräumlichung, Versicherheitlichung und Ethnisierung gesellschaftlicher Krisen. *Europa regional*, i. Dr.

Gramsci, A. (1991-2002). *Gefängnishefte*. Herausgegeben von Klaus Bochmann und Wolfgang Fritz Haug, 10 Bände. Hamburg: Argument.

Guilhaumou, J. (1986). L'historien du discours et la lexicométrie. *Histoire & Mesure (3/4)*, 27-46.

Hokema, D. (2013). *Landschaft im Wandel? Zeitgenössische Landschaftsbegriffe in Wissenschaft, Planungspraxis und Alltag*. Wiesbaden: SpringerVS.

Husseini de Araújo, S. (2011). *Jenseits vom „Kampf der Kulturen". Imaginative Geographien des Eigenen und des Anderen in arabischen Printmedien*. Bielefeld: transcript.

Ipsen, D. (2006). *Ort und Landschaft*. Wiesbaden: VS Verlag für Sozialwissenschaften.

Keller, R. (1997). Diskursanalyse. In R. Hitzler, R., & A. Honer (Hrsg.), *Sozialwissenschaftliche Hermeneutik* (S. 309-333). Opladen: UTB.

Keller, R. (2004). *Diskursforschung. Eine Einführung für SozialwissenschaftlerInnen*. Wiesbaden: VS Verlag für Sozialwissenschaften.

Kühne, O. (2005). *Landschaft als Konstrukt und die Fragwürdigkeit der Grundlagen der konservierenden Landschaftserhaltung – eine konstruktivistisch-systemtheoretische Betrachtung*. Wien (= Beiträge zur Kritischen Geographie 4).

Kühne, O. (2006). *Landschaft in der Postmoderne. Das Beispiel des Saarlandes*. Wiesbaden: DUV.

Kühne, O. (2008a). Die Sozialisation von Landschaft – sozialkonstruktivistische Überlegungen, empirische Befunde und Konsequenzen für den Umgang mit dem Thema Landschaft in Geographie und räumlicher Planung. *Geographische Zeitschrift 96 (4)*, 189-206.

Kühne, O. (2008b). *Distinktion – Macht – Landschaft. Zur sozialen Definition von Landschaft*. Wiesbaden: VS Verlag für Sozialwissenschaften.

Kühne, O. (2011). Heimat und sozial nachhaltige Landschaftsentwicklung. *Raumforschung und Raumordnung 69 (5)*, 291-301.

Kühne, O. (2013a). *Stadt – Landschaft – Hybridität. Ästhetische Bezüge im postmodernen Los Angeles mit seinen modernen Persistenzen*. Wiesbaden: SpringerVS.

Kühne, O. (2013b). *Landschaftstheorie und Landschaftspraxis. Eine Einführung aus sozial-konstruktivistischer Perspektive*. Wiesbaden: SpringerVS.

Kühne, O., Weber, F., & Weber, F. (2013). Wiesen, Berge, blauer Himmel. Aktuelle Landschaftskonstruktionen am Beispiel des Tourismusmarketings des Salzburger Landes aus diskurstheoretischer Perspektive. *Geographische Zeitschrift 101 (1)*, 36-54.

Laclau, E. (1993). Discourse. In R. E. Gooding & P. Pettit (Hrsg.), *The Blackwell Companion to Contemporary Political Philosophy* (S. 431-437). Oxford: Blackwell.

Laclau, E. (1994). Introduction. In E. Laclau (Hrsg.), *The Making of Political Identities* (S. 1-8). London: Verso.

Laclau, E., & Mouffe, C. (1985). *Hegemony and Socialist Strategy. Towards a Radical Democratic Politics*. London, New York: Verso.

Leibenath, M., & Otto, A. (2012). Diskursive Konstituierung von Kulturlandschaft am Beispiel politischer Windenergiediskurse in Deutschland. *Raumforschung und Raumordnung 70 (2)*, 119-131.

Leibenath, M., & Otto, A. (2013). Windräder in Wolfhagen – eine Fallstudie zur diskursiven Konstituierung von Landschaften. In M. Leibenath (Hrsg.), *Wie werden Landschaften gemacht? Sozialwissenschaftliche Perspektiven auf die Konstituierung von Kulturlandschaften* (S. 205-236). Bielefeld: transcript .

Maasen, S., Mayerhauser, T., & Renggli, C. (2006). Bild-Diskurs-Analyse. In S. Maasen, T. Mayerhauser & C. Renggli (Hrsg.), *Bilder als Diskurse – Bilddiskurse* (S. 7-27). Weilerswist: Velbrück.

Mattissek, A. (2008). *Die neoliberale Stadt. Diskursive Repräsentationen im Stadtmarketing deutscher Großstädte.* Bielefeld: transcript.

Mattissek, A., & Reuber, P. (2004). Die Diskursanalyse als Methode in der Geographie – Ansätze und Potentiale. *Geographische Zeitschrift 92 (4),* 227-242.

Miggelbrink, J., & Schlottmann, A. (2009). Diskurstheoretisch orientierte Analyse von Bildern. In G. Glasze & A. Mattissek (Hrsg.), *Handbuch Diskurs und Raum. Theorien und Methoden für die Humangeographie sowie die sozial- und kulturwissenschaftliche Raumforschung* (S. 181-198). Bielefeld: transcript.

Phillips, L., & Jørgensen, M.W. (2002). *Discourse Analysis as Theory and Method.* London: Sage.

Saussure, F. de (2005 [1913]). *Cours de linguistique générale.* Paris: Payot.

Somers, M. (1994). The narrative constitution of identity: A relational and network approach. *Theory and Society 23 (5),* 605-649.

Stäheli, U. (1999). Die politische Theorie der Hegemonie: Ernesto Laclau und Chantal Mouffe. In A. Brocz & G. S. Schaal (Hrsg.), *Politische Theorien der Gegenwart* (S. 141-166). Opladen: UTB.

Stakelbeck, F., & Weber, F. (2013). Almen als alpine Sehnsuchtslandschaften: Aktuelle Landschaftskonstruktionen im Tourismusmarketing am Beispiel des Salzburger Landes. In D. Bruns & O. Kühne (Hrsg.), *Landschaften: Theorie, Praxis und internationale Bezüge* (S. 235-252). Schwerin: Oceano Verlag.

Teubert, W. (1999). Korpuslinguistik und Lexikographie. *Deutsche Sprache 4,* 293-313.

Thiem, N.F. & Weber, F.D. (2011). Von eindeutigen Uneindeutigkeiten – Grenzüberschreitungen zwischen Geografie und Literaturwissenschaft im Hinblick auf Raum und Kartografie. In M. Gubo, M. Kypta & F. Öchsner (Hrsg.), *Kritische Perspektiven: „Turns", Trends und Theorien* (S. 171-193). Berlin: LIT.

Torfing, J. (1999). *New theories of discourse: Laclau, Mouffe and Žižek.* Oxford: Blackwell.

Weber, F. (2013). *Soziale Stadt – Politique de la Ville – Politische Logiken. (Re)Produktion kultureller Differenzierungen in quartiersbezogenen Stadtpolitiken in Deutschland und Frankreich.* Wiesbaden: SpringerVS.

Wojtkiewicz, W., & Heiland, St. (2012). Landschaftsverständnisse in der Landschaftsplanung. Eine semantische Analyse der Verwendung des Wortes ‚Landschaft' in kommunalen Landschaftsplänen. *Raumforschung und Raumordnung 70 (2),* 133-145.

Der Energienetzausbau in Internetvideos

Eine quantitativ ausgerichtete diskurstheoretisch orientierte Analyse

Olaf Kühne, Florian Weber

Zusammenfassung

Der vorliegende Beitrag befasst sich mit der Frage, wie sich der Diskurs des Energienetzausbaus am Beispiel von Internetvideos organisiert. Internetvideos erscheinen als lohnender Analysegegenstand, weil ihre Urheber aufgrund der dominanten Form des Formats (kurze Filme) dazu angehalten sind, ihre Argumente in prägnanter, komprimierter Form vorzutragen. Das untersuchte Korpus umfasste 55 Videos, die von der Plattform YouTube stammten. Der Netzausbaudiskurs lässt sich gliedern in einen hegemonialen Diskurs der Befürwortung des Netzausbaus, der der Argumentation folgt: Energie wird im Norden Deutschlands erzeugt, im Süden verbraucht und müsse entsprechend über neue Leitungstrassen transportiert werden. Die Diskurse der Ausbaugegner sind in drei Stränge untergliedert: in einem Strang wird die Notwendigkeit der Energiewende bezweifelt, in einem weiteren wird die dezentrale Erzeugung von (regenerativer) Energie favorisiert, in einem dritten wird Energiesparen bevorzugt. Hinsichtlich der diskursiven Bedeutung landschaftlicher (und gesundheitlicher) Nebenfolgen des Netzausbaus lässt sich eine besondere Thematisierung durch Laien nachvollziehen, während Experten primär technische Fragen des Ausbaus verhandeln. Dies lässt sich in Habermasschem Sinne als Dominanz des Systemischen gegenüber der Lebenswelt deuten.

1 Einleitung: Der Ausbau von Stromnetzen als aktuelle, gesellschaftspolitische Entwicklung

Infolge der Reaktorkatastrophe von Fukushima, der daran anschließenden Beschleunigung des Atomausstiegs und der Diskussion um den Klimawandel wurde der Ausbau erneuerbarer Energien zu einem Kernthema politischen Agierens. In diesem Zuge entwickelte sich auch eine Debatte um die Frage, wie die gewonnene Energie transportiert wird. Der Ausbau von Stromnetzen wurde untrennbar mit dem Ausbau regenerativer Energien verknüpft – beispielsweise in Bezug auf den Transport off shore gewonnener Energie aus der Nordsee Richtung Süden. Trotz allgemein großer Zustimmung zur Energiewende in Deutschland (Agentur für Erneuerbare Energien 2012) werden die damit verbundenen Folgen wie Errichtung von Windkraftanlagen und neuen Stromleitungstrassen von der davon betroffenen lokalen Bevölkerung teilweise heftig kritisiert (vgl. Hübner und Hahn 2013; Kühne 2011; Kühne und Schönwald 2013; Walter und Marg 2013). Haben die Publikationen zum Ausbau erneuerbarer Energien und Netze – auch im landschaftlichen Kontext wie mit dem von Ludger Gailing und Markus Leibenath im Jahr 2013 herausgegebenen Band ‚Neue Energielandschaften: Neue Perspektiven für die Landschaftsforschung' – in den letzten Jahren erheblich zugenommen, erfolgte bisher jedoch eine diskurstheoretische Befassung, die den Blick auf Konstituierungsprozesse sozialer Wirklichkeit und Fragen nach Machtstrukturen lenkt, nur vereinzelt (zum Thema Windkraft siehe Leibenath und Otto 2012). Der vorliegende Aufsatz befasst sich vor diesem Hintergrund mit der diskursiven Konstitution des Ausbaus von Stromnetzen anhand einer quantitativen Analyse von Internetvideos. Wie wird in diesen Videos der Ausbau von Stromnetzen gerahmt, welche übergreifenden Muster in der Berichterstattung beziehungsweise Themensetzung lassen sich identifizieren und welche Elemente wirken diskursprägend? Was sind gegebenenfalls Aspekte, die eher ausgeblendet werden, also Subdiskurse bilden? Grundlage dieser Befassung sind einerseits theoretische Überlegungen zu Diskurs und Landschaft (siehe dazu Weber in diesem Band), andererseits die von Kühne (2012) dargelegte und hier im Sinne der Diskursanalyse adaptierte Analyse von Internetvideos.

2   Grundüberlegungen zur und Aufbau der Untersuchung

Die Funktionsweisen des World Wide Webs haben die „alten Unterscheidungen in Individualkommunikation und Massenkommunikation oder in Kommunikator und Rezipient" (Faulstich 2002, S. 41) unterminiert. Mit dem Aufkommen des Web 2.0 hat sich das mediale Leistungsvermögen um ein vielfaches vergrößert: Mit ihm wurde „zum historisch ersten Mal eine massenhafte Nutzung gemeinschaftlich geteilter, interaktiver Medien nicht nur möglich, sondern wirklich" (Münker 2009, S. 10f.). Gerade Jüngere verbringen heute mehr Zeit im Internet als vor dem Fernseher und auch bei Älteren gewinnt das Medium Internet als Informations- und Unterhaltungsmedium an Bedeutung. Gerade die Videoplattform YouTube erfreut sich dabei zunehmender Popularität (vgl. Schmidt 2011). Aufgrund solchermaßen geänderter Mediennutzungen und -produktionen erscheint es zielführend, die (Re)Produktion gesellschaftlicher Diskurse, hier zum Netzausbau, anhand der Analyse von Internetvideos durchzuführen. Angesichts der hohen Zahl von Internetvideos bei YouTube kann davon ausgegangen werden, dass die Autoren mit dem Medium Internetvideo wie auch der Nutzung der Plattform Youtube die Hoffnung verbinden, einen größeren Rezipientenkreis für die eigene Deutung des Themas zu erreichen. Die allgemein eher geringe Länge des Formats der Internetvideos (zumeist wenige Minuten) legt eine stark fokussierte Darstellung der Inhalte nahe, so dass von einer besonders hohen Deutlichkeit der Ausprägung diskursiver Muster ausgegangen werden kann.

Für die hier vorgestellte Analyse wurde am 13. Januar 2014 ein Korpus mit 55 Videos zusammengestellt. Um den diskurstheoretischen Anforderungen gerecht zu werden, erfolgte die Bildung des Korpus in mehreren Schritten. Zunächst wurden auf der Plattform YouTube Treffer zum Suchbegriff ‚Netzausbau' erfasst. So wurden über fünfzig Videos ausgewählt und in einer offenen Herangehensweise ohne feste Kategorien nach wiederkehrenden Elementen gesucht. Da sich bei eingehenderer Betrachtung zeigte, dass in einigen Fällen nicht der Ausbau der Stromnetze im Fokus stand, sondern der Ausbau der Mobiltelekommunikations-Breitbandnetze beleuchtet wurde, wurden diese Videos aus dem Korpus ausgeschlossen. Im darauffolgenden Schritt wurden zusätzliche Videos dem Korpus hinzugefügt, bis die weiteren Treffer keine nennenswerten neuen Deutungsmuster mehr lieferten oder sich mit anderen Themen befassten. Auf diese Weise entstand ein abgeschlossenes Korpus mit 55 Videos, das quantitativ ausgewertet wurde (zur Vorgehensweise ausführlich auch Weber in diesem Band, Abschnitt 3.2.3). Automatisch erfolgt an dieser Stelle eine Systematisierung und Kategorisierung durch die Forscher: Elemente der Videos werden Themenfeldern zugeordnet, um eine Quantifizierung zu ermöglichen, also charakteristische Elemente und diskursive Verknüpfungen ermitteln zu können (siehe dazu auch Weber 2013, S. 65ff.).

Das Korpus lässt sich hinsichtlich Aufrufen und zeitlicher Längen der einzelnen Videos folgendermaßen fassen: Das arithmetische Mittel der Zahl der Aufrufe lag am Stichtag bei 1.249, die Länge der Videos im arithmetischen Mittel bei 7:18 Minuten, der Median bei 301 Aufrufen und 3:56 Minuten Länge, wobei die Ranges von 18 bis 25.636 Aufrufen und 1:41 bis 59:29 Minuten reichten. Die Aufrufe geben dabei eine ungefähre Zahl der erreichten Personen an, da zur Steigerung der Aufrufzahlen eine Person ein Video mehrfach abrufen kann oder mehrere Personen gemeinsam ein Video ansehen können (wie in Lehrveranstaltungen an Hochschulen). Insgesamt lassen sich die Aufrufzahlen im Vergleich zu der potenziellen Reichweite des Internets, aber auch traditioneller Massenmedien und Videos zu anderen Themen (z. B. Musik- oder Reisevideos, aber auch Videos zum Ausbau der Windkraft; Kühne 2012, S. 375ff.) (bisher) als gering bezeichnen. Die Internetvideos dokumentieren also primär, was deren Produzenten kommunizieren sehen wollen, ohne dass diese Botschaften einer extrem breiten Rezipienz unterzogen werden. Bisher ist, wie nachfolgende Ergebnisse zeigen, der Netzausbau ein stark durch Experten dominiertes Thema, was sich allerdings dann ändern könnte, wenn die Planung der Trassenführung regional/lokal konkreter wird.

3 Zentrale Merkmale diskursiver Aushandlung des Netzausbaus in Internetvideos

Im Folgenden stellen wir zentrale Ergebnisse der quantitativen Analyse der Internet-videos dar. Dabei stehen zunächst zentrale Felder im Vordergrund, die im Netzausbau-Diskurs verhandelt werden, um zu untersuchen, mit welchen Aspekten sozialer Wirk-lichkeit der Ausbau von Stromnetzen in Beziehung gesetzt wird. Im Anschluss werden räumliche Bezugnahmen und Objekt-Bezugnahmen analysiert, um Raumbezug und Materialität im Diskurs nachzuspüren. Ein Fokus liegt auch in der Verkoppelung von Netzausbau mit ‚Landschaft': Inwieweit kommen landschaftliche Bezüge im Diskurs zum Tragen beziehungsweise inwieweit wird über Landschaft beim Netzausbau argumentiert? Schließlich werden zentrale Diskursstränge hervorgehoben sowie solche Stränge in den Blick genommen, die nicht als hegemonial einzuschätzen sind, sondern eher als Subdis-kurse im Diskurs mit präsent sind, grundsätzlich aber auch hegemonial werden könnten (dazu im Detail Weber 2013).

3.1 Konstitution des Netzausbau-Diskurses

Ausgangspunkt der Analyse bildet die Frage, in welchen thematisch-gesellschaftlichen Feldern sich die Internetvideos dominierend verorten lassen. Es zeigt sich, dass die unter-suchten Videos durch politische und wirtschaftliche Bezugnahmen beherrscht werden: mehr als drei Viertel der untersuchten Videos sind diesen Spektren zuzuordnen. Der Netzausbau wird damit eng an Politik und Wirtschaft gekoppelt, also die treibenden Kräfte im Netzausbau. Ein dominanter Bezug zu lebensweltlich bedeutsamen Themen wie Gesundheit, Landschaft oder Naturschutz lässt sich hingegen nicht feststellen (Ab-bildung 1) – ein durchaus bemerkenswertes Ergebnis, wenn davon ausgegangen wird, dass im Kontext beispielsweise von Windenergie medial oder durch Bürgerinitiativen stark über naturschutzfachliche und landschaftlich-ästhetische Aspekte argumentiert wird. Etwas mehr als die Hälfte der Videos mit dominantem politischem Bezug (n = 15) hatten dabei eindeutigen Werbecharakter für die Netzausbaupolitik der (damaligen) Bundesregierung. Urheber der Videos sind Bundeministerien, die Bundesnetzagentur oder eine (ehemalige) Regierungspartei. Die entsprechenden Institutionen nutzen damit aktiv das Internet als Werbeplattform, um Zustimmung zum Netzausbau zu erzeugen und bestimmte Botschaften zu transportieren – kritische Stimmen kommen in diesen Videos nicht zu Wort. Die Plattform YouTube wird hier dem Versuch einer politischen Instrumentalisierung unterzogen, der durch die Nutzung eines reportageartigen Dar-stellungsformates mehr oder minder kaschiert wird.

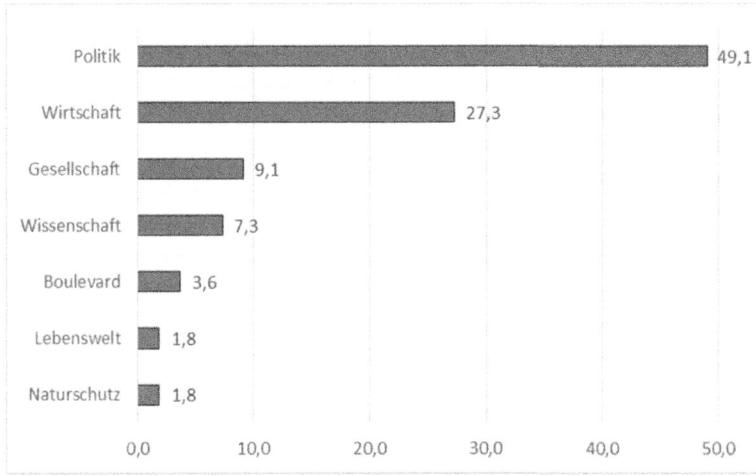

Abbildung 1 Dominante thematisch-gesellschaftliche Bezüge der ausgewerteten Videos, jedes Video wurde jeweils einer einzigen dominanten Kategorie zugeordnet; Angaben in Prozent (n = 55).

Eine feingliedrigere Analyse macht deutlich, dass gerade technische Aspekte in den untersuchten Videos dominieren (Abbildung 2): Knapp neun Zehntel der Videos nehmen hierauf Bezug. Auch wenn in den Videos andere Felder, wie wirtschaftliche, politische oder ästhetische und landschaftliche Aspekte, verhandelt werden, findet sich zumeist eine Verknüpfung zu technischen Fragestellungen. Ausgehend von der Aussage, infolge der Energiewende habe sich die räumliche Anordnung der Energieerzeugung verschoben, sodass ein Ausbau des Leitungsnetzes nötig sei, werden technische Fragen über Stromspannung, Erdkabel oder Freileitung sowie Steuerung der Einspeisung verhandelt. Die diskursive Fassung des Netzausbaus kann somit durchaus als technisch determiniert angesehen werden: Technik wird zur zentralen Bezugsgröße, die dann in politische, ökonomische oder alltagsweltlich-ästhetische Logiken transformiert wird (vgl. zu den differenzierten Logiken z. B. Kühne 2014).

Naturschutz und Klimawandel spielen dagegen kaum eine Rolle – Verknüpfungen hierzu finden nur in geringem Maße statt. Naturschutz und Netzausbau lassen sich nicht unproblematisch miteinander in Beziehung setzen, weswegen bei eher zustimmenden Videos der marginale Bezug nicht wundert. Der Bezug auf den Klimawandel dagegen könnte durchaus argumentativ problemlos erfolgen, wenn der Netzausbau als Baustein zum Klimaschutz ‚verkauft' würde. Beide Aspekte bilden eher randständige Aspekte des Diskurses.

Insgesamt kann der sich hier konstituierende Diskurs als stark expertenhaft geprägt beschrieben werden. Die Ansichten von Personen, die sich mit dem Ausbau der Netze nicht berufsmäßig befassen, werden nur selten repräsentiert. Laien haben die Funktion der Adressaten der Kommunikation, das heißt viele Internetvideos sind so ausgerichtet, dass sie Laien über den Netzausbau informieren sollen.

Landschaft ist insgesamt kein primär im Kontext des Netzausbaus behandeltes Thema, insbesondere nicht von Experten, die in der Logik technischer Machbarkeit, die räumlich-ästhetischen Nebenfolgen ihres Handelns ignorieren. Das Thema Landschaft wird von Expertenseite insbesondere dann angesprochen, wenn Laien ihre Einwände gegen den Netzausbau direkt (im Video) oder indirekt (indem insbesondere Politiker die Thematik aufgreifen) adressieren. Ähnlich verhält es sich mit der Befassung mit dem Thema Gesundheit, das ebenfalls stark durch Laien aktualisiert wird. Landschaft und Gesundheit werden von Experten nur dann aufgegriffen, wenn ihre Diskurse durch die der Laien in Resonanz versetzt wurden, d.h. sie sich veranlasst sehen, Positionen von Laien zu entkräften.

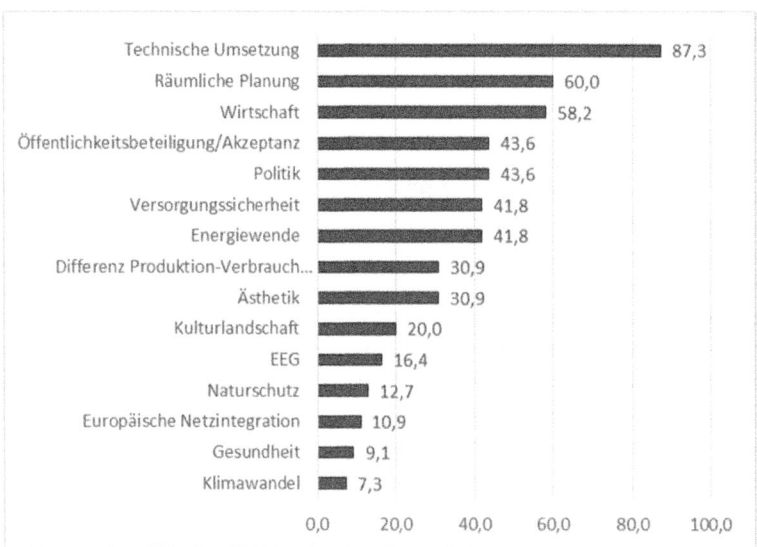

Abbildung 2   Behandelte Themen der untersuchten Internetvideos, in den Videos werden in der Regel mehrere Themen behandelt; Angaben in Prozent (n = 55).

3.2   Räumliche und objekthafte Bezugnahmen sowie Landschaft und Netzausbau

Der räumliche Bezug (ausgewertet wurden kartographische, bildliche und sprachliche Repräsentanzen) des Netzausbaudiskurses ist dominant auf Deutschland insgesamt bezogen (Abbildung 3). Subnationale Einheiten werden nur selten dargestellt oder thematisiert, dann zumeist nicht länderscharf abgegrenzt, sondern vage-summativ und häufig im Kontext des Argumentes, Strom müsse von ‚Norddeutschland' nach ‚Süddeutschland' transportiert werden. Dies liegt aber nicht allein in der Autorenschaft bundesweit agierender Akteure begründet, auch Autoren mit primär regionalem Bezug, wie regionale Fernsehsender, rekurrieren auf die nationale Ebene. Infolge der starken Repräsentanz des Bundestages dominiert das Land Berlin die Bezüge nach Bundesländern. Einzelne europäische Staaten werden selten benannt, in der Regel dann Frankreich mit seiner starken Fokussierung auf Atomkraft im Energiemix mit dem Ziel der Konturierung des deutschen Weges der Energiewende. Europa scheint ansonsten lediglich im Kontext der ‚Harmonisierung der europäischen Strommärkte' im Diskurs auf, wobei auch hier eine starke Ausrichtung auf technische Umsetzbarkeiten erfolgt. Insgesamt lässt sich also der Diskurs als räumlich stark auf die nationalstaatliche Ebene fixiert beschreiben, subnationalstaatliche Partikularinteressen (so die des Bundeslands Thüringen als Transitland des Stromnetzes) werden angesichts der ‚nationalen Aufgabe' Energiewende zumindest als erklärungsbedürftig dargestellt. Der Bezug auf Gesamtdeutschland untermauert den Netzausbau als ‚gesamtgesellschaftliche' und ‚nationale' Aufgabe, womit hier für die Politik ein klares Handlungsfeld definiert wird. Wird der Netzausbau primär auf der räumlichen Bezugsebene der gesamten Bundesrepublik verhandelt, wird der Ausbau regenerativer Energien dagegen viel stärker subnational verortet: die Energiewende fände vor Ort statt, ist hier das prägende diskursive Kredo, also in den Gemeinden, die beispielsweise Windkraft stark fördern und so, in der Argumentation, zum ‚Gelingen der Energiewende' beitragen.

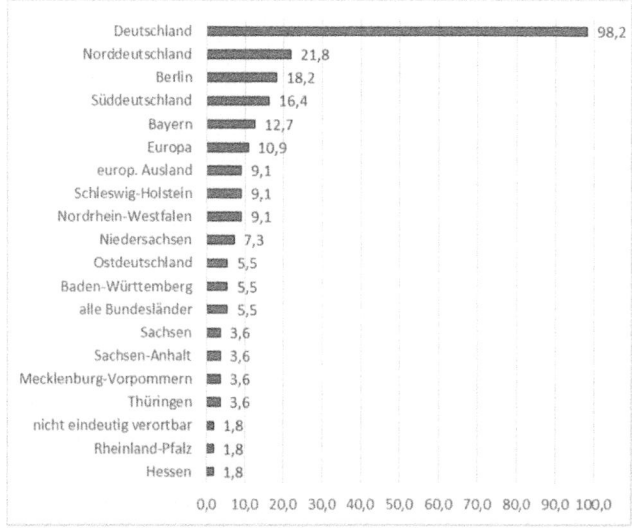

Abbildung 3 Räumliche Bezüge in den untersuchten Internetvideos; Angaben in Prozent (n = 55). Der Unterschied zwischen ‚alle Bundesländer' und ‚Deutschland' ergibt sich aus der Frage der Einheit oder Vielheit: Bei dem Bezug ‚Deutschland' erfolgt keine Betrachtung der subnationalen Gliederung, was jedoch bei dem Bezug ‚alle Bundesländer' der Fall ist. Deutlich wird dieser Unterschied beispielsweise bei der Verwendung von Karten: teilweise findet sich hier eine Unterteilung der Bundesrepublik in Länder, teilweise erfolgt diese kartographische Gliederung nicht.

Auf Ebene der in den Internetvideos präsentierten materiellen Objekte dominiert die Repräsentanz von Menschen (Abbildung 4). Die Inhalte werden nahezu nicht abstrakt, sondern durch bildlich repräsentierte Menschen dargestellt – der Mensch wird zum Teil des Diskurses, der ‚Herr' der technischen Umsetzung ist und diese legitimiert. Daneben dominieren Stromleitungen zur Darstellung des Netzausbaus. Sie sind untrennbar und damit hegemonial mit dem Netzausbau gekoppelt. Eine permanente Reproduktion der Darstellung von Stromleitungen kann letztendlich zu einer gesteigerten Akzeptanz beitragen, wenn ihr Ausbau als unausweichlich angesehen wird – so kann es also zu einer Ausblendung alternativer Möglichkeiten kommen. Die (teurere) Alternative der ‚Erdkabel' wird entsprechend deutlich seltener reproduziert. Auch in geringem Umfang und dann in zumeist stark technisch ausgerichteten Videos werden Umspannwerke als technische ‚Erfordernisse' des Netzausbaus bildlich und / oder sprachlich repräsentiert. Als Symbol für die Energiewende fungieren primär Windkraftanlagen, sekundär Photovoltaikanlagen, andere Anlagen zur Produktion regenerativer Energie (wie Biogasanlagen oder Wasserkraftanlagen) werden deutlich seltener in den Videos dargestellt. Diese Dominanz ist durch die diskursive Verkoppelung von Windkraft und Leitungsausbau nachvollziehbar. Eine subdiskursive Ergänzung wird dann entwickelt, wenn die räumliche Komponente ‚Windkraft in Norddeutschland' und ‚Photovoltaik in Süddeutschland' eingeführt wird.

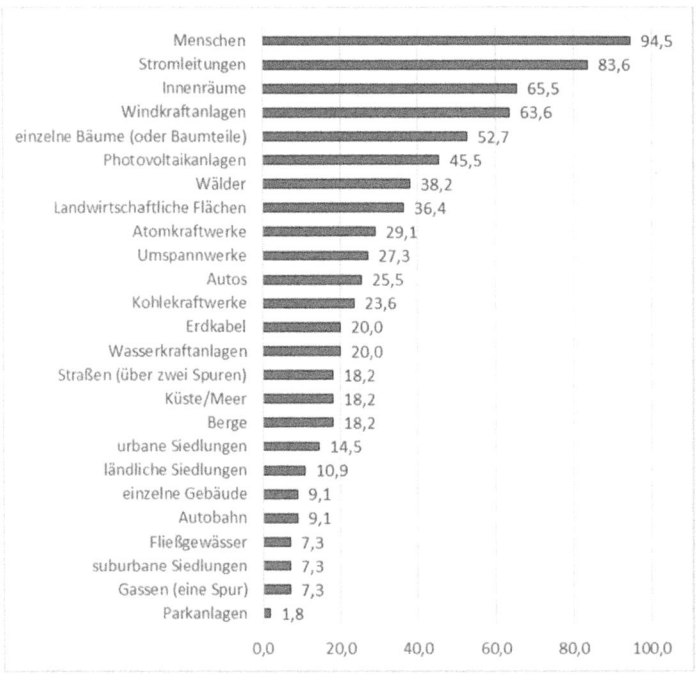

Abbildung 4 In den Internetvideos vertretene materielle Objekte; Angaben in Prozent (n = 55).

‚Landschaft' hat – zumindest in der Mehrzahl der Videos – keine zentrale Bedeutung, sie fungiert zumeist als nicht weiter thematisierte Kulisse, um technischen Objekten (Hochspannungsmasten und -leitungen sowie Umspannwerken) einen ‚authentischen' Rahmen zu geben (Abbildung 4). Lediglich in Einzelfällen findet ein verstärkter Bezug zu ‚Landschaft' statt, dies wird auch aus den geringen Häufigkeiten von Objekten, die im alltäglichen Verständnis Landschaft zugerechnet werden, deutlich (Abbildung 5; vgl. hierzu Hokema 2012). Der Netzausbau in den untersuchten Videos wird zudem häufig in Innenräumen verhandelt.

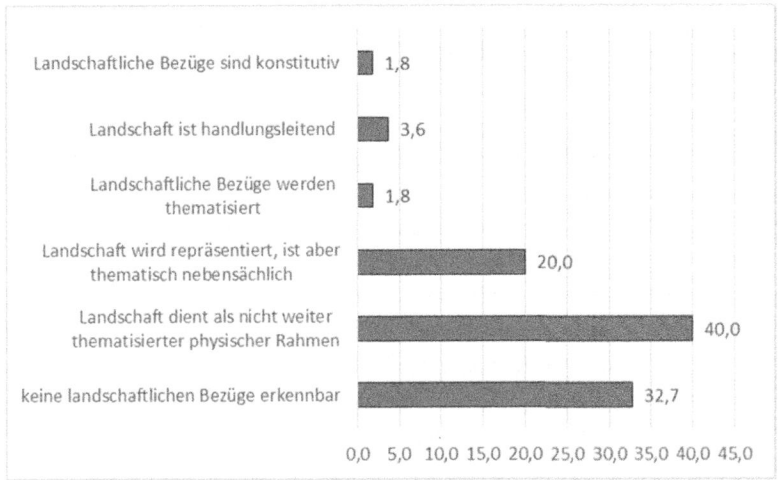

Abbildung 5   Die Bedeutung von Landschaft in den analysierten Videos; Angaben in Prozent (n = 55).

3.3   Zentrale Diskursstränge und Subdiskurse im Diskurs des Netzausbaus

Die bisherigen Ausführungen haben bereits angedeutet, dass der Netzausbau nicht als homogen verstanden werden sollte, sondern unterschiedliche Argumentationsstränge differenziert werden können, gerade in Bezug auf Netzausbau-Befürworter und Netzausbau-Gegner. Der Diskurs um den Netzausbau lässt sich entsprechend in unterschiedliche Diskursstränge differenzieren, die sich teilweise ergänzen, teilweise ausschließen.

Der Diskursstrang der Ausbaubefürwortung ist durch folgende wiederkehrende Argumentationskette geprägt: Produktion und Verbrauch elektrischer Energie lägen räumlich auseinander, insofern müsse der Ausbau der Stromtrassen die Gebiete der Produktion mit jenen des Verbrauchs von Windenergie verbinden, wozu die bestehenden Trassen nicht in der Lage seien. Wind-Energieproduktion im Norden, Stromtrassen und Verbrauch im Süden werden diskursiv verschränkt. Dieser Diskursstrang wird stark technisch dominiert. Ökologische, ästhetische oder gesundheitliche Themen werden nicht oder lediglich abgrenzend behandelt. Im Diskurs der Befürwortung lässt sich ein Subdiskurs ausdifferenzieren, der einen anderen regenerativen Energieträger einschließt: die Nutzung von Sonnenstrahlung mittels Photovoltaikanlagen. Dabei wird argumentiert, nicht allein Strom aus Windkraft (aus dem Norden Deutschlands) müsse in den Süden transportiert werden, sondern auch Strom aus Photovoltaikanlagen im Süden Deutschlands in den Norden, um so eine vergrößerte Sicherheit der Stromversorgung erreichen zu können. Inkohärenzen in der Befürwortung des Netzausbaus werden tendenziell aber eher ausgeblendet, um das ‚gemeinsame Ziel Netzausbau' nicht zu unterlaufen.

Die Ablehnung des Netzausbaus ist in den Internetvideos hingegen nicht hegemonial ausgeprägt. Es lassen sich vielmehr drei Subdiskurse unterscheiden, die sich insbesondere in Abgrenzung zum Diskursstrang der Befürworter konstituieren. Sie koexistieren eher nebeneinander, als dass klare Hegemoniebestrebungen zu erkennen wären:

- Die Kritik an der Notwendigkeit einer Energiewende wird in den untersuchten Videos lediglich indirekt aktualisiert, indem Befürworter die Position der nicht direkt repräsentierten und zu Wort kommenden Gegner attackieren und zu widerlegen versuchen. Der Subdiskurs der fehlenden Notwendigkeit einer Energiewende wird indirekt folgendermaßen konturiert: Das Projekt der Energiewende sei überflüssig, weil die Versorgungssicherheit nicht gewährleistet werden könne, regenerativ erzeugter Strom zu teuer sei, der Klimawandel nicht bewiesen sei und wenn es ihn gäbe, der Einfluss des Menschen begrenzt sei. Dieser Subdiskurs wird durch Laien dominiert, expertenhafte Diskurse wurden auf Grundlage der Definition der Notwendigkeit der Umsetzung der Energiewende geschlossen.
- Der Subdiskurs des Energiesparens wird in den untersuchten Videos bisweilen unmittelbar, bisweilen indirekt thematisiert. Sein zentrales Deutungsmuster verläuft wie folgt: Die gesundheitlichen und landschaftlichen Folgen des Netzausbaus, wie auch seine Kosten seien gesellschaftlich nicht tragbar, konventionelle Kraftwerke könnten durch Einschränkungen des Stromverbrauchs wegfallen. Dieser Diskurs wird insbesondere von Laien dominiert.
- Im Subdiskurs der dezentralen Erzeugung regenerativer Energie wird die Notwendigkeit der Energiewende akzeptiert, allerdings wird der Netzausbau mit dem Hinweis abgelehnt, die Energiewende sollte nicht als nationales, sondern als regionales Projekt vollzogen werden, Regionen sollten sich selbst mit regenerativ erzeugtem Strom versorgen. Dieser Subdiskurs wird auch in den Videos direkt vertreten. Neben Laien beteiligen sich an diesem Diskurs auch Experten. Gleichwohl wäre auch bei dezentraler Energieversorgung eine Veränderung der bestehenden Netze erforderlich, was wiederum nicht verhandelt wird.

Die dargestellten Diskursstränge und Subdiskurse stehen, wie sich zeigt, in mehr oder weniger starker Konkurrenz zueinander. Diese Konkurrenz äußert sich häufig in klaren diskursiven Abgrenzungen unterschiedlicher Intensität, stärker zwischen Befürwortern und Gegnern, weniger unter den Subdiskursen der Gegner (Abbildung 6). In lediglich knapp einem Viertel der dargestellten Videos wird auf eine diskursive Abgrenzung in Wort, Schrift oder Graphik verzichtet. Besonders deutlich wird die Abgrenzung im Kontext der parteipolitischen Selbstdarstellung, andernorts indirekt formulierte Kritik an Repräsentanten anderer (Sub)Diskurse wird hier – gemäß der Eigenlogik des Politischen – prägnant vorgetragen. Dabei wird in der Regel der politische Gegner direkt angesprochen, indem ihm – in essentialistischer Denktradition – zugeschrieben wird, in ‚Wahrheit' gegen den Netzausbau und damit gegen die Energiewende zu opponieren. Durch die Ablehnung alternativer Deutungen wird die eigene Position gestärkt – das Äußere des Diskurses ist damit gerade auch diskurskonstituierend.

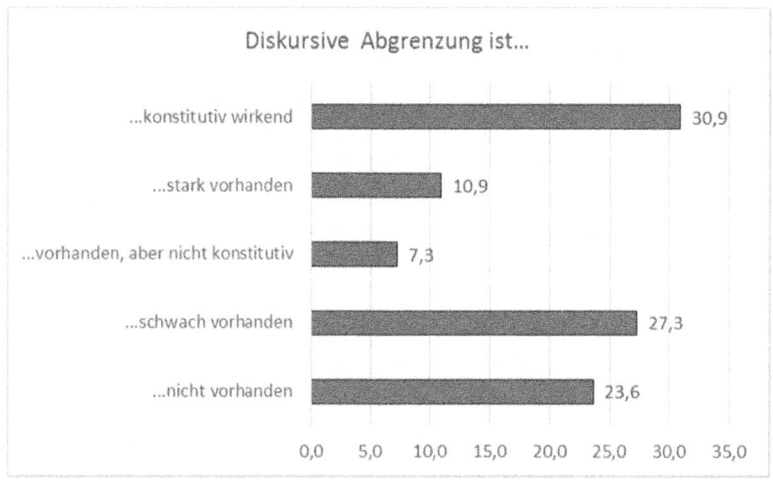

Abbildung 6 Die (subdiskursive) Abgrenzung in den untersuchten Videos; Angaben in Prozent (n = 55).

4 Fazit: Der Netzausbau als Diskurs mit unterschiedlichen Diskurssträngen

Die als nationalstaatlich gefasst verstandene Energiewende mit ihrem als unabdingbar kommunizierten Netzausbau lässt sich als Versuch verstehen, den Machtschwund des Nationalstaats (Beck 1986) zu kompensieren. Energiewende und Netzausbau werden nicht als regionale oder europäische Aufgabe verstanden, sondern als nationale, die mit Hilfe nationaler Institutionen zu organisieren sei. Die Grundlagen des Diskurses werden selten begründet: Weder der Klimawandel noch die Energiewende werden als Begründungen für den Netzausbau ausgiebig thematisiert. Dadurch erhält der Netzausbau eine diskursive Emergenz und wird (zumindest im Diskurs der Befürworter) nahezu als selbstevident dargestellt. Dieser Diskursstrang kann entsprechend als hegemonial angesehen werden.

Die Befürworter des Netzausbaus argumentieren zumeist technisch, abstrakt und stark kognitiv, Netzausbau wird so als Ergebnis einer zweckrationalen Kausalverkettung kommuniziert. Die Sicht der dem Netzausbau kritisch gegenüber stehenden Laien wird nur vereinzelt in den Videos unmittelbar präsentiert. Bezüge zu einer kritischen Sicht des Netzausbaus bilden, wie dargestellt, eher Subdiskursstränge aus. Die Position der Laien wird tendenziell in abgrenzendem Sinne durch Experten aufgegriffen, häufig verbunden mit einem stark hierarchisch anmutenden, bisweilen belehrenden Duktus (besonders hervorstechend hier: Videos der Bundesnetzagentur). Die Bedenken von Laien zu gesundheitlichen, landschaftlich-ästhetischen oder heimatbezogenen Themen werden entweder einer kognitiven Deutung unterzogen oder ignoriert (eine Ausnahme bildet hier ein Video des Bundesamtes für Strahlenschutz, das Bedenken aufgreift und den Kenntnisstand und die Kenntnislücken zum Thema elektromagnetische Strahlung nachvollziehbar, aber nicht belehrend darstellt). Der insgesamt geringe Umfang eines Bezugs zu Landschaft in den Videos zeigt somit eher die diskursive Externalisierung des Themas aus dem Expertendiskurs, denn seine gesellschaftlich geringe Bedeutung in diesem Kontext (die Bedeutung wird z. B. auch bei Leibenath und Otto 2012 und Hübner und Hahn 2013 nahegelegt). Technische Aspekte stehen im hegemonialen Diskurs der Experten der Netzausbaubefürwortung im Fokus, womit andere Aspekte eher aus-geblendet und marginalisiert werden.

Die Diskursorganisation lässt sich vor dem Hintergrund der Habermasschen Theorie von System und Lebenswelt (Habermas 1985a und b; vgl. auch Kühne in diesem Band) und der gesellschaftlichen Modernisierung wie auch der Dimension von Landschaft als Gemeingut deuten (z. B. Olwig 2009). Die Analyse des Diskurses des Ausbaus des Stromnetzes im Kontext der Energiewende zeigt zum einen deutlich, wie gesellschaft-liche Vorstellungen von als solchen dargestellten ‚technischen Notwendigkeiten‘ gegen lebensweltliche Bedürfnisse – insbesondere thematisiert in den Kontexten Landschaft und Gesundheit – machtvoll durchgesetzt werden sollen. Dabei wird auf Darstellungs-formen, wie die der Reportage zurückgegriffen, die ‚Objektivität‘ vermitteln sollen, aber der allgemeinen Durchsetzung der eigenen Weltdeutung gegenüber alternativen Deutungen dient. Die Marginalisierung lebensweltlicher Aspekte im hegemonialen Diskurs zur technischen Umsetzbarkeit lässt sich als Ausdruck der gesellschaftlichen Modernisierung verstehen, in der ästhetische und emotionale Bezugnahmen zu Räumen durch instrumentelle, kognitive ersetzt werden. Zum anderen werden die gesellschaft-lichen Interessen (zumeist ästhetische und gesundheitsbezogene) am Gemeingut Land-schaft gegenüber individuellen, auch ökonomischen, zurückgedrängt und marginalisiert.

Die Verwendung der Methode der Diskursanalyse lässt sich angesichts der hier präsentierten Ergebnisse zur Hegemonie von technisch-kognitiven Expertendiskursen gegenüber lebensweltlich-landschaftlich-ästhetischen Laiendiskursen als für die Land-schaftsforschung sinnvoll operationalisierbar beschreiben. In weiterführenden Ana-lysen könnten Interviews mit Netzausbaubefürwortern und -gegnern, dabei gerade auch politisch und technisch Verantwortlichen, dazu beitragen, hegemoniale Narrationen zu identifizieren, also den Diskurs zum Netzausbau weiter zu differenzieren bzw. hegemoniale Argumentationsmuster detaillierter nachzuzeichnen.

Die Analyse von Internetvideos lässt sich als durchaus Gewinn bringend für die wissenschaftliche Betrachtung des Diskurses des Hochspannungsnetzausbaus begreifen: Die durch das Format bedingte starke Fokussierung lässt die diskursiven Logiken besonders deutlich werden. Inwiefern sich das Medium der Internetvideos in den diskursiven Aushandlungen des Netzausbaus dauerhaft durchsetzt, bleibt abzuwarten: Die geringen Aufrufzahlen legen für den Moment für die Urheber eine Verlagerung der Aktivitäten auf andere Medien nahe.

Literatur

Agentur für Erneuerbare Energien (2012). Akzeptanz und Bürgerbeteiligung für Erneuerbare Energien. Erkenntnisse aus der Akzeptanz- und Partizipationsforschung. *RenewsSpezial*, Ausgabe 06/November 2012,

Beck, U. (1986). *Risikogesellschaft. Auf dem Weg in eine andere Moderne.* Frankfurt a.M.: Suhrkamp.

Faulstich, W. (2002). *Einführung in die Medienwissenschaft. Probleme – Methoden – Domänen.* München: UTB.

Gailing, L., & Leibenath, M. (Hrsg. 2013). *Neue Energielandschaften – Neue Perspektiven für die Landschaftsforschung.* Wiesbaden: SpringerVS.

Habermas, J. (1985a). *Theorie des kommunikativen Handelns. Bd. 1: Handlungsrationalität und gesellschaftliche Rationalisierung.* Frankfurt a.M.: Suhrkamp.

Habermas, J. (1985b). *Theorie des kommunikativen Handelns. Bd. 2: Zur Kritik der funktionalistischen Vernunft.* Frankfurt a.M.: Suhrkamp.

Hokema, D. (2012). *Landschaft im Wandel? Zeitgenössische Landschaftsbegriffe in Wissenschaft, Planungspraxis und Alltag.* Wiesbaden: SpringerVS.

Hübner, G., & Hahn, Ch. (2013). *Akzeptanz des Stromnetzausbaus in Schleswig-Holstein.* Halle: Universität Halle-Wittenberg.

Leibenath, M., & Otto, A. (2012). Diskursive Konstituierung von Kulturlandschaft am Beispiel politischer Windenergiediskurse in Deutschland. *Raumforschung und Raumordnung 70 (2)*, 119-131.

Kühne, O. (2011). Akzeptanz von regenerativen Energien – Überlegungen zur sozialen Definition von Landschaft und Ästhetik. *Stadt + Grün 8*, 9-13.

Kühne, O. (2012). *Stadt – Landschaft – Hybridität. Ästhetische Bezüge im postmodernen Los Angeles mit seinen modernen Persistenzen.* Wiesbaden: SpringerVS.

Kühne, O. (2013). *Landschaftstheorie und Landschaftspraxis. Eine Einführung aus sozialkonstruktivistischer Perspektive.* Wiesbaden: SpringerVS.

Kühne, O. (2014). Das Konzept der Ökosystemdienstleistungen als Ausdruck ökologischer Kommunikation. Betrachtungen aus der Perspektive Luhmannscher Systemtheorie. *Naturschutz und Landschaftsplanung 46 (1)*, 17-22.

Kühne, O., & Schönwald, A. (2013). Zur Frage der sozialen Akzeptanz von Landschaftsveränderungen – Hinweise zum Ausbau von Energienetzen in Deutschland. *UMID – Umwelt und Mensch Informationsdienst 2*, 82-88.

Münker, St. (2009). *Emergenz digitaler Öffentlichkeiten. Die Sozialen Medien im Web 2.0.* Frankfurt a.M.: Suhrkamp.

Olwig, K.R. (2009). The Landscape of 'Customary' Law versus that 'Natural' Law. In K. R. Olwig, & D. Mitchell (Hrsg.), *Justice, Power and the Political Landscape* (S. 11-32). London, New York: Routledge.

Schmidt, J. (2011). *Das neue Netz. Merkmale, Praktiken und Folgen des Web 2.0.* Konstanz: Uvk.

Walter, F., & Marg, S (2013). *Die neue Macht der Bürger. Was motiviert die Protestbewegungen?* Reinbek bei Hamburg: rowoldt.

Weber, F. (2013). *Soziale Stadt – Politique de la Ville – Politische Logiken. (Re-)Produktion kultureller Differenzierungen in quartiersbezogenen Stadtpolitiken in Deutschland und Frankreich.* Wiesbaden: SpringerVS.

Bedeutungsveränderungen der Symboliken von Landschaften als Zeichen eines veränderten Verständnisses von Macht über Natur

Antje Schönwald

Zusammenfassung

Landschaftliche Symbole unterliegen gesellschaftlichen Wandlungsprozessen – unter anderem sind sie beeinflusst vom aktuell vorherrschenden gesellschaftlichen Natur-Kultur-Verständnis und damit zusammenhängend auch der Vorstellung der gesellschaftlichen Macht über Natur. Als Beispiele hierfür werden sich wandelnde Symboliken verschiedener ,besonderer' Landschaften, beispielsweise Jenseitsorte, Berge, Pilgerwege, vorgestellt und anschließend am Beispiel der Wildniskonzeption des Projekts ,Urwald vor den Toren der Stadt' in Saarbrücken ausführlicher diskutiert. Dabei zeigt sich, dass die symbolische Deutung von Wildnis auch als Ausdruck von Machtverhältnissen gelesen werden: Zum Ersten, des Machtverhältnisses zwischen Mensch und Natur und zum Zweiten, des Machtverhältnisses zwischen Akteuren und Besuchern. Aufgrund wachsender Vieldeutigkeit von Symbolen und einer zunehmend individualistischen Deutung – in gesellschaftlichen Grenzen – kann jedoch von einer zukünftigen Begrenzung der Möglichkeit der Machtausübung durch landschaftliche Symbole ausgegangen werden.

1   Einleitung

Landschaft ist sozial und individuell konstruiert und unterliegt symbolischen Aufladungen (vgl. z.B. Gailing und Leibenath 2012; Kühne 2008, 2013; Lehmann 1996; vgl. auch Gailing in diesem Band) – es stellt sich daher immer auch die Frage, wer die Definitionshoheit zu Landschaften und ihrem Symbolgehalt hat. Zahlreiche Studien weisen auf kulturelle, religiöse, politische oder andere Symbolgehalte in Landschaften und damit auf deren soziale Konstruktion hin und zeigen darüber hinaus auch die Prozesshaftigkeit der Symboliken. Im Folgenden werden Beispiele solcher symbolbeladenen sozialen Konstruktionen und ihre Wandelbarkeit vorgestellt und anschließend an einem aktuellen Beispiel – der sozialen Konstruktion der besonderen Landschaft ,Wildnis' im Urwald vor den Toren der Stadt Saarbrücken – diskutiert, wie veränderte symbolische

Aufladungen Auskunft über ein gesellschaftliches Verständnis von Macht über Natur geben können.

Kaschuba (2006, S. 184) bezeichnet Symbole und Rituale als „‚ Steuerzeichen' unserer Kultur. Sie bilden die großen Verständigungskodes sozialer Beziehungen, wobei die Symbole gewissermaßen den Bedeutungskode repräsentieren, die Rituale dagegen den Handlungskode" – Soeffner (2004, S. 165) zu Folge stellen Rituale dabei die „Aktionsformen des Symbols" dar. In Abhängigkeit des Kontextes tragen diese Kodes verschiedene Bedeutungen, deren Entschlüsselung Kaschuba (2006, S. 187) als Offenlegen der jeweiligen „kulturellen Grammatik" versteht. Als „Ausdruck gemeinsam geteilter, kollektiver Überzeugungssysteme" (Ipsen 2006, S. 140) dienen Symbole der Herstellung und Konstitution von Gemeinschaft, Rituale helfen bei der Inkorporierung von gesellschaftlichen Werten und Normen (Wulf 2004, S. 49).

Rituale können der Verfestigung sozialer Strukturen dienen, sie können jedoch auch zu einer Veränderung dieser führen (Wulf 2004, S. 50). Es stellt sich deshalb die Frage, wann und wie es Akteuren gelingt, zu Autoren einer „kulturellen Grammatik" (Kaschuba 2006, S. 187) zu werden und damit Symbole und Rituale auch zu Zwecken der Machtgewinnung einzusetzen.

2   Symbolische Deutung von Landschaften

Auch Landschaften unterliegen symbolischen Konstruktionen. Das zeigen zahlreiche Studien aus verschiedenen Kontexten, von denen im Folgenden einige prägnante Exempel vorgestellt werden. Den Einfluss religiöser Weltanschauung auf die Landschaftskonstruktion zeigen beispielsweise die unterschiedlichen symbolischen Konnotationen mit Landschaft von Protestanten und Katholiken. Kockel (2001, S. 137) stellt in Bezug auf Zusammenhänge gegenwärtiger Identitäts- und Landschaftskonstruktionen in Irland fest, „dass Katholiken in Irland ihre Identität zu einem wichtigen Teil aus der Vorstellung ‚wilder' Orte und Landschaften beziehen, während Protestanten sich über geometrische Ordnung und die Vorstellung von Bewegung und Mobilität im Sinne von Fortschritt definieren". Dem amerikanischen Vorgehen der geometrischen Landeinteilung nach dem Prinzip des American Grid mit dem Ziel der „Kultivierung von Wildnis" (Kühne 2012, S. 186, zu American Grid auch Kühne in diesem Band und Kaufmann 2005) liegt eine ähnliche Landschaftskonstruktion zu Grunde wie das von Kockel beschriebene irisch-protestantische Landschaftsverständnis.

Tschofen (2001) zeigt den vielfältigen Einfluss von Wissenschaft und Gesellschaft auf die Symbolik der Alpen. Er stellt dabei fest: „Die durchgängige Anwendung der Vorstellung von der naturräumlichen Prägung alpiner Kultur hat diese weniger nachhaltig naturalisiert, als sie die Alpen kulturalisiert hat" (Tschofen 2001, S. 173). Deshalb plädiert er dafür, „im Sinne einer reflexiven Kulturwissenschaft den Anteil mitzudenken, den Wissenschaft als eine Kristallisationsfläche alltäglicher Befindlichkeiten an ihrer [der Alpen, Anm. A.S.] (Oro-)Genese genommen hat" (Tschofen 2001, S. 176). Wissenschaftlern kann somit in diesem Falle zumindest die Rolle eines Co-Autors kultureller Grammatik zugeschrieben werden. Jacob (2008) zeigt am Beispiel von Wüste und Oase ebenfalls den Vorgang einer – in diesem Falle bewussten – symbolischen Aufladung von Landschaften und schildert eindrücklich, wie langlebig solche Konstruktionen sein können: „Bis auf den heutigen Tag bildet die Entgegensetzung von Wüste und Oase eines der gängigsten Argumentations- und Legitimationsmuster der Planerzunft" (Jacob 2008, S. 5864). Im Hinblick auf den Grad der Macht über Natur weist die ‚Wüste'-‚Oase'-Symbolik auf die existenzielle Abhängigkeit des Menschen von gewissen natürlichen Vorkommen wie Wasser hin.

Die im katholischen Glauben verbreiteten Vorstellungen der Jenseitsorte Himmel und Hölle sowie, als Abstufungen der Hölle, so genannter Nebenhöllen (Lang 2009, S. 58), Fegefeuer und Limbus, waren und sind stets sehr stark symbolisch besetzte Landschaften. Wurden die Jenseitsorte insbesondere im Mittelalter noch wie physische Objekte detailgetreu beschrieben, beispielsweise die Flammen der Hölle und des Fegefeuers oder die Blumen und Brunnen des Himmels (vgl. z. B. Jezler 1994; Lang 2009; LeGoff 1990; Popitz 2000), so greift die katholische Kirche in der jüngeren Vergangenheit stärker darauf zurück, das Metaphorische der, wenn auch nicht physischen, so aber symbolischen ‚Landschaften' der Jenseitsorte zu betonen. So versteht Papst Johannes Paul II (KathPress 1999, o.S.) unter Himmel demnach „eine lebendige und persönliche Beziehung zum dreifaltigen Gott. Dieser Begriff beschreibt die Begegnung mit dem Vater, die im auferstandenen Christus geschieht durch die Gemeinschaft des Heiligen Geistes". Unter Hölle versteht er „nicht so sehr einen bestimmten Ort, sondern vielmehr die Situation dessen, der sich frei und endgültig von Gott entfernt hat" (KathPress 1999, o.S.) und mit Fegefeuer meint er „keinen Ort, sondern einen Zustand. Alle, die nach dem Tod für die Begegnung mit Gott noch ‚gereinigt' werden, sind schon in der Liebe Christi" (KathPress 1999, o.S.). Die Religion einer Gesellschaft beeinflusst auch in anderen Kontexten die soziale Konstruktion von Natur und Landschaft – das wurde bereits am irischen Beispiel protestantischer und katholischer Landschaftswahrnehmung und am Beispiel der Jenseitsorte deutlich. Groh und Groh (1996, S. 14f.) beschreiben die „biblisch legitimierte[] Vorherrschaft des Menschen über alle Natur" – sichtbar im anthropozentrischen Weltbild, nach dem die Natur dem Menschen zu nutzen hat, und in „der Entgöttlichung der Natur durch die christliche Schöpfungslehre". Welchen Stellenwert die gesellschaftliche Konstruktion von ‚Natur' auch in weniger stark religiös geprägten Gesellschaftsteilen bei der Landschaftswahrnehmung innehat, zeigt Trepl (2012, S. 27): Er bezeichnet die Bewusstseinslage der ökologischen Bewegung, die der Natur einen Eigenwert zuspricht, als „naturalistische[n] Konservatismus". Wurde früher nach dem Willen des Schöpfers gehandelt, so ist heute „die Natur [...] ihr eigener Schöpfer und von ihr erhalten wir unseren Auftrag" (Trepl 2012, S. 27). Natur wird somit zum „Gottesersatz" (Trepl 2012, S. 30). Auch in der Geschichte des Bergsteigens lässt sich das gesellschaftliche Verständnis zur Natur ablesen. Galten Berge lange Zeit als natürliche Hindernisse und wurden als bedrohlich wahrgenommen, so veränderte sich ihre Symbolik spätestens mit der Aufklärung: Insbesondere Fortschritte der naturwissenschaftlichen Forschung – Weber

(2002 [1919], S. 493) bezeichnet Wissenschaft generell als „spezifisch gottfremde Macht"
– verhalfen dem Bergsteigen, sich zu einer Tätigkeit der Entzauberung und „vernunft-
gemäße[n] Durchdringung der Welt" (Scharfe 2007, S. 86) zu entwickeln. Deutlich wird
diese veränderte Naturauffassung am Beispiel der Symbolik des ‚Gipfelkreuzes‘, die einer
Inversion vom Zeichen des Gebets und der christlichen Religionsausübung bis hin zum
Zeichen der Eroberung und Unterwerfung des Berges unterlag (Scharfe 2007, S. 270).
Die vielfach auf Gipfelkreuzen angebrachten Blitzableiter veranschaulichen diese Entwicklung ebenfalls sehr deutlich: Die menschengemachte Technik zur Abwehr natürlicher Gefahren kann als Zeichen des Zweifels und der menschlichen Beherrschung der
Natur interpretiert werden (Scharfe 2007, S. 271). Heute stehen Berge für Viele symbolisch
für sportliche Herausforderung (Abbildung 1), bei der sie nicht vordergründig die Natur,
sondern sich selbst bezwingen möchten. Da technische Hilfsmittel bis hin zum Rettungs-
hubschrauber heute jedoch ohnehin für ein Gefühl der Überlegenheit des Menschen über
die Natur sorgen (Trepl 2012), werden „[w]irklich lebensbedrohliche Situationen […]
darum künstlich hergestellt, wo ein Sieg über die bedrohliche Natur sonst ohne weiteres
möglich wäre" (Trepl 2012, S. 29).

Abbildung 1   Der Gebirgspass ‚Stilfser Joch‘ in Südtirol: Ziel zahlreicher ehrgeiziger
Fahrrad- und Motorradfahrer, Wanderer und Bergsteiger. Das Bild
der serpentinenartigen Straßenführung avancierte zum Freizeitspaß-
Symbol vieler (Motor)Sportler.

Lutz (2001, S. 167) spricht im Kontext von Extremnatursportarten von „Duelle[n] mit der Natur", gerade die „Unwägbarkeiten der Natur" seien es, die die Sportler anziehen. Diese inszenierten Duelle, so Lutz (2001, S. 169) kommen einer rituellen Feier gleich, durch die sich die Gesellschaft selbst bestätigt und in der die Natur die Rolle des Gegners übernimmt. Im Gegensatz zu den früheren bürgerlichen Duellen zwischen zwei Personen sei jedoch das Ergebnis von Duellen mit der Natur keine „soziale Versöhnung mit einer Gemeinschaft", sondern „eine vorübergehende Versöhnung des Menschen mit sich selbst, dem Berg, der Natur" (Lutz 2001, S. 177). Lutz führt weiter aus, im inszenierten Duell mit der Natur werde Authentizität erzeugt, wofür jedoch eine intakte Natur nötig sei, da „[d]ie unberührte Natur [...] dabei zugleich das Unberührte im Subjekt [ist]. So kann projiziert werden, was noch am Menschen rein und natürlich sein soll: seine Instinkte und seine unbändige Kraft, sein Heldentum und sein Mut, die letzten Reste seiner nicht durch den gesellschaftlichen Alltag domestizierten Wildheit" (Lutz 2011, S. 179).

Auch die Betrachtung der gesellschaftlichen und individuellen Konstruktion der ‚besonderen' Landschaft Wege veranschaulicht symbolische Dynamiken. In vielen Kulturen beinhaltet die Symbolik des Weges auch die Vorstellung des Menschen als Wanderer: „[D]er Mensch ist ein Wanderer, sein Weg ist charakterisiert durch Ziellosigkeit und Zeitlosigkeit, und, was ganz wesentlich ist, der Weg führt zurück zum Ursprung" (Becker 2008, S. 328). Im Mittelalter galt der Mensch als Pilger oder Wanderer, der ständig unterwegs war auf dem Weg zum „ewigen Tode oder dem ewigen Leben" (Le Goff 1990, S. 14). Pilgervorstellungen heute, und damit auch Symboliken von (Pilger-)Wegen, sind sehr viel stärker individualistisch geprägt: Auch hier ist, ähnlich wie beim Beispiel der Bergsteiger, häufig eine persönliche Herausforderung – wenn auch nicht als Duell mit der Natur gedacht – die treibende Kraft (vgl. Schönwald 2013a). Die unterschiedlichen Zuschreibungen des bekannten europäischen Pilgerwegs ‚Jakobsweg', der ins nordspanische Santiago de Compostela führt, zeigen seine Be- und Auszeichnungen: Im Jahr 1987 erhält der Jakobsweg vom Europarat die Bezeichnung ‚Erste Kulturstraße Europas', 1985 erklärt die UNESCO den Jakobsweg zum Weltkulturerbe und Papst Johannes Paul II bezeichnete Santiago als „spirituelle Hauptstadt der europäischen Einheit" (Herbers 2007, S. 8). Die Motive der Pilger sind heute längst nicht mehr ausschließlich im Religiösen zu verorten (Schönwald 2013a), spätestens seit Hape Kerkelings erfolgreichem Pilgerbericht ‚Ich bin dann mal weg' aus dem Jahr 2006 erlangte der Jakobsweg auch bei nicht-religiös motivierten Menschen Bekanntheit und Beliebtheit. Der Versuch der katholischen Kirche, festzulegen und zu kontrollieren, wer ‚echter' Pilger ist und nur an diese Personengruppe Pilgerurkunden auszugeben (Jakobusgesellschaft Berlin-Brandenburg, o.J.), kann als Versuch gewertet werden, den befürchteten Verlust der Definitionshoheit der Pilger- und Pilgerwegsymbolik aufzuhalten.

Ebenso wie auch die zuvor genannten Beispiele der Symbole der Landschaften Wüste, Oase, Jenseitsorte, Berge und Wege unterliegt auch die Konstruktion der besonderen Landschaft Wildnis einem ständigen Wandel, der wiederum vom derzeitigen gesellschaftlichen Naturverständnis beeinflusst wird (vgl. Bauer 2005; Hofmeister 2008; Hoheisel et al. 2010; Schönwald 2013b). Aktuelle Wildnis-Debatten, auch wenn sie bisweilen den Eigenwert der Natur betonen, sind überwiegend anthropozentrisch motiviert, da sozial beeinflusste Sehnsüchte oder gesellschaftliche Werte den Symbolgehalt von Wildnis maßgeblich prägen. Anschaulich wird dies am Beispiel der symbolischen Umdeutung von Wildnis als bedrohende Natur, vor der sich der Mensch schützen muss, zu Wildnis als bedrohter Natur, die der Mensch beschützen muss (Stahl 2010, S. 89). Im Folgenden soll am Beispiel eines Wildnis-Projekts im urbanen Raum ‚Urwald vor den Toren der Stadt Saarbrücken‘ untersucht werden, wer Wildnis definiert und mit welchen Motiven festgelegt wird, warum etwas zu Wildnis werden soll.

Bei dem ‚Urwald vor den Toren der Stadt Saarbrücken‘ handelt es sich um ein Projekt des Saarländischen Ministeriums für Umwelt und Verbraucherschutz, dem Naturschutzbund (NABU) Saar und dem SaarForst Landesbetrieb. Seit dem Jahr 1997 wird auf einer Fläche von 1003 Hektar im Saarbrücker Stadtwald auf die wirtschaftliche Holznutzung verzichtet. Die Deutsche Bundesstiftung Umwelt förderte das Projekt, „weil es bundesweit das größte Wildnisgebiet in einer städtisch geprägten Landschaft werden soll“ (Saar Urwald, o.J.). Es erscheint in diesem Zusammenhang interessant, das Verständnis von Wildnis seitens der Akteure des Urwalds und deren Motive zur Umsetzung eines solchen Projektes zu analysieren. Dies soll dazu dienen, Rückschlüsse auf die gegenwärtige Konstruktion symbolischer Bedeutung der Landschaft Wildnis sowie zum Verhältnis Mensch-Natur ziehen zu können. Die Analyse stützt sich im Wesentlichen auf ein qualitatives, halbstandardisiertes Interview mit drei Akteuren des Urwalds aus dem Jahr 2013. Zusätzlich wird die Analyse einer Fragebogenerhebung unter den Studierenden eines Kurses (n=19), der sich im Jahr 2012 im Zertifikat- und Nebenfachstudiengang ‚Nachhaltige Entwicklung‘ an der Universität des Saarlandes unter anderem mit dem Saar-Urwald-Projekt befasste, herangezogen[1]. Somit soll zu der Betrachtung der Motivation der involvierten Akteure eine weitere Perspektive auf die Projektidee und das Wildnisverständnis generell von am Projekt Nicht-Beteiligten, aber mit der Idee der Nachhaltigkeit und Umweltschutz Vertrauten, kontrastierend hinzugenommen werden.

Die Wildnisvorstellung der drei befragten Urwald-Akteure eint die Merkmale der Unberührtheit und Ursprünglichkeit. Entsprechend teilen sie auch die Auffassung, der ‚Urwald vor den Toren der Stadt‘ sei keine ‚echte‘ Wildnis und nicht ‚authentisch‘ beispielsweise im Vergleich mit ‚echten‘ kanadischen Urwäldern. Sie begründen diese Meinung unter anderem mit dem sichtbaren und unsichtbaren Einfluss des Menschen im gesamten Urwald, beispielsweise in Form von Rohren und Leitungen (Abbildung 2) oder den Hinterlassenschaften des langjährigen Kohleabbaus.

---

1 Die Untersuchungen wurden gemeinsam mit Anna Currin durchgeführt.

Abbildung 2   Sichtbare menschliche Einflüsse im ‚Urwald vor den Toren der Stadt‘.

Zwar sprechen sie von einem veränderten Waldbild, das sich aufgrund der Nicht-Bewirtschaftung seit 1997 gebildet habe und sich von dem Waldbild von Wirtschaftswäldern unterscheide, jedoch sei die langjährige Bewirtschaftung noch immer erkennbar. Diese Differenz zwischen ihrem ‚eigentlichen‘ Verständnis von Wildnis als unberührter, ursprünglicher Natur und der Wildnis, die sich im ‚Urwald vor den Toren der Stadt‘ entwickelt, gestaltet sich dennoch zunächst als wenig problematisch, da die Akteure andere Ansprüche an den Saar-Urwald formulieren als an andere Wildnisgebiete, indem sie ihr jeweiliges individuelles Urwald-Verständnis an den urbanen Raum adaptieren.

Die befragten Studierenden äußern zwar auf den ersten Blick ganz ähnliche Vorstellungen zu Wildnis, übertragen diese jedoch auch, anders als die Akteure, auf das Urwaldprojekt – bei ihnen findet keine spezielle Adaption an den urbanen Raum statt. Demzufolge wünscht sich die Mehrheit der Befragten, der Urwald solle nicht an allen Stellen für alle zugänglich sein (10 der 19 Befragten stimmen dem voll zu, 4 stimmen zu). Der Forderung, der Urwald solle überall zugänglich sein, stimmt keiner der Befragten voll zu. Die Projektidee des Urwalds hingegen zielt darauf ab, den Menschen möglichst nirgends auszuschließen – auch weil der Urwald als Bildungsprojekt für Nachhaltige Entwicklung ausgelegt ist. Diese beiden unterschiedlichen Auffassungen – der Urwald als Bildungsprojekt, um dem Menschen Nachhaltige Entwicklung näherzubringen oder der Urwald in erster Linie als Naturschutzprojekt, dem der Mensch sich unterzuordnen hat – führen zu verschiedenen Ansprüchen und Erwartungen an den Urwald. So wählen die befragten Studierenden aus einer Liste von Attributen, was sie mit dem Urwald verbinden (Abbildung 3) am häufigsten ‚Unberührtheit' (18 Nennungen), ‚Ursprünglichkeit' (15 Nennungen), ‚Naturerfahrung' und ‚Authentizität' (jeweils 14 Nennungen). Am seltensten oder gar nicht ausgewählt wurden Attribute, die sehr stark auf die Bedürfnisse des Menschen im Urwald abzielen wie ‚Gestaltung von Freizeitmöglichkeiten' (0 Nennungen), ‚Erholung' (2 Nennungen), ‚Wohlfühlen' (2 Nennungen), ‚Reduzierung von Stress' (2 Nennungen). Die Ergebnisse lassen eine starke Kultur-Natur-Trennung der Studierenden vermuten. Doch gerade diese möchten die Akteure im Urwaldprojekt durchbrechen.

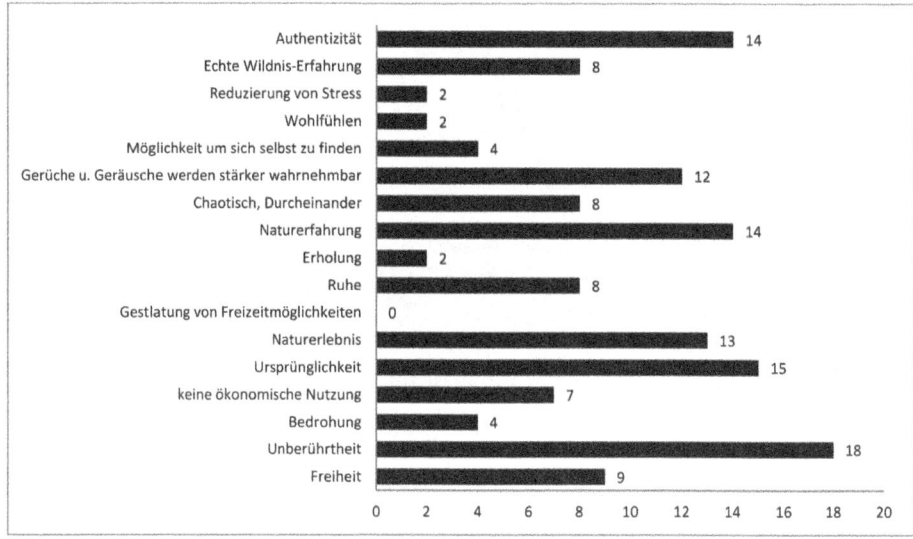

Abbildung 3   Mit Urwald verbinde ich… (Mehrfachnennungen möglich). n=19.

Die Akteure, so wurde im Interview deutlich, gehen erst gar nicht davon aus, eine ‚echte' Wildnis im Urwald erreichen zu können, sondern vielmehr ein Bild von Wildnis konstruieren zu können. Aus diesem Grund wählen sie als Strategie eine Mischung aus Simulationen der ‚echten' Wildnis – beispielsweise indem sie Bäume, die sie schneiden müssen, am Liebsten derart bearbeiten wollen, dass es wie durch einen „Windwurf" erzeugt aussieht und nicht wie eine „mit der Motorsäge erzeugte Schnittfläche" (Herr C) wirkt, obwohl es sich genau um eine solche handelt – und aus einer neuen Wildniskonzeption, in der der Eingriff des Menschen in bestimmten Bereichen akzeptiert wird. Mit ihrer Strategie der Simulation einer ‚echten Wildnis' stoßen die Urwaldakteure eigenen Angaben zu Folge häufiger an die Grenzen der Akzeptanz der Bevölkerung, die sich etwa an umfallenden Bäumen, die ihre Wanderwege versperren, stören. Ziel der Urwaldakteure ist deshalb auch die Erzeugung einer Veränderung der sozialen Landschaftsästhetik. Herr C bringt diese Absicht zum Ausdruck, wenn er seinen Wunsch äußert, dass Kinder, die mit dem Bild eines naturnahen Waldes sozialisiert würden, „[...] dass die irgendwann zu den Eltern sagen, nee, ich will nicht diesen breiten Weg, gehen wir doch lieber den spannenden Pfad, wo wir über die Bäume drüber klettern müssen. Und dass das irgendwann bei den Eltern auch mal ‚klick' macht" (Herr C).

Die ‚echte' Wildnis, die jedoch im Urwald von den Akteuren ausgeschlossen wird, da sie nicht erreichbar scheint, zeichnet sich auch dadurch aus, dass Mensch und Natur getrennt sind und damit der Mensch keine Macht über die Natur ausübt. Die Simulation der ‚echten' Wildnis inszeniert lediglich eine solche Abstinenz der gegenseitigen Beeinflussung, wobei der Mensch im Hintergrund jedoch in die Natur eingreift mit dem paradoxen Ziel der Demonstration von Unberührtheit. Dieses Festhalten am Ideal der Unberührtheit der Natur und Trennung von Natur und Kultur tritt jedoch parallel zu einer neuen Wildniskonzeption auf, in der der Mensch weder von der Wildnis ausgeschlossen wird, noch diese Ausgeschlossenheit inszeniert wird. Dieser Idee zu Folge kann der Mensch von der Wildnis lernen, die Wildnis wird als menschlich-beeinflusste, philosophische Idee erkannt (Herr C), die individuelle Anknüpfungspunkte liefern kann. Mensch und Wildnis, Natur und Kultur beeinflussen sich in diesem Fall gegenseitig.

Die Strategie der Inszenierung von Unberührtheit ruft in mehrfacher Hinsicht Unzufriedenheit hervor: Bei den Akteuren, weil ihnen die fehlende ‚Authentizität' und die Unerreichbarkeit der Unberührtheit bewusst ist, bei einem Teil der Besucher, weil sie die Unbequemlichkeiten, die durch die Inszenierungen entstehen – beispielsweise umgestürzte Bäume auf Wegen – ablehnen. Die befragten Studierenden, so kann aus ihrem Antwortverhalten heraus vermutet werden[2], würden die Inszenierungen wahrscheinlich ablehnen, weil sie ihrem Verständnis von Wildnis widersprechen.

3   Ausblick

Die Wahrnehmung von und die Ansprüche an (Ur)Wald und Wildnis, so bestätigt sich hier, sind von sozial konstruierten Symbolgehalten beeinflusst. Das verstärkte Abwenden von einer Natur-Kultur-Dichotomie ist auch in der Konzeption des ‚Urwalds vor den Toren der Stadt' nicht nur zum Zwecke des Naturschutzes, sondern auch als Bildungsprojekt erkennbar. Trotzdem bleibt parallel auch (noch) das gesellschaftliche Ideal der unberührten Natur wahrnehmungs- und handlungsleitend. Die symbolische Deutung von Landschaft, in diesem Falle Wildnis, kann dabei auch als Ausdruck von Machtverhältnissen gelesen werden: Zum Ersten, des Machtverhältnisses zwischen Mensch und Natur (sichtbar im Übergang von der Ausübung von Macht über die Natur bei Inszenierungen von Unberührtheit zu einer stärkeren Hinwendung einer Machtbalance zwischen Natur

---

2 Und so zeigte es auch eine Diskussion mit Studierenden der Nachhaltigkeitswissenschaft der Universität des Saarlandes im Rahmen einer im Sommersemester 2013 durchgeführten ‚Wildnis'-Exkursion in die Landschaft der Industriekultur Nord (LIK Nord) und den ‚Urwald vor den Toren der Stadt'.

und Kultur und einer Akzeptanz der gegenseitigen Beeinflussung und Verantwortung), und zum Zweiten, des Machtverhältnisses zwischen Entscheidern und Besuchern (sichtbar etwa, wenn Akteure beabsichtigen, Heranwachsende mit der von ihnen bevorzugten Symbolik des Urwaldes zu sozialisieren). Die Kenntnis verschiedener Mechanismen der sozialen Konstruktion von Landschaft, beispielsweise durch die Konstruktion einer veränderten Landschaftsästhetik im intergenerationalen Wandel (vgl. hierzu Kühne 2008), erleichtert die Durchsetzung eigener symbolischer Deutungsmuster.

Aber nicht nur das Beispiel der besonderen Landschaft ‚Wildnis‘, auch die anderen aufgeführten Beispiele verdeutlichen die Wandelbarkeit, Kontextabhängigkeit und nicht zuletzt auch Manipulierbarkeit symbolischer Landschaftskonstruktionen. Symbolische Deutung von Landschaft ist somit auch Ausdruck von Machtverhältnissen, da zur Manipulierbarkeit der Symboliken Instrumente benötigt werden, die häufig so genannten Experten vorbehalten sind. Allerdings gestalten sich Symbole heute zunehmend vieldeutig und werden verstärkt individualistisch gedeutet (wie etwa das Beispiel der individuellen Konstruktion der Symbolik von Pilgerwegen zeigt), weshalb mit einer Verringerung der Möglichkeit der Machtausübung durch landschaftliche Symbole gerechnet werden kann. Landschaftliche Symbole geben Orientierung, gestalten sich jedoch offen für eigene Projektionen – wenn auch im Rahmen bereits etablierter gesellschaftlicher Vorgaben.

Trotzdem werden auch zukünftig Deutungshoheiten mit Macht ausgestatter Personen, Gruppen oder Institutionen den Symbolgehalt von Landschaften mit bestimmen. Hierbei ist die Macht von Wissenschaft und Politik nicht zu unterschätzen (vgl. hierzu auch Kühne und Weber in diesem Band), wie auch Zierhofers (2003, S. 202) Beispiel zeigt: „Die Legitimation der Kernenergie ist ebenso ein politisches Spiel mit wissenschaftlichen Erkenntnissen, wie die Warnung vor einer Klimakatastrophe. In beiden Fällen betreiben Experten Politik mit Zahlen und interessengebunden produzierten Fakten, wenn auch in unterschiedliche Richtungen“. Andererseits sind jedoch auch über lange Zeit verinnerlichte gesellschaftliche Naturkonstrukte nur sehr langsam zu durchbrechen, wie etwa aktuelle Genmais-Debatten zeigen, in denen deutlich wird, wie stark das, was wir als Natur bezeichnen, symbolisch besetzt ist und als rein und erhaltenswert gilt und menschliche Eingriffe in diese (scheinbare) Reinheit – mit anderen Worten: Macht über Natur – häufig stärker emotional denn kognitiv begründet abgelehnt werden.

Literatur

Bauer, N. (2005). *Für und wider Wildnis – Soziale Dimensionen einer aktuellen gesellschaftlichen Debatte*. Zürich, Bern, Stuttgart, Wien: Haupt Verlag.

Becker, U. (2008). *Lexikon der Symbole*. Freiburg i.Br.: Herder.

Gailing, L., & Leibenath, M. (2012). Von der Schwierigkeit, „Landschaft" oder „Kulturlandschaft" allgemeingültig zu definieren. *Raumforschung und Raumordnung 70*, 95-106.

Groh, R., & Groh, D. (1996). *Weltbild und Naturaneignung. Zur Kulturgeschichte der Natur.* Frankfurt am Main: Suhrkamp.

Herbers, K. (2007). *Jakobsweg*. München: C.H. Beck.

Hofmeister, S. (2008). Verwildernde Naturverhältnisse. Versuch über drei Formen der Wildnis. *DAS ARGUMENT. Zeitschrift für Philosophie und Sozialwissenschaften. Nr. 279, Jg. 50, Heft 6/ 2008*, 813-826.

Hoheisel, D. et al. (2010). Wildnis ist Kultur. Warum Naturschutzforschung Kulturwissenschaft braucht. *Natur und Landschaft, H.2*, 45-50.

Ipsen, D. (2006). *Ort und Landschaft*. Wiesbaden: VS Verlag für Sozialwissenschaften.

Jacob, U. (2008): Wüste und Oase: zur sozialen Ordnung gestalteter Landschaft. In K.-S. Rehberg (Hrsg.), *Die Natur der Gesellschaft: Verhandlungen des 33. Kongresses der Deutschen Gesellschaft für Soziologie in Kassel 2006. Teilbd. 1 und 2.* (S.5859-5869). Frankfurt am Main: Campus Verlag.

Jakobusgesellschaft Berlin-Brandenburg (o.J.). http://www.jakobusgesellschaft-berlin-brandenburg.de/5.html. Zugegriffen: 11. März 2014.

Jezler, P. (1994). Jenseitsmodelle und Jenseitsvorsorge – Eine Einführung. Ders. (Hrsg.), *Himmel – Hölle – Fegefeuer. Das Jenseits im Mittelalter* (S. 13-26). Zürich: Fink.

Kaschuba, W. (2006). *Einführung in die Europäische Ethnologie*. München: C.H. Beck.

KathPress (1999). Das Leben nach dem Tod. Drei Ansprachen bei Generalaudienzen im Sommer 1999 über Himmel, Hölle und Fegefeuer. http://stjosef.at/dokumente/papst_ueber_leben_nach_dem_tod.htm. Zugegriffen: 17. März 2014).

Kaufmann, St. (2005): *Soziologie der Landschaft*. Wiesbaden: VS Verlag für Sozialwissenschaften.

Kockel, U. (2001). Protestantische Felder in katholischer Wildnis. Zur Politisierung der Kulturlandschaft in Ulster. In R.W. Brednich, A. Schneider & U. Werner (Hrsg.), *Natur - Kultur. Volkskundliche Perspektiven auf Mensch und Umwelt* (S. 135-145). Münster: Waxmann.

Kühne, O. (2008). *Distinktion – Macht – Landschaft: Zur sozialen Definition von Landschaft*. Wiesbaden: VS Verlag für Sozialwissenschaften.

Kühne, O. (2012). *Stadt – Landschaft – Hybridität. Ästhetische Bezüge im postmodernen Los Angeles mit seinen modernen Persistenzen*. Wiesbaden: VS Verlag für Sozialwissenschaften.

Kühne, O. (2013). *Landschaftstheorie und Landschaftspraxis. Eine Einführung aus sozialkonstruktivistischer Perspektive*. Wiesbaden: VS Verlag für Sozialwissenschaften.

Lang, B. (2009). *Himmel und Hölle. Jenseitsglaube von der Antike bis heute*. München: C.H. Beck.

Le Goff, J. (1990). Einführung. In Ders. (Hrsg.), *Der Mensch des Mittelalters* (S. 7-46). Frankfurt am Main: Campus Verlag.

Lehmann, A. (1996). Wald als „Lebensstichwort". Zur biographischen Bedeutung der Landschaft, des Naturerlebnisses und des Naturbewußtseins. *Bios: Zeitschrift für Biographieforschung, oral history und Lebensverlaufsanalysen. 9/1996. Heft 2*, 143-154.

Lutz, R. (2001). Zwischen Authentizität und Inszenierung: Duelle mit der Natur. In Köck, Ch. (Hrsg.), *Reisebilder. Produktion und Reproduktion touristischer Wahrnehmung* (S. 167-180). Münster: Waxmann.

Popitz, H. (2000). *Wege der Kreativität*. Tübingen: Mohr Siebeck.

Saar-Urwald (o.J.). http://www.saar-urwald.de. Zugegriffen: 13. März 2014).

Scharfe, M. (2007). *Berg-Sucht*. Wien, Köln, Weimar: Böhlau.

Schönwald, A. (2013a). Jakobswegpilgern als Übergangsritual. In Bund Heimat und Umwelt in Deutschland (BHU) (Hrsg.), *Religion und Landschaft* (S. 51-57). St. Augustin: SZ Offsetdruck-Verlag.

Schönwald, A. (2013b). Die soziale Konstruktion „besonderer" Landschaften. Überlegungen zu Stadt und Wildnis. In D. Bruns & O. Kühne (Hrsg.), *Landschaften. Theorie, Praxis und internationale Bezüge* (S. 195-207). Schwerin: Oceano Verlag.

Soeffner, H.-G. (2004). Überlegungen zur Soziologie des Symbols und des Rituals. In Ch. Wulf & J. Zirfas (Hrsg.), *Die Kultur des Rituals* (S. 149-176). München: Wilhelm Fink Verlag.

Stahl, H. (2010). Veranstaltete Wildnis. Einige Überlegungen zum Konzept „Natur Natur sein lassen" aus kulturwissenschaftlich-volkskundlicher Perspektive. In Kulturwissenschaftliches Symposium Wald: Museum: Mensch: Wildnis. 18./19.9.2010.

Trepl, L. (2012). Das Fliegen gelingt nicht mehr. Über Motive und Grenzen der Sinnsuche in der Natur. In Th. Kirchhoff, V. Vicenzotti & A. Voigt (Hrsg.), *Sehnsucht nach Natur. Über den Drang nach draußen in der heutigen Freizeitkultur* (S. 21-31). Bielefeld: Transcript.

Tschofen, B. (2001). Die Entstehung der Alpen. Zur Tektonik des ethnographischen Beitrags. In R.W. Brednich, A. Schneider & U. Werner (Hrsg.), *Natur - Kultur. Volkskundliche Perspektiven auf Mensch und Umwelt* (S. 167-176). Münster: Waxmann.

Weber, M. (2002 [1919]). Wissenschaft als Beruf. In D. Kaesler (Hrsg.), *Max Weber. Schriften. 1894-1922* (S. 475-511). Stuttgart: Kröner.

Wulf, Ch. (2004). Ritual, Macht und Performanz. In Ch. Wulf & J. Zirfas (Hrsg.), *Die Kultur des Rituals* (S. 49-61). München: Wilhelm Fink Verlag.

Zierhofer, W. (2003). Natur – das Andere der Kultur? Konturen einer nicht-essentialistischen Geographie. In H. Gebhardt, P. Reuber & W. Wolkersdorfer (Hrsg.), *Kulturgeographie. Aktuelle Ansätze und Entwicklungen* (S. 193-212). Heidelberg, Berlin: Spektrum.

V Ökonomie und Macht

Landschaftswandel in den Savoyer Alpen als Resultat der Veränderungen geo- und wirtschaftspolitischer Machtstrukturen

Heidi Megerle

Zusammenfassung

Der Landschaftswandel in den Savoyer Alpen, speziell in der Grenzregion Vanoise, wurde durch unterschiedliche, zumeist externe geo- und wirtschaftspolitische Machtstrukturen getragen. Über Jahrhunderte als strukturschwacher Peripherraum von einer wenig ertragreichen Subsistenzlandwirtschaft und erheblichen Abwanderungsprozessen geprägt, veränderte die zentralstaatlich gelenkte massentouristische Erschließung für den Wintertourismus die Region signifikant. Obgleich der wirtschaftliche und demographische Niedergang hierdurch aufgehalten werden konnte, mehrten sich kritische Stimmen vor allem in Bezug auf landschaftliche Auswirkungen der nicht-integrierten Retortenstationen. Jedoch war die ebenfalls extern initiierte Ausweisung des ältesten französischen Nationalparks Vanoise ebenfalls stark umstritten. Divergierende Ansprüche an die begrenzte Ressource Raum sowie das Fehlen eines integrierten Gesamtkonzeptes zur weiteren landschaftlichen Entwicklung kumulieren aktuell in einer Auseinandersetzung zwischen den Machtblöcken, welche eine weitergehende Erschließung für den Intensivtourismus befürworten und denjenigen, die für einen Erhalt des Bergdorfcharakters der „Anti-Retortenstation" Bonneval-sur-Arc plädieren.

1   Einleitung

Die Savoyer Alpen, insbesondere aber die grenznahen Hochgebirgsregionen Tarentaise und Maurienne (Abbildung 1) können als ein Musterbeispiel für die engen Korrelationen zwischen Veränderungen geo- und wirtschaftspolitischer Machtstrukturen und einem hieraus resultierenden Landschaftswandel angeführt werden. Über Jahrhunderte durch wechselnde Herrschaften, territoriale Gebietsansprüche und unterschiedlichste Wirtschaftsstrukturen geprägt, zeigt sich der Einfluss von Machtstrukturen besonders deutlich in der Transformation des Gebietes von einer perspektivlosen Krisenregion zum wintertouristischen Zentrum Frankreichs.

Anhand eigener empirischer Erhebungen werden historische Entwicklungen bis hin zu den aktuellen, je nach befragter Akteursgruppe, sehr heterogenen Vorstellungen für die künftige Entwicklung der Region aufgezeigt. Entscheidungen für eine weitere Forcierung der touristischen Erschließung, eine Ausrichtung hin zu einem nachhaltigeren Tourismus oder eine stärkere Betonung der Naturraumpotentiale (Nationalpark Vanoise) werden von den jeweils vorherrschenden lokalen über regionale und staatliche bis hin zu internationalen Akteurs- und Machtkonstellationen getragen. Besonders zugespitzt zeigt sich das Aufeinanderprallen unterschiedlichster Entwicklungsvorstellungen im höchstgelegenen Ort Bonneval-sur-Arc sowie der Nachbargemeinde Val d'Isère.

Der folgende Beitrag versucht, den momentanen Stand der Diskussion zusammenfassend darzustellen und kritisch zu reflektieren.

2   Die Vanoise – ein schwer zugänglicher Ungunstraum

Die französische Alpenregion Vanoise wird durch über 3000 Meter hohe Gebirgszüge vom östlich angrenzenden italienischen Nationalpark Gran Paradiso getrennt. Politisch-administrativ ist das Untersuchungsgebiet heute dem Département Savoie zugeordnet, dieses wiederum der Region Rhône-Alpes. Die Gemarkungsgrenze der beiden östlichsten Gemeinden des Untersuchungsgebietes, Val d'Isère und Bonneval-sur-Arc bildet gleichzeitig die Staatsgrenze zwischen Frankreich und Italien. Von beiden Orten ist jedoch kein direkter Grenzübergang nach Italien möglich (Abbildung 1).

Abbildung 1   Lage der Vanoise und der vier Untersuchungsorte (Disterheft 2009).

Zwischen dem Gran Paradiso-Massiv im Osten und der zu den nordfranzösischen Alpen gehörenden Vanoise im Westen, beide im deutschen Sprachgebrauch auch als Grajische Alpen bezeichnet, erstreckt sich das von der Isère durchflossene Hochtarentaise. Nordwest-Südost orientiert, nimmt es seinen Ausgangspunkt in dem am Fuß des Kleinen St. Bernhard gelegenen Bourg-St-Maurice (840 m), um im Südosten im Passbereich des 2.769 Meter hohen Col de l'Isèran zu enden, der eine Verbindung in das von der Arc durchflossene Maurienne herstellt (Abbildung 1).

Das Maurienne ist demzufolge das südlich der Tarentaise gelegene Tal des Arc, der auf der Gemarkung von Bonneval-sur-Arc entspringt und zwischen Albertville und Chambéry in die Isère mündet. Die Bezeichnung ‚Maurienne' wird von einigen Autoren auf die Mauren zurückgeführt, die im achten Jahrhundert im Arctal gewesen sein sollen, eine Erklärung, die mittlerweile als widerlegt einzustufen ist (Tracq 2000, S. 35). Tatsächlich leitet sich die Benennung von „Mau Rien, d.h. mauvais ruisseau" (wörtlich: „schlechter oder unguter Bach") ab, zurückzuführen auf die regelmäßigen und verheerenden Hochwässer des Arc (Parc nationale de la Vanoise 1999, S. 14).

Die hochalpine Lage des Untersuchungsgebietes zeigt sich in einem niederschlagsreichen, winterkalten und sommerkühlen Klima, wobei sich mit zunehmender Höhenlage die Tendenz zu ganzjährig hohen Niederschlägen bei einer langen Dauer der Schneedecke verstärkt (Pletsch 2003, S. 48). Die naturräumliche Charakteristik wird durch die langen, kalten und schneereichen Winter und kurze, kühle und niederschlagsreiche Sommer geprägt. Die kurze Vegetationsperiode in Verbindung mit geringmächtigen und nährstoffarmen Böden mit hohem Skelettanteil, ermöglicht nur eine wenig ertragreiche Grenzertragslandwirtschaft.

Die Verkehrserschließung der hochalpinen Bereiche war bis in die jüngste Zeit äußerst unzureichend. Noch heute zeigt sich ein signifikantes Bedeutungsgefälle der Verkehrsinfrastruktur von der Départementshauptstadt Chambéry zu den hochgelegenen Talschlüssen. Früher waren die Bergdörfer meist nur über schmale Straßen oder Saumpfade erreichbar. Die im Sommerhalbjahr bereits schwierigen Verkehrsverhältnisse, führten im Winter aufgrund der sehr hohen Schneemenge und des gleichfalls sehr hohen Lawinenrisikos dazu, dass vor allem die hochgelegenen Weiler tage- bis wochenlang völlig von der Außenwelt abgeschlossen waren. Bis heute ist die Passstraße, die die Täler von Tarentaise und Maurienne über den Col de l`Isèran verbindet, nur an wenigen Monaten im Sommer geöffnet.

3   Machtfaktor Rohstoffe

Trotz der oben dargestellten erheblichen naturräumlichen Ungunstfaktoren, die einer frühen Besiedlung durch den Menschen entgegenstehen, konnte durch archäologische Untersuchungen nachgewiesen werden, dass bereits vor mehr als 5.000 Jahren Jäger und Sammler das obere Maurienne aufsuchten. Einige der bedeutendsten archäologischen Fundstellen finden sich auf der Gemarkung der Gemeinde Bessans (Abbildung 1). Die steinzeitlichen Felsmalereien am Roche du Château sind ins Neolithikum zu datieren. Ausgrabungen im Umkreis der steinzeitlichen Felsmalereien brachten u. a. aus Serpentin gefertigte Pfeilspitzen aus dem mittleren Neolithikum (ca. 4.500-3.500 v.Chr.) zu Tage. Hierdurch ist Bessans die zweite bekannte Fundstelle in den westlichen Alpen nach Balm'Chanto im Piemont. Bis heute stellt der Nachweis von Feuerstein, der über die Hälfte der gefundenen Materialien ausmacht, ein Rätsel dar, da die nächsten bekannten Vorkommen über hundert Kilometer von Bessans entfernt liegen. Da die Fundstelle am Roche du Château offensichtlich keine Dauersiedlungsstelle war, vermuten die Archäologen, dass es sich um eine Station eines Handelsnetzwerkes gehandelt haben könnte (Tracq 2000, S. 28). Dies wird untermauert durch die neolithische Fundstelle am Rocher Teha auf 2.250 Meter Höhe, die auf eine Überquerung der Gebirgsketten, vermutlich zum Warenaustausch hinweist (Thirault 2006, S. 797). Offensichtlich wurden die alpinen Ungunsträume damals nur aufgrund der hier zu gewinnenden Ressourcen aufgesucht. Dies gilt gleichermaßen für die in rund 2.700 Meter Höhe gelegenen Bergwerke am Lac Noir und am Lac Blanc. Nachweislich waren bereits im 10. Jahrhundert hier Eisenerze gewonnen worden, die dann aufgrund des Holzmangels im Hochmaurienne von Bonneval mit Maultieren über den Col Girard nach Forno bzw. Groscavallo im heutigen Italien transportiert werden mussten, wo sie mit Holzkohle verhüttet wurden (Gros 1928, S. 105).

Rohstoffe, vor allem Erze, waren schon immer ein entscheidender Faktor der Machtausübung, da sie u. a. zur Herstellung von Waffen unverzichtbar waren. Durch die Gewinnung der Rohstoffe sowie durch die Anlage von Transportwegen waren erste, allerdings sehr kleinflächige Landschaftsveränderungen zu verzeichnen.

4 Verdrängung und Marginalisierung

Spätestens seit dem Mittelalter ist von einer Dauerbesiedlung im Gebiet der Vanoise auszugehen (Thirault 2006, S. 797), obgleich die Lebensverhältnisse aufgrund der erheblichen naturräumlichen Ungunstfaktoren als extrem hart einzustufen waren. Dass dennoch Dauersiedlungen entstanden, ist auf einen wachsenden Bevölkerungsdruck in den naturräumlich begünstigten voralpinen Gebieten zurückzuführen. Dies führte zu einer Verdrängung und Marginalisierung von Bevölkerungsgruppen, die nicht über die notwendigen Machtfaktoren verfügten, um sich in den Gunsträumen zu behaupten.

Da als einzige Überlebensmöglichkeit somit nur die Ansiedlung in den bislang lediglich saisonal durch Wanderhirten oder zur Rohstoffgewinnung genutzten hochalpinen Tälern blieb, mussten die marginalisierten Gruppen Lebensbedingungen in Kauf nehmen, die heute als nahezu unvorstellbar erscheinen (siehe unten). Entsprechende Schilderungen finden sich in zahlreichen historischen Berichten sowie in umfangreichen neueren Dokumentationen. Besonders zu erwähnen sind hierbei Gottar (2005) und Tracq (2000).

Da nunmehr ebenfalls erstmalig eine Dauerbesiedlung im Gebiet der Vanoise bestand, erfolgten hierdurch ebenfalls erstmalig großflächige und signifikante Landschaftsveränderungen. Diese zeigten sich in erster Linie durch die Anlage von landwirtschaftlichen Nutzflächen, die hierdurch bedingte Zurückdrängung der Wälder, die jedoch gleichermaßen der Holzgewinnung geschuldet war, und eine Zunahme der Bodenerosion. Die bis dato noch weitgehend unberührte Hochgebirgslandschaft wurde sukzessive zu einer hochalpinen Kulturlandschaft transformiert (Abbildung 2).

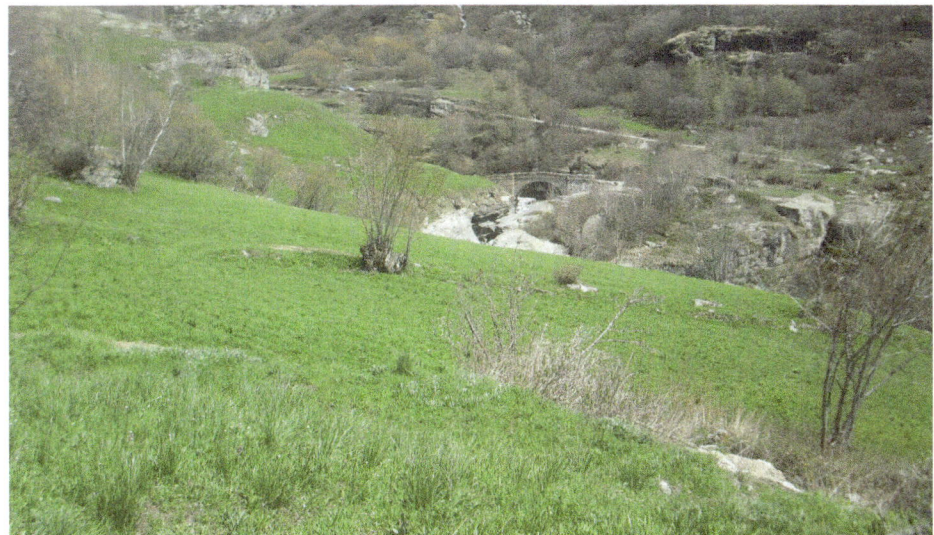

Abbildung 2   Historische Kulturlandschaft im oberen Arctal (Megerle 2006)

4.1   Kleinbäuerliche Subsistenzlandwirtschaft

Jahrhundertelang überdauerten die Bewohner durch eine Subsistenzlandwirtschaft am Existenzminimum. Noch zu Beginn des 20. Jahrhunderts waren 85-90 Prozent der Erwerbstätigen hauptberuflich in der Landwirtschaft tätig. Der Ackerbau spielte hierbei aufgrund der Höhenlage nur eine untergeordnete Rolle. So standen in Val d'Isère im Jahr 1913 3.478 Hektar Grünland lediglich 4,29 Hektar Ackerland gegenüber (Gex 1922, S. 76).

Da Weizen in diesen Höhenlagen nicht mehr gedeiht, wurden im 19. Jahrhundert vorwiegend Gerste, Hafer und Roggen angebaut (Tochon 1872). Im 20. Jahrhundert dominierte dann zunehmend der Kartoffelanbau. Die Höhenlage und die damit verbundenen extremen Wetterereignisse führten häufiger zu Missernten und in diesem Gefolge zu Hungersnöten. 1739 sollen Sommerfröste ein Drittel der Familien zur Auswanderung gezwungen haben. Auch 1817 trat eine große Hungersnot aufgrund eines zu nassen Frühjahres und Sommers des Vorjahres auf (Tochon 1872, S. 113).

Aufgrund des rauen Klimas dominierte die Viehwirtschaft. Sie basierte auf einer intensiven Grünlandnutzung, die sich jedoch auf wenige Sommermonate zusammendrängte. Diese Zeiten waren so arbeitsintensiv, dass hierzu sogar externe Arbeitskräfte aus dem benachbarten italienischen Val Rhême angeworben wurden. Im Winter mussten jedoch Tiere zur Überwinterung ('hivernage') an Bauern in tiefer gelegenen Orten abgegeben werden. Der Grund hierfür waren die zu geringen Heumengen, die auf den hochgelegenen Wiesen gewonnen werden konnten und die als Wintervorrat für alle Tiere nicht ausreichten. Der Verzicht auf die Milch und die im Winter geworfenen Kälbchen war geringer, als die Kosten für den Zukauf entsprechender Heumengen (Hannß 1974, S. 12).

Trotz hoher Arbeitsbelastung und Nutzung jeder nur möglichen Fläche waren die in der Landwirtschaft erzielbaren Erträge so gering, dass die Bevölkerung im Winter nur mit Mühe überleben konnte. Lebensmittel mussten eisern rationiert werden. Die Hauptnahrung bestand aus bereits im Herbst gebackenem und getrocknetem Brot, das in eine kärgliche Suppe getaucht wurde. Nur an Festtagen kam etwas getrocknetes und gesalzenes Ziegenfleisch auf den Tisch. Käsefondue, im Französischen unter der Bezeichnung 'Fondue savoyarde' bekannt, war keinesfalls ein traditionelles Gericht der Bergbevölkerung, sondern wurde erst durch den Tourismus eingeführt (Diebold 1973). Der kärgliche Speisezettel wurde im Winter durch die (illegale) Jagd auf Gemsen und Murmeltiere etwas aufgebessert (Gex 1922, S. 24). Die Murmeltiere wurden zu Beginn ihres Winterschlafes ausgegraben, aus ihrem Fett wurde ein Öl gewonnen, welches zu medizinischen Zwecken verwendet wurde; die Murmeltierfelle wurden verkauft (Gottar 2005, S. 187).

4.2 Extreme wirtschaftliche Notlagen

Die wirtschaftliche Notlage der Bevölkerung spiegelte sich in einem hohen Anteil an Bettlern wider. In Val d'Isère lag die Quote bei einem Bettler auf 30 Einwohner. Zum Betteln wurden die Bauern jedoch weniger durch den Mangel an Lebensmitteln gezwungen, sondern durch das Fehlen von Bargeld, welches zum Bezahlen der Steuern benötigt wurde (Onde 1942a, S. 89ff.). Ein weiteres Indiz für die extreme Armut der Bergbevölkerung ist in der hohen Quote der freiwilligen Meldungen zum Militär zu sehen. So meldeten sich im Jahr 1807 von damals 469 Einwohnern Val d'Isères 24 freiwillig, was ein Verhältnis der Rekruten zur Gesamtbevölkerung von 1:19 bedeutet. Dies war die höchste Quote in dieser Region (Verneilh 1896, S. 98).

Die schlechten wirtschaftlichen Verhältnisse resultierten in Val d'Isère auch in einer hohen Quote lediger Personen. Da eine Teilung der Höfe wegen der kritischen Ertragslage den sicheren wirtschaftlichen Ruin bedeutet hätte, blieben die jüngeren Geschwister vom Erbgang ausgeschlossen. Die wirtschaftliche Basis für eine Heirat war ihnen somit entzogen. Entweder fristeten sie ein Leben als Knecht bzw. Magd auf dem Hof des älteren Bruders, oder sie verließen Val d'Isère (Diebold 1973). Hierbei war ein ausgeprägter Überhang unverheirateter Frauen zu verzeichnen. Dies liegt in der selektiven Abwanderung begründet, die in weit stärkerem Maße von den Männern getragen wurde. 1876 war in Val d'Isère ein weiblicher Bevölkerungsüberschuss von 22 Prozent zu verzeichnen.

5 Feudale und neuzeitliche Territorialpolitik als landschaftsgestaltender Machtfaktor

Die Notlage der Bevölkerung wurde durch feudale sowie wirtschaftlich motivierte neuzeitliche Territorialpolitik forciert. Die Vanoise befand sich immer in politischen Grenzbereichen. Bis 1860 war das heutige französische Département Savoie Teil des sardischen Königsreiches. Dessen ungeachtet, führten die einzigen Verkehrswege aufgrund der topographischen Situation nach Frankreich. Solange Savoyen jedoch ein Teil des sardischen Königsreiches war, waren Ausfuhren nach Frankreich durch Zölle erheblich erschwert, der Güteraustausch mit dem benachbarten Piemont hingegen wurde durch völlig unzureichende Verkehrsverbindungen behindert. Der Kleine St. Bernhard als einzige direkte Passverbindung erhielt erst 1866 eine befahrbare Straße (Onde 1934b, S. 30f.). Weitere Schwierigkeiten ergaben sich durch den fehlenden Schutz des einheimischen Käsemarktes vor Importen des besseren und gleichzeitig günstigeren Schweizer Gruyère. Der Gruyère-Verkauf war für die Bergbauern von Val d'Isère die wichtigste Bargeldquelle. Lediglich ein Sechstel war für den Eigenverbrauch bestimmt, der Rest ging in den Export. Durch den Import des Schweizer Gruyères verfiel der Preis im Tarentaise völlig. 1819 blieben 200.000 Pfund Gruyère unverkauft (Hannß 1974, S. 24). Noch gravierender wirkte sich die Sperrung des französischen Käsemarktes aus. Da gleichzeitig auch der Verkauf von Häuten und Fellen aus dem Tarentaise nach Frankreich durch protektionistische Maßnahmen erschwert wurde, wurde den Bergbauern die wirtschaftliche Basis weitgehend entzogen. Eine Spezialisierung auf einträgliche Zweige der Viehwirtschaft konnte im Hochtarentaise aufgrund der völlig unzureichenden Verkehrserschließung nicht gelingen, da hierdurch eine preiswerte Versorgung mit eingeführten Futtermitteln unmöglich war (Onde 1942b, S. 503).

Andererseits boten die Grenzlage sowie die Unzugänglichkeit der Vanoise vielfältige Potentiale für Schmuggelgeschäfte. Hiervon profitierten in erster Linie die höchstgelegenen Weiler, wie z. B. der Bessaner Teilort Avérole, der Mitte des 19. Jahrhunderts trotz einer Höhenlage von 2.000 Meter noch annähernd hundert Einwohner hatte. Durch die Angliederung des Maurienne an Frankreich im Jahr 1860 hatte Avérole einen deutlichen Aufschwung erfahren, da seine Lage ihn für lukrative Schmuggelgeschäfte mit Italien geradezu prädestinierte. Nach mündlichen Auskünften der Einheimischen wurde die Herberge in Avérole nahezu ausschließlich von Schmugglern frequentiert (Hannß 1978). Die historischen Schmuggelpfade führten hierbei über die jeweils über 3.000 Meter hohen Passage du Colérin ins italienische Balmetal sowie über den Col de l'Autaret und den Col d'Arnès ins Val de Viu (Gottar 2005, S. 138). Nachdem 1871 der Eisenbahntunnel unter dem Col de Fréjus eröffnet worden war, ging der alte von Bessans über das Avéroltal und verschiedene Saumpässe nach Italien führende Lokalverkehr stark zurück. Mittlerweile ist Avérole als Dauerwohnsiedlung vollständig aufgegeben worden (Abbildung 3).

Abbildung 3   Aufgegebene Höhensiedlung Avérole (Megerle 2007).

6   Industrialisierung und Exode rurale – externe Machtfaktoren

Die extreme wirtschaftliche Notlage der Bergbevölkerung spiegelte sich in regelmäßigen saisonalen Abwanderungen im Winterhalbjahr wider. Die ‚hirondelles d'hiver', die Winterschwalben aus Savoyen, wie die saisonalen Auswanderer aus Val d'Isère genannt wurden, gingen nach Ende der sommerlichen Arbeit in der Landwirtschaft einem kärglichen Nebenverdienst in den französischen Agglomerationsräumen, aber auch in Italien und Spanien nach. Viele arbeiteten als Hausierer im Piemont oder in den südfranzösischen Städten Marseille, Montpellier, Béziers und Sète sowie als Möbelpacker, Bahnarbeiter oder Hilfskraft in der metallverarbeitenden Industrie sowie in der Seidenindustrie in Turin (Blanchard 1943, S. 537; Onde 1934a, S. 242). Auch Frauen nahmen, wenn auch in geringerem Umfang als Männer, an der winterlichen Auswanderung teil und verdingten sich als Hausangestellte und Hotelzimmermädchen in den großen Städten (Gex 1922, S. 24).

Trotz winterlicher Nebenerwerbstätigkeiten wie Spitzenherstellung, Tuchmacher und Nagelschmiede und der saisonalen Abwanderung, nahm die Bevölkerung in Val d'Isère im 19. Jahrhundert um mindestens 50 Prozent ab. Der offiziellen Bevölkerungsstatistik von Val d'Isère zufolge setzte die deutliche Abnahme in den 1820er Jahren ein.

Wurden 1821 noch 665 Einwohner gezählt, so waren es 1828 nur noch 445. Allerdings sind Bevölkerungsdaten vor 1860, d. h. dem Anschluss Savoyens an Frankreich kritisch zu hinterfragen, da bei den sardischen Erhebungen nicht die de facto, sondern die de jure Anwesenden erfasst wurden. Im Jahr 1858 betrug der Unterschied zwischen diesen beiden Werten fast 25 Prozent (Hannß 1974, S. 21). Sicher ist jedoch, dass Val d'Isère im Jahr 1931 mit nur noch 168 Einwohnern den absoluten Tiefststand erreichte, nachdem zwischen 1821 und 1931 eine ganze Reihe Einzelhöfe und Kleinweiler, ähnlich wie in den benachbarten Kommunen, vollständig wüstgefallen waren (Onde 1942b, S. 539). Die Bevölkerungsverluste waren ausgeprägt altersselektiv, da insbesondere die arbeitsfähigen mittleren Jahrgänge abwanderten, wohingegen die über 50jährigen zurückblieben.

Gründe für den erheblichen Bevölkerungsverlust im 19. Jahrhundert sind in einer Überlagerung mehrerer auslösender Faktoren zu sehen. Durch eine verbesserte medizinische Versorgung konnte die Kindersterblichkeit deutlich gesenkt werden. Die hierdurch bedingte Bevölkerungszunahme konnte von einer Bergbauernlandwirtschaft im Grenzertragsbereich nicht mehr bewältigt werden, wodurch für viele Familien nur die endgültige Auswanderung eine Lösung bot. Gleichzeitig entwickelte sich in den Agglomerationsräumen durch die Industrialisierung eine hohe Nachfrage nach Arbeitskräften (Megerle 2008, S. 359). Diese Abwanderung ist jedoch nicht nur als Landflucht, sondern auch als Höhenflucht zu werten. Zwischen 1861 und 1876 erreichte die jährliche Abwanderungsquote im Hochtarentaise den Wert von 1,06 Prozent, im Niedertarentaise hingegen nur 0,18 Prozent (Onde 1942b, S. 503f.). Im Hochtarentaise ging die Bevölkerung zwischen 1822 und 1931 von insgesamt 4.856 auf 2.303 Einwohner zurück, d. h. ein Rückgang um über 50 Prozent (Onde 1942b, S. 503). Diese massive Bergflucht führte zum Wüstfallen vor allem kleinerer Siedlungen und teilweise zur Verödung der historischen Kulturlandschaft (Abbildung 3).

7 Welt- und industriepolitische Machtkonstellationen

Obgleich die Vanoise eine sehr periphere Lage aufweist, wurde sie dennoch in Teilen von den Auswirkungen des Zweiten Weltkrieges getroffen, besonders gravierend in Bessans. Nachdem Italien Frankreich am 10. Juni 1940 den Krieg erklärt hatte, wurde die gesamte Bevölkerung von Bessans in das Département Haute Loire evakuiert. Nach dem bereits kurz darauf erfolgten französisch-italienischen Waffenstillstand durften die Bewohner zwar zurückkehren, mussten aber sowohl die italienische als auch die deutsche Besatzung ertragen. Beim Rückzug setzten die deutschen Truppen im September 1944 den Ort in Brand, wodurch zwei Drittel der Häuser vollständig zerstört wurden. Hierauf wurde die Bevölkerung erneut bis 1945 evakuiert, um sich danach an den schwierigen Wiederaufbau zu machen (Hannß 1984, S. 7). Im Unterschied zu den Nachbarorten, die bis heute ein historisches Ortsbild bewahrt haben, findet sich in Bessans nur noch vereinzelt historische Bausubstanz (Abbildung 4).

Abbildung 4 Ortszentrum von Bessans ohne historische Bausubstanz (Megerle 2007)

Erheblich stärkere Veränderungen der historischen Kulturlandschaft wurden durch die Aktivitäten der EDF (Electricité de France) ausgelöst. Der staatliche Energiekonzern Frankreichs entwickelte sich zu einem neuen hochwirksamen, landschaftsgestaltenden Machtfaktor. Neben kleineren Eingriffen z. B. am Arc oberhalb von Bonneval-sur-Arc, war insbesondere der historische Ort Tignes im Isère-Tal von den Planungen betroffen. Bereits seit 1941 bestanden Pläne bei Tignes eine Staumauer zu errichten. Gründe für die letztendliche Standortentscheidung, das Isère-Tal bei Tignes aufzustauen, war einerseits die topographische Situation des Flusstales, welches hier eine Engstelle zwischen den harten Kalksteinen bildet (Gorge de l`Isère), so dass der Bau einer Staumauer vergleichsweise unproblematisch möglich war. Andererseits verspricht der Standort vor allem zu Zeiten der Schneeschmelze durch das vergleichsweise große und gletscherintegrierende Einzugsgebiet große Wassermengen und somit einen maximalen Energiegewinn bei minimalem Wasserverlust. Die endgültige Entscheidung für den Bau der Staumauer fiel im Jahr 1946. Die Flutung des früheren Hauptortes Alt-Tignes wurde im Jahr 1952 vollzogen. Vorausgegangen waren erhebliche Protestaktionen der Einwohner von Alt-Tignes, die letztendlich zu einer Zwangsräumung führten (Reymond und Robert-Diard, 1992).

Abbildungen 5 und 6   Erhebliche Landschaftsveränderungen durch Aktivitäten der EDF Historisches Dorf Tignes und heutiger Stausee Lac du Chevril (historische Postkarte; Megerle 2007).

Die umfangreichen Zahlungen der EDF für die Einwohner von Alt-Tignes bildeten jedoch gleichzeitig das Ausgangskapital für die weitere touristische Erschließung, die sich weitgehend auf Tignes-le-Lac konzentrierte (vgl. Abschnitt 8).

8   Die Jagd nach dem ‚weißen Gold' – touristische Transformationsprozesse

Bis in die 1930er Jahre bestanden erhebliche und berechtigte Befürchtungen, dass weite Teile der französischen Hochalpen durch die massiven Entleerungsprozesse nicht mehr als menschliche Siedlungsräume zu halten wären, mit den entsprechenden Folgen für die durch jahrhundertelange menschliche Tätigkeit geprägte alpine Kulturlandschaft.

Noch zu Beginn des 18. Jahrhunderts galten die Alpen als „Un-Orte des Schreckens und Grauens" (Luger und Rest 2002, S. 15), die besser zu meiden waren. Die touristische Erschließung der französischen Alpen, anfangs ausschließlich für den Sommertourismus, begann erst in der zweiten Hälfte des 19. Jahrhunderts, für den Wintertourismus erst zu Beginn des 20. Jahrhunderts. Bis nach dem Zweiten Weltkrieg waren die kleinen Skistationen an bestehende Dorfkerne angebunden und von privaten Investoren (vor allem Hoteliers) getragen.

Nach Ende des Zweiten Weltkrieges kamen erstmalig staatliche Investoren ins Spiel. Nach ersten Projektstudien und Entwicklung von Prototypen durch die beiden Départements Savoie und Isère, wurde Anfang der 1960er Jahre der ‚plan neige' (wörtlich Schneeplan) durch den französischen Staat vorgelegt, der eine umfangreiche Erschließung und Nutzbarmachung der Potentiale der französischen Hochalpen für den internationalen Wintersport vorsah. In Zusammenhang mit der Übernahme der massentouristischen Entwicklung der Bergregionen durch den Nationalstaat, wurde 1964 die CIAM (Conseil Interministériel à l'Àménagement de la Montagne = interministerieller Ausschuss zur Raumplanung in den Berggebieten) ins Leben gerufen, der 1971 zur SEATM wurde

(Service d'Etude et d'Aménagement touristique de la montagne = Forschungs- und Planungsinstitution für Bergtourismus). Diese top-down-Erschließung ist nur vor dem Hintergrund des französischen Zentralstaates zu verstehen, da eine vergleichbare gesamtstaatliche Strategie in föderalen Staatsstrukturen wie z. B. der Bundesrepublik kaum denkbar wäre.

Um den demographischen und wirtschaftlichen Niedergang der Bergregionen aufzuhalten, bestand die Zielsetzung des ‚plan neige' im Aufbau einer Kapazität von 150.000 Hotelbetten internationaler Kategorie unter dem Schlagwort ‚voir grand; acquérir vite' (wörtlich: groß planen, schnell gewinnen) (Laslaz 2004, S. 61). Um dieses Ziel zu erreichen, wurden in Gebieten, deren Naturraumpotential geeignet erschien (gleichmäßig geneigte, nach Norden exponierte Hänge, halbkreisförmig um eine Verebnung ausreichender Größe für die notwendige Hotellerie angeordnet), mit teilweise massiven Eingriffen in den Naturhaushalt (Sprengungen; Rodungen) große Baukomplexe von staatlichen Investoren finanziert. Gefördert wurden vor allem so genannte ‚stations intégrées', d. h. Retortenstationen mit teilweise monumentalen Ausmaßen, die nach dem Motto ‚vom Bett aufs Brett' die Skifahrer so nahe wie möglich an die Aufstiegshilfen bringen sollten, um tägliche Anfahrten zu vermeiden (Pletsch 2003, S. 299). Da eine derartige Bettenkapazität nicht ausschließlich in Anbindung an bestehende Berggemeinden geschaffen werden konnte, wurden teilweise völlig neue Destinationen in großer Höhenlage (z. B. Val Thorens auf 2.300 Meter) ex nihilo errichtet, als autonome, quasi ausschließlich dem Skisport dienende Stationen. Die Höhenlage gewährte eine für den Skisport vorteilhafte lange Wintersaison.

Um Platz zu sparen, wurden oft Betonhochbauten mit einer rein funktionalen und vollständig auf den Skisport ausgerichteten Architektur errichtet. Dies erfolgte zumeist ohne Berücksichtigung landschaftsästhetischer Aspekte oder der regionalen Baukultur und stellt dadurch aus heutiger Sicht oft einen erheblichen Eingriff in das hochalpine Landschaftsbild dar (Abbildung 7). Die Baukomplexe wurden fast immer als Appartementblöcke mit Eigentumswohnungen konzipiert, deren Erwerb aufgrund entsprechender steuerlicher Vergünstigungen für den Käufer attraktiv gestaltet wurde. Hierdurch stieg die Zahl der Zweitwohnsitze sprunghaft an (Pletsch 2003, S. 272). Die von staatlicher Seite subventionierten Retortenstationen wurden meist von einem Promotor (Öffentliche Hand, Aktiengesellschaft oder Privatperson) übernommen, um eine Realisierung aus einer Hand und eine einheitliche bauliche Gestaltung zu gewährleisten.

Abbildung 7   Funktionale Architektur in Tignes Val Claret (Megerle 2007).

Der ‚plan neige' führte in weiten Bereichen Savoyens zu einem explosionsartigen Wachstum des Wintersporttourismus und der damit zusammenhängenden Infrastruktur (Megerle et al., in prep.). Trotz der, zumindest zu Beginn der intensiven Ausbauphase, erzielten ökonomischen Gewinne wird die großmaßstäbliche und rein zweckorientierte Erschließung durch Retortenstationen rückblickend zunehmend kritisch gesehen. Die positiven wirtschaftlichen Impulse durch die Stationen wirkten häufig nur punktuell und zu Lasten benachbarter Standorte, wodurch sich die innerregionalen Disparitäten verstärkten (Pletsch 2003, S. 299). Aspekte eines möglichen Sommertourismus waren genauso wenig berücksichtigt worden wie eine Partizipation der autochthonen Bergbevölkerung. Wich et al. (2013, S. 63) sprechen in diesem Zusammenhang von „von außen aufoktroyierten Stationen". Da bei den touristischen Zielgruppen schwerpunktmäßig die einkommensstärkeren Schichten berücksichtigt wurden (Löffler 1982, S. 26), die in den nicht an bestehende Dorfkerne angebundenen Stationen kaum zur lokalen Wertschöpfung beitrugen, verbesserte sich die wirtschaftliche und soziale Situation der einheimischen Bewohner kaum. Ferner konnte durch Untersuchungen (u. a. Heinzler 1998) belegt werden, dass die intensive massentouristische Nutzung der sensiblen hochalpinen Ökosysteme zu teilweise irreversiblen Landschaftsschäden mit starken Erosionsgefahren und signifikanten Landschaftsbildveränderungen führte. Zusammenfassend spricht Laslaz (2004, S. 58) im Zusammenhang mit dem „weißen Goldrausch" von der Schaffung einer Kunstlandschaft („artificialisation de la montagne française").

Da die landschaftsästhetischen, ökologischen und sozioökonomischen Probleme in Verbindung mit den ,Skifabriken' der dritten Generation zunehmend erkannt wurden, begann in den 1970er Jahren eine Rückbesinnung auf traditionellere und überschaubarere Strukturen. Die vierte Generation passte sich in der gewählten Architektur vermehrt dem traditionellen savoyardischen Baustil an. Die Skistationen wurden auch wieder an bestehende historische Dorfstrukturen angebunden.

Trotz aller Probleme, die mit der massentouristischen Erschließung der Bergregionen verbunden waren, konnte der demographische (Abbildung 8) und wirtschaftliche Niedergang aufgehalten werden.

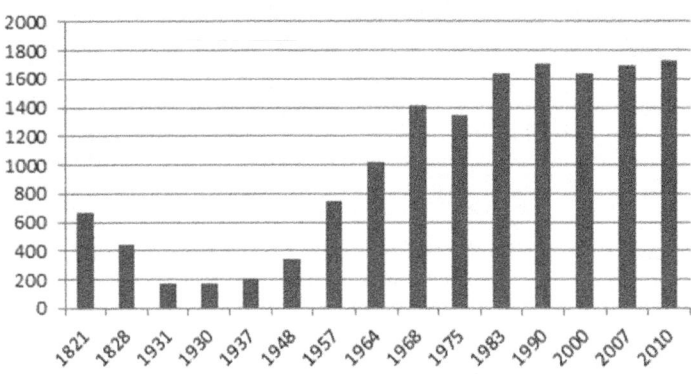

Abbildung 8   Einwohnerentwicklung von Val d`Isère
(Eigene Darstellung; Datenquelle: INSEE 2012).

In den Jahren 2006, 2007 und 2010 wurden umfangreiche eigene empirische Erhebungen in Bessans, Bonneval-sur-Arc, Tignes und Val-d`Isère durchgeführt. Basierend auf den Kartierungen von Hannß in den 1970er und zu Beginn der 1980er Jahre wurde, unterstützt durch studentische Mitarbeiter, die Siedlungsentwicklung in den vier Orten dokumentiert. Ergänzend hierzu wurden insgesamt 750 Urlauber und 84 Einheimische in standardisierter Form befragt sowie elf Leitfadeninterviews mit relevanten Akteuren des Nationalparks, der Kommunen sowie des Tourismus geführt.

Unsere empirischen Erhebungen in den international bekannten Wintersportdestinationen Val d`Isère und Tignes zeigten, dass die Touristen mit der touristischen Infrastruktur und den Freizeitangeboten sehr zufrieden waren. Auch die Ästhetik der teilweise massiven baulichen Eingriffe (Abbildung 9) wurde deutlich weniger kritisiert, als wir erwartet hätten. Zwar hatten die zahlreichen Stammgäste die teilweise erheblichen Veränderungen im Verlauf der letzten Jahrzehnte sehr bewusst wahrgenommen, aber zumeist nicht als erwähnenswert negativ eingestuft. Lediglich im Vergleich zu Bonneval-sur-Arc, das als eines der schönsten Dörfer Frankreichs prädikatisiert ist, wurde vor allem die ‚Retortenoptik' von Tignes etwas schlechter bewertet. Allerdings sind die touristischen Präferenzen hauptsächlich auf die sportlichen Angebote und weniger auf landschaftsästhetische Aspekte fokussiert. Deutlich kritischer wird die Situation von den befragten Einheimischen eingestuft (Megerle et al. in prep.).

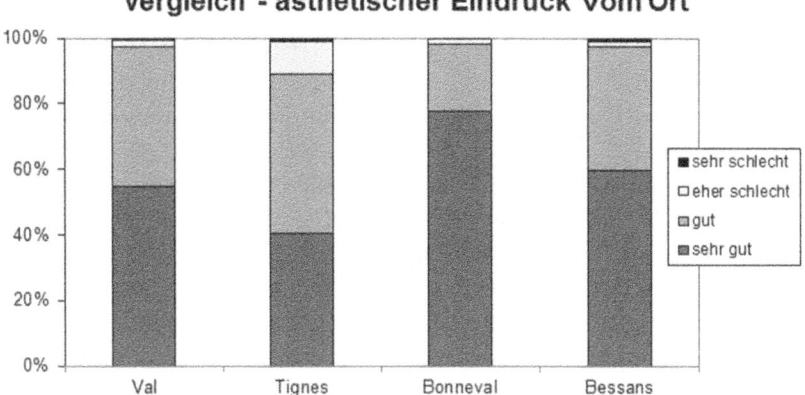

Abbildung 9   Vergleichende Bewertung des ästhetischen Eindruckes der vier Untersuchungsorte (Eigene Erhebungen 2006 und 2007).

9   Das ‚gallische Dorf' in Savoyen – die Antiretortenstation Bonneval-sur-Arc

Die kleine Gemeinde Bonneval-sur-Arc (244 Einwohner) grenzt mit ihrer Gemarkung direkt an Val d'Isère an, ist jedoch Dreiviertel des Jahres infolge der Schließung der Passstraße über den Col de l'Iseran in einer extremen Sackgassen-Situation. Zwar ist der Ort nach Einschätzung des französischen Geographen Raoul Blanchard (1943) vom „schönsten Ensemble der französischen Alpen" umgeben, wodurch sich bis zum Beginn des Zweiten Weltkrieges ein aktives Bergsteigerzentrum entwickelt hatte, dennoch profitierte Bonneval von dem nach dem Krieg einsetzenden Boom des Wintertourismus nicht. Ein Hemmnisfaktor war die hydroenergetische Erschließung des Hoch-Maurienne durch die EDF mit einem Standquartier in Bonneval. Gleichzeitig verlagerte sich der sommerliche Alpinismus in andere Regionen, wie z. B. Chamonix, wo sich den Alpinisten größere Herausforderungen stellten. Erst durch die Eröffnung des Nationalparks Vanoise im Jahr 1963 ergab sich eine allmähliche Wiederbelebung des Sommertourismus (Löffler 1982, S. 25).

Nach der verheerenden Flutkatastrophe durch den Fluss Arc im Jahr 1957, die große Teile des Ortskerns verwüstete, befand sich Bonneval in einer nahezu aussichtslosen Situation, wie der Bürgermeister Gilbert André dies in einem Schreiben an Jacques Chirac beschrieb: „Sollte man eine Liste der verdammten Dörfer aufstellen, wäre Bonneval sicher das erste, welches erwähnt würde. Mit seinen als unüberwindbar eingestuften Lawinen, seiner angeblich nicht rentablen Landwirtschaft, seinen als nicht für den Abfahrtsskilauf geeignet beschriebenen Hängen... Kurz, alles treibt einen zur Verzweiflung! Nirgendwo sonst sind die Einschränkungen so gravierend, wir sind an der äußersten Grenze zwischen dem Möglichen und dem Unmöglichen." (zit. nach Gottar 2005, S. 202, eigene Übersetzung). Viele Bewohner tendierten damals dazu, den Ort tatsächlich aufzugeben. Nur dem tatkräftigen Einsatz des Bürgermeisters war es letztendlich zu verdanken, dass Bonneval-sur-Arc nicht nur erhalten wurde, sondern danach eine so untypische und „nahezu beispiellose" Entwicklung nahm, dass es als Anti-Retortenstation bezeichnet wurde (Hannß 1984, S. 39).

Diese konträre Entwicklung im Vergleich zu den meisten Bergdörfern der Vanoise, war darauf zurückzuführen, dass in Bonneval keine top-down-Strategie des Zentralstaates zum Tragen kam, sondern ein bottom-up-Ansatz mit breiter Partizipation der Bevölkerung unter Leitung des Bürgermeisters. Bis in die 1960er Jahre setzte André auf eine Wiederbelebung der landwirtschaftlichen Aktivitäten in Verbindung mit einer regionalen Produktvermarktung. Trotz unbestreitbarer Erfolge musste er 1963 einer touristischen Entwicklung zustimmen, konnte diese jedoch in einer behutsamen und landschaftsangepassten Weise steuern. Hierzu wurden die folgenden Entwicklungsschritte vorgenommen (nach Letourneux 1978, S. 7ff. sowie Hannß 1984, S. 46ff.):

Informationsphase: Um Negativauswüchse wie in anderen Orten zu vermeiden, organisierte André sechs Studienfahrten sowohl in Orte, die versucht hatten, ihren authentischen Charakter zu erhalten, als auch in andere, die ihre Persönlichkeit eingebüßt hatten. Die Studienfahrten führten ins Wallis, nach Graubünden, Vorarlberg sowie nach Nord- und Südtirol. Hier sah André seine touristischen Wunschvorstellungen, d. h. dass Einheimische in eigener Regie und Verantwortung die touristische Entwicklung lenken, in viel größerem Umfang verwirklicht als in den französischen Retortenstationen.

Landschaftsästhetik: Da ein touristischer Ausbau ohne Neubauten in dem kleinen Ort nicht möglich gewesen wäre, wurden die Neubauten so gestaltet, dass sie weitgehend der traditionellen Architektur entsprachen (mit Ausnahme der Bungalows im Teilort Tralenta), aus örtlichen Materialien gefertigt wurden, höchstens zwei Stockwerke aufwiesen und sich harmonisch in die Landschaft einfügten.

Eigenkapitalfinanzierung: Um die Ausgestaltung der touristischen Erschließung selbst bestimmen und gestalten zu können, wurden die touristischen Infrastrukturprojekte ausschließlich eigenfinanziert, obgleich dies ein sehr hohes Risiko für die wenig kapitalkräftige Bergbevölkerung darstellte. Andererseits fließen so auch alle Gewinne ausschließlich nach Bonneval und eine „Verproletarisierung" der Einheimischen durch Pariser Kapitalgesellschaften wurde vermieden (Hannß 1984, S. 46). Alle mechanischen Aufstiegshilfen wurden im Auftrag der Gemeinde erbaut, die sie auch bis heute betreibt. Die Bezahlung des einheimischen Personals richtet sich dabei ganz wesentlich nach den erzielten Umsätzen, basierend auf den Ansätzen von André, dass die Bergbauern direkt an den touristischen Gewinnen zu beteiligen sind.

Regionale Produktvermarktung: Um die heimische Landwirtschaft zu fördern, die gleichzeitig dem Erhalt der Kulturlandschaft als Basis der touristischen Angebotsmodule dient sowie traditionelle Gewerbe zu erhalten, erfolgt eine regionale Produktvermarktung.

Erhalt des authentischen Bergdorfcharakters: Im alten Ortskern wurde streng auf den Erhalt der traditionellen Architektur mit Steinhäusern, vorkragenden Holzgesimsen und Schieferdächern (Lauze) geachtet (Abbildungen 10 und 11). Im Nachgang der verheerenden Überschwemmungskatastrophe im Juni 1957 wurden im Zeitverlauf bis 1980 rund hundert Dächer mit den traditionellen Lauze-Ziegeln neu gedeckt. Ferner wurde im Osten des historischen Ortskerns eine unterirdische Gemeinschaftsgarage angelegt, um somit den Ortskern weitgehend autofrei zu halten. Drei Jahre später wurde für den gesamten Ortskern ein Fahrverbot erlassen. In Zusammenhang mit der 1970 erfolgten Einstufung als ‚site classée‘ wurden alle Leitungen (Strom, Telefon) sowie Fernsehantennen u.ä. unterirdisch verlegt (Gottar 2005, S. 29) und außerhalb des Ortes eine Müllverbrennungsanlage gebaut, die erste im gesamten Maurienne (Hannß 1984, S. 68). Touristische Neubauten wurden im alten Ortskern nahezu nicht verwirklicht. Parallel zur touristischen Entwicklung sollten die traditionellen agrarwirtschaftlichen Aktivitäten keinesfalls vernachlässigt werden. Auch dies diente dem Erhalt des authentischen Charakters, indem keine Musealisierung eines traditionellen Dorfes als reine Attrappe erfolgte.

Abbildungen 10 und 11   Historisches Ortszentrum und Erweiterungsgebiet Tralenta in Bonneval-sur-Arc (Megerle 2006 / 2010).

Neubaugebiet Tralenta: Östlich des alten Hauptortes von Bonneval wurde ein kleinerer Ortsteil neu erschlossen, der nahezu ausschließlich Unterkünfte für Touristen umfasst. Wie in Frankreich typisch, befindet sich hierunter ein relativ hoher Anteil an Zweitwohnungen, die nicht auf dem freien Markt zur Vermietung angeboten werden. Bei den Neubauten wurde zwar auf eine niedrige Bauweise geachtet (maximal zwei Stockwerke). Ansonsten wurden die Gebäude jedoch überwiegend als Beton-Bungalows, entsprechend dem funktionalen Stil der 1960er Jahre gestaltet. Das Gelände wurde vor Baubeginn durch die Gemeinde erworben, wobei u. a. auch 200 Parzellen von seit langem nicht mehr am Ort wohnenden Besitzern enteignet wurden (Serraz 1980, S. 3). 1973 wurde ein zweiter Bauabschnitt im westlichen Teil von Tralenta begonnen, in welchem 33 Ferienwohnungen in Gebäuden entstanden, die sich stärker an die Hausformen des alten Ortsteils von Bonneval-sur-Arc anlehnten und mit Lauze gedeckte Steildächer aufwiesen. Zwei Jahre später erfolgte im Norden von Tralenta der bis zu den Erhebungen von Hannß letzte Bauabschnitt, bei welchem eine noch stärkere architektonische Anlehnung an die tradierten Bauformen erfolgte. Auch wohnten hier, im Unterschied zum restlichen Tralenta, die Eigentümer selbst im Erdgeschoss der Ferienwohnungshäuser.

1978 waren 85 Prozent der insgesamt 704 Betten in den mietbaren Ferienwohnungen Tralentas im Besitz von Bonnevaler Bürgern; die mietbaren Ferienwohnungen im Ortskern sogar zu 100 Prozent. Lediglich in einem einzigen Fall konnte eine belgische Familie ohne verwandtschaftliche Beziehungen zu Einheimischen eine Ferienwohnung kaufen (Löffler 1982, S. 44). Hannß (1984. S. 50) stuft dies als einen der größten Erfolge in den Bestrebungen von André ein, den Tourismus durch die ortsansässige Bevölkerung selbst entwickeln zu lassen.

Der Ansatz von André bewirkte einen Bevölkerungsanstieg von 61 Prozent zwischen 1962 und 1982 sowie die Abwendung der demographischen Krise durch eine verstärkte Rückwanderung der jüngeren Jahrgänge (Hannß 1984, S. 86). Hierdurch erfolgte auch eine Veränderung der Bevölkerungsstruktur durch eine ausgeglichenere Alters- sowie Geschlechterverteilung. Der zu verzeichnende Bevölkerungsgewinn war verständlicherweise mit einer hohen Quote Zugezogener gekoppelt, so dass 1975 fast ein Viertel der Bonnevaler Bevölkerung nicht im Ort geboren war. Ein Drittel der Neubürger stammte hierbei aus dem Département Savoie; rund 10 Prozent aus dem Agglomerationsraum Paris (Löffler 1982, S. 54ff.). Bedingt vor allem durch die Zuwanderung jüngerer Frauen (allein in den 1970er Jahren hatten 15 Frauen aus Paris, der Normandie und der Bretagne in das Bergdorf eingeheiratet) vervierfachte sich die Zahl der schulpflichtigen Kinder von lediglich 8 im Jahr 1953 auf 31 im Jahr 1982 (André 1983). Bonneval wurde zu dieser Zeit als Beispiel angeführt für ein Dorf, das es geschafft hatte, gleichzeitig mit dem Aufbau des Tourismus seine Landwirtschaft und seine Seele zu erhalten (Gottar 2005, S. 200).

Im Rahmen unserer aktuellen empirischen Erhebungen zeigten sich sowohl bei den Bautätigkeiten als auch bei den Befragungen der Einheimischen und der Touristen teilweise deutliche Unterschiede zu Val d´Isère. Signifikant war der mit 50 Prozent sehr hohe Anteil an Tagesbesuchern, die überwiegend aufgrund der Prädikatisierung Bonneval-sur-Arcs sowie der Naturraumpotentiale des Nationalparks anreisen. Die Übernachtungsgäste, die zumeist ein bis zwei Wochen bleiben, sind nahezu ausschließlich in Selbstversorgerappartements. Hierdurch ist die regionale Wertschöpfungsquote relativ gering; zwei Dritteln reicht ein Tagesbudget von höchstens 50 Euro. Die absolute Mehrzahl der Touristen war mit dem touristischen Angebot und der Infrastruktur zufrieden. Auffällig ist der relativ geringe Anteil junger Besucher, der u.U. mit dem im Sommer eher einseitigen Wanderangebot zusammenhängt. Bei den Einheimischen fällt, vor allem im Unterschied zu Val d´Isère, die langjährige Wohndauer auf (75 Prozent leben bereits über 30 Jahre bzw. seit ihrer Geburt in Bonneval-sur-Arc). Im Unterschied zu Val d´Isère äußerten sich die Einheimischen jedoch zurückhaltend skeptisch in Bezug auf die weitere Entwicklung der eigenen Gemeinde. Da kaum (bauliche) Entwicklungsmöglichkeiten gesehen werden, bestehen wenig Perspektiven für die jüngere Generation.

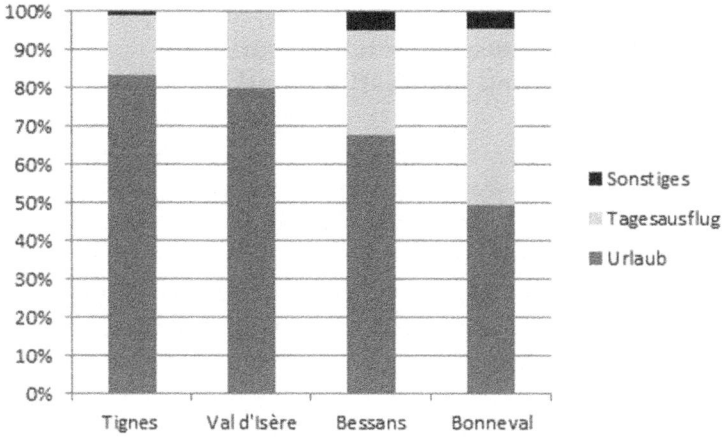

Abbildung 12   Anteil der Urlauber und Tagesausflüglern in den vier Untersuchungs-
orten (Eigene Erhebungen) (2006 und 2007).

10   Naturschutz als Machtfaktor

Aufgrund seines hohen Artenreichtums, speziell aber für den Schutz der hochgradig bedrohten Steinbockpopulation, wurde die Vanoise 1963 als erster französischer Nationalpark ausgewiesen. Zusammen mit dem unmittelbar angrenzenden italienischen Nationalpark Gran Paradiso bilden die beiden Parks mit einer Gesamtfläche von 123.000 Hektar das größte zusammenhänge Schutzgebiet in Europa (Merlen 1997, S. 8). Die staatlich kontrollierte Kernzone des Parks umfasst 53.000 Hektar. Hier sind jegliche bauliche, aber auch jagdliche Aktivitäten verboten. Für die Randzone, welche insgesamt 145.000 Hektar sowie 28 Kommunen mit insgesamt 30.000 Einwohnern (Gottar 2005, S. 191) integriert, ist das Département zuständig. Hier ist ein Ausbau der touristischen Infrastruktur u.U. möglich. Die Ausweisung des Nationalparks war von Beginn an stark umstritten (Wich et al. 2013, S. 57), u. a., da die Schutzbestimmungen der Kernzone als zu strikt, als „hyperprotegé" (wörtlich ‚überbeschützt') (Filion; Dondey 2007) empfunden wurden. Eine negative Grundstimmung entstand vor allem dadurch, dass die Kommunen den Eindruck gewannen, dass menschliche Aktivitäten als nachrangig behandelt wurden. Diesem Eindruck soll durch die Novellierung der gesetzlichen Grundlagen im Jahr 2006 entgegengewirkt werden. Hierdurch wird u. a. eine Entwicklung angestrebt, die von der seitherigen stark regelnden Segregation in Verbindung mit Widerständen der Betroffenen zu

einem Integrationsansatz mit freiwilligen Kooperationen führen soll. Aktuelle Konflikt-
potentiale liegen sowohl in der Wiedereinwanderung des streng geschützten Wolfes, was
trotz der garantierten Ausgleichszahlungen für gerissene Weidetiere sehr kontrovers diskutiert wird, als auch in touristischen Ausbauplänen (vgl. Abschnitt 11).

11 Aktuelle Machtkämpfe zwischen Intensivtourismus, Landschaftsbewahrern und dem Nationalpark

Obgleich Bonneval-sur-Arc mehrfach prädikatisiert wurde und die Besucher die ge-
lebte Bergbauernrealität mit einer regionalen Produktvermarktung und integrativen
touristischen Angeboten wertschätzen, treten zunehmend Konfliktfelder zu Tage. Die
touristische Saison ist im Sommer auf wenige Wochen beschränkt, in denen durch hohe
Besucherkonzentrationen an beliebten Wanderwegen deutliche Nachhaltigkeitsdefizite
entstehen. Der Schwerpunkt der touristischen Wertschöpfung liegt, trotz der National-
parkpotentiale und der Prädikatisierung des historischen Dorfkerns, im Winter. Hier
genügt das vergleichsweise kleine Skigebiet jedoch den wachsenden Ansprüchen der
Kunden immer weniger. Ausbaupläne werden sowohl durch naturräumliche Ungunstfaktoren (Relief, Lawinengefährdung) als auch durch den Nationalpark eingeschränkt.
Bereits in den 1980er sowie 1990er Jahren war eine Anbindung an die großen Skigebiete
von Val d'Isère in Diskussion, scheiterte jedoch jeweils an erheblichen Widerständen
des damaligen Bürgermeisters sowie Teilen der Bevölkerung (Gottar 2005, S. 205). 2012
jedoch reichte die Gemeinde Bonneval einen Antrag ein, mittels einer Seilbahn, die den
Nationalpark Vanoise überqueren würde, ein großes zusammenhängendes Wintersport-
gebiet zu schaffen und die Angebote der Tarentaise und des Maurienne zu verbinden. Die
Gefahr besteht, dass Bonneval, welches als Emblem einer nachhaltigen ökonomischen
Entwicklung hochalpiner Regionen gilt, sich zu einem großen Park- und Schlafplatz für
Val d'Isère entwickeln und seine Identität als eines der schönsten Dörfer Frankreichs ver-
lieren würde. Der durch rein tourismuswirtschaftliche Machtkonstellationen ausgelöste
Landschaftswandel wäre gravierender als die Veränderungen der letzten Jahrzehnte. Eine
Spaltung der Bevölkerung in Befürworter und Gegner dieses Großprojektes ist bereits
weit fortgeschritten. Mittlerweile hat sich eine Findungskommission unter Beteiligung
des Nationalparks gebildet, die nach anderen zukunftsfähigen Lösungen sucht (Courriel
à Reporterre 2012).

12 Fazit

Die Entwicklungen in den hochalpinen Tourismusorten am Rande des Nationalparks
Vanoise im Verlauf vor allem des letzten Jahrhunderts zeigen exemplarisch die engen
Zusammenhänge zwischen jeweils aktuellen Machtkonstellationen, den aufgrund des
jeweiligen Zeitgeistes vorherrschenden Vorstellungen einer geeigneten (tourismus-)öko-

nomischen Entwicklung und den beteiligten Akteursgruppen auf. Besonders markant ist dies einerseits an der großflächigen wintertouristischen Erschließung zu erkennen, die nahezu ausschließlich von Akteuren außerhalb der Region initiiert, geplant und verwirklicht wurde, so dass die einheimische Bevölkerung dies als „Aufoktroyierung" empfinden musste (Wich et al. 2013, S. 63), obgleich nur durch diesen intensiven Tourismus ein demographisches Ausbluten der Region hatte verhindert werden können (Wich et al. 2013, S. 73). Andererseits ist dies auch am Beispiel der ebenfalls extern initiierten Ausweisung des Nationalparks, der teilweise gleichfalls als aufgezwungen empfunden wurde (Laslaz 2004) und der bis heute andauernden Konflikte zwischen touristischer Erschließung und Naturschutz zu sehen. Das Beispiel des kleinen Grenzortes Bonneval-sur-Arc kann exemplarisch für den erheblichen Einfluss stehen, den ein einzelner Visionär (in diesem Fall der frühere Bürgermeister Gilbert André) auf die lokale Landschaftsentwicklung nehmen kann, andererseits aktuell aber auch für die äußerst komplexen und vielschichtigen, differierenden gesellschaftlichen Ansprüche und Erwartungen an die begrenzte Ressource Raum. Da allseits akzeptierte integrierte Konzepte für die zukünftige Landschaftsgestaltung fehlen, muss sich am Beispiel des aktuellen Konfliktes zwischen Tourismus und Naturschutz zeigen, welche Akteursgruppen sich letztendlich durchzusetzen vermögen.

Literatur

Blanchard, R. (1943). *Les Alpes Occidentales.* Bd. 3. Les grandes Alpes françaises du Nord. Grenoble: B. Arthaud.

Courriel à Reporterre (2012). *Un projet de téléphérique menace de balafrer le parc de la Vanoise* http://www.reporterre.net/spip.php?article2715. Zugegriffen: 29. März 2014.

Diebold, C. (1973). Il y a quarante ans … Val d'Isère, *Revue officielle de la station de Val d'Isère*, 28-29.

Disterheft, D. (2009). *Tourismusentwicklung in den französischen Westalpen. Regionale Fallstudien in Val d'Isère, Tignes, Bessans und Bonneval-sur-Arc.* Tübingen : unv. Staatsexamensarbeit am Geographischen Institut der Universität Tübingen.

Filion, R., Dondey, T. (2007). Interview geführt am 24. August 2007 in Bessans.

Gex, F. (1922). *La plus haute commune de Savoie. Val d'Isère (1846m) et la Haute-Tarentaise.* Chambery: Impr. Réunies.

Gottar, J. (2005). *Bonneval-sur-Arc Les Seigneurs de l'Alpe.* Montmélian: La Fontaine de Siloé

Gros, A. (1928). Bessans. *Travaux de la Societé d'Histoire et d'Archéologie de Maurienne (7),* 101-114.

Hannß, C. (1984). *Neue Wege der Fremdenverkehrsentwicklung in den französischen Nordalpen Die Antiretortenstation Bonneval-sur-Arc im Vergleich mit Bessans (Hoch-Maurienne).* Tübinger Geographische Studien, Heft 89. Tübingen : Eigenverlag.

Hannß, C. (1974). *Val d'Isère Entwicklung und Probleme eines Wintersportplatzes in den französischen Nordalpen.* Tübinger Geographische Studien, Heft 56. Tübingen. Eigenverlag.

Heinzler, W. (1998). *Veränderungen des Landschaftshaushaltes auf den Skipisten von La Plagne zwischen 1984 und 1993.* Tübingen : Universität Tübingen, Dissertation.

Laslaz, L. (2004). *Vanoise 40 ans de Parc National Bilan et perspectives.* Paris: L' Harmattan

Letourneux, A. (1978). Bonneval-sur-Arc lives. *Naturopa,* 7-10.

Löffler, C. (1982). *Bonneval-sur-Arc als Antistation zu den Retortenwintersportorten.* Tübingen : unv. Staatsexamensarbeit am Geographischen Institut der Universität Tübingen.

Luger, K., & Rest, F. (2002). Der Alpentourismus. Konturen einer kulturell konstruierten Sehnsuchtslandschaft. In K. Luger & F. Rest (Hrsg.), *Der Alpentourismus Entwicklungspotentiale im Spannungsfeld von Kultur, Ökonomie und Ökologie* (S. 11-47). Innsbruck: Studien-Verlag.

Megerle, H. et al. (in prep.). Differierende Ansätze der Regionalentwicklung und Transformationsprozesse im französischen Alpenraum; Darstellung anhand der Fallbeispiele Val d'Isère und Tignes (Tarentaise) sowie Bonneval-sur-Arc und Bessans (Maurienne). In H. Megerle & L. Vollmer (Hrsg), *Geographie in Wissenschaft und Praxis,* Bd. 4. Rottenburg: Kersting-Verlag.

Megerle, H. (2011). Handlungskonzepte ländlicher Kommunen in den französischen Hochalpen Innovative Regionalentwicklung oder Musealisierung? *Der Bürger im Staat, Heft1/2,* 66-71.

Megerle, H. (2008). Present-Day Development Processes in the Inner City of Marseille: Tensions between Upgrading and Marginalisation. *Die Erde, 139,* 357-378.

Merlen, E. (1997). *Altitudes de Vanoise A la découverte d'un parc national.* Grenoble: Editions Didier Richard

Onde, H. (1942a). La nature du peuplement en Maurienne et en Tarentaise Les hommes et les types humains. *Revue de Géographie Alpine, 30, Heft 1,* 51-123.

Onde, H. (1942b). Les mouvements de la population en Maurienne et en Tarentaise (suite). *Revue de Géographie Alpine, 30, Heft 3,* 487-567.

Onde, H. (1934a). L'équipment touristique de la Savoie vers l'achèvement de la route des Alpes. L'ouverture de l'Isèran. *Revue de Géographie Alpine, 22,* 237-249.

Onde, H. (1934b). Le malaise économique en Savoie au milieu du XIXe siècle. Le cas de la Tarentaise. *Revue Savoisienne,* 28-42.

Parc nationale de la Vanoise (1999). Atlas du Parc National de la Vanoise http://www.parcsnationaux. fr/layout/set/fiche/content/view/full/7601. Zugegriffen: 29. März 2014.

Pletsch, A. (2003). *Frankreich Geographie, Geschichte, Wirtschaft, Politik*, Darmstadt: Wissenschaftliche Buchgesellschaft.

Reymond, J., & P. Robert-Diard (1992). *Tignes, mon village englouti*. Paris: Edition Payot.

Serraz, G. (1980). Le cas du Bonneval-sur-Arc: Voyage au pays des neiges et du silence. *Vie Nouvelle, Ausgabe vom 16.05.1980*, 3.

Thirault, E. (2006). Bessans/ la Teha (Savoie): présence néolithique à haute altitude (2250 m) sur les itinéraires transalpins. *Bulletin de la Société préhistorique française, 103, Heft 4*, 797-799.

Tochon, P. (1872). Histoire de l'Agriculture en Savoie. *Mémoires de l'Académie des Sciences, Belles Lettres et Arts de Savoie, seconde série, 12*, 35-287.

Tracq, F. (2000). *La Mémoire du vieux village La vie quotidienne à Bessans*. Montmélian: La Fontaine de Siloé

Verneilh, J. (1896). *Dictionnaire topographique du département de la Savoie*. Paris: Testu

Wich, J., Mayer, M., & Job, H. (2013). 50 Jahre Nationalpark Vanoise – eine Analyse aus regionalgeographischer Perspektive. *Jahrbuch des Vereins zum Schutz der Bergwelt*, 57-78.

Erfahrung und soziale Teilhabe

Ethnologische Perspektiven auf den Konflikt um nachhaltige Formen der Landnutzung

Leonore Scholze-Irrlitz

„Landschaftsbilder sind … nicht nur Abbilder, sondern die Welt im kleinen, Mikrokosmen."
Karl Schlögel (2003, S. 284)

Zusammenfassung

Im Mittelpunkt steht die Frage nach der Genese sozialer Teilhabe am Beispiel des größten biologisch-dynamischen Agrarbetriebes Deutschlands nach 1990, angesiedelt im brandenburgischen Dorf Brodowin. Unter Bezugnahme auf historische Umweltproteste sowie Bodenbesitzverhältnisse weit vor der ‚Wende' geht es darum, ob tradierte Denk- und Handlungsansätze gewissermaßen eine Basis bildeten, von der aus im Umbruch neue Strukturen entstanden, mit Hilfe derer regionale Akteure ihr Erfahrungswissen auch praktisch zu neuer Entfaltung bringen konnten.

Wissen und Erfahrung, aber auch Eigentumsverhältnisse wirkten im ‚Moment' der beginnenden Systemtransformation als Katalysatoren und schmiedeten darüber hinaus Beteiligte unterschiedlicher Gruppierungen zu Netzwerken mit sozialen und politischen Ambitionen zusammen. So entstanden vor Ort konkrete Teilhabemöglichkeiten, obwohl die ökonomischen Voraussetzungen nach dem Wechsel der Staatsform sowie der Implementierung des ‚Landwirtschaftsanpassungsgesetzes für Ostdeutschland' alles andere als günstig waren. Dies bot den Beteiligten die Chance, die Wiedervereinigung nicht nur als Auswirkung von Machtstrukturen gewissermaßen zu erleiden, sondern ihr eine eigene Erfahrungs- und Handlungsgrundlage entgegenzusetzen.

1   Einleitung

Ausgehend von Untersuchungen zu Transformationsprozessen am Beispiel ländlicher Gemeinden in Ostdeutschland geht es im Folgenden um die Frage, wie schon in den 1970er/80er Jahren erworbene Erfahrungen mit den Auswirkungen einer intensiv betriebenen Landwirtschaft in der Region im Kontext der Wiedervereinigung seit 1990 eine neue, handlungsleitende Bedeutung erlangten. Dieser Beitrag nutzt Forschungsergebnisse, die – zeitweise gemeinsam mit Studierenden im Projektstudium – im Dorf Brodowin erhoben wurden.[1] Die Gemeinde liegt im Nordosten Brandenburgs und zählt zur geografisch-historischen Landschaft des Barnim. Diskutiert wird der Einfluss tradierter Besitz- und Umgangsweisen mit Ackerboden und Landschaft auf die Teilhabe am sozialen Leben, sichtbar an bestimmten Anschauungen und Überzeugungen, aber auch an konkreten landwirtschaftlichen und Alltagskenntnissen und deren aktiver Umsetzung. Lässt sich konkreten Erfahrungen mit Boden und Landschaft regional Prägendes in der Phase der Systemtransformation zuschreiben? Welche sozialen Gruppierungen waren unter den neuen juristischen, ökonomischen und sozialen Machtkonstellationen in welcher Art betroffen und wie wirkten sich die lange eingeübten Verhaltensweisen auf den Umbau einer industriell ausgerichteten Landwirtschaftlichen Produktionsgenossenschaft (LPG) zum ökologischen Landwirtschaftsbetrieb und dessen spätere Akzeptanz aus? Vor allem aus Arbeits- und Eigentumserfahrungen stammende soziale Teilhabemöglichkeiten sind nicht zu unterschätzen, will man auch gegenwärtige Konflikte sowie Perspektiven ökologisch-nachhaltiger Agrarproduktion in ländlichen Gemeinden verstehen.

Verwendet wird hier ein aus der Empirie gespeister Erfahrungsbegriff, der sich auf die Resultate praktischer Aushandlungsprozesse bezieht. Praxis im Bourdieu'schen Sinne bedeutet zudem, dass man sich weder monokausal auf bestimmte bürokratische und Gesetzesstrukturen – wie die der landwirtschaftlichen Produktion in der DDR oder die durch das Landwirtschaftsanpassungsgesetz (LAPG) für Ostdeutschland neu geschaffenen juristischen, ökonomischen, politischen usw. Bedingungen – stützen noch einen ausnahmslosen Niederschlag rein gelebter Erfahrungen dafür heranziehen kann. Werner Schiffauer (2004, S. 506) verweist ausgehend von P. Bourdieus Praxistheorie darauf, dass „das bloße Wissen von Regeln noch keinen kompetenten Spieler macht" und sich somit der „Prozess der Aneignung oder vielmehr Inkorporierung von Strukturen" sowie darauf bezogener Soziallagen „im Aufbau praktischer Kompetenz und gekonnter Regelbeherrschung äußert". Dafür wiederum ist eine finanzielle Grundlage nötig, insofern bezeichnet soziale Teilhabe die Chance, zunächst auf der Basis eines Einkommens seine Grundbedürfnisse zu befriedigen, um dann mit den für das Individuum daraus entstandenen Handlungsoptionen für die weitere Entfaltung bzw. Entwicklung des

---

1   Darüber hinaus wurden weitere Untersuchungen in Wallmow/Uckermark (2005-2007) und in Rühstädt/Prignitz (2009-2011) sowie im deutsch-polnischen Grenzgebiet in der Uckermark (2013-2014) unternommen. Außerdem beinhaltet die Tätigkeit der Landesstelle für Berlin-Brandenburgische Volkskunde seit 1995 eine permanente Arbeit zu ethnologischen, kulturhistorischen und sozialanthropologischen Themen in Brandenburg, u.a. auch in Kooperation mit Museen, anderen Kulturinstitutionen und Vereinen. Auf dieser breiten und langjährigen Basis von Erkenntnissen, in der Ethnologie auch als „permanent field side" bezeichnet sowie der Arbeit in Kreis- und Landesarchiven beruhen die in diesem Aufsatz über das Beispiel Brodowin hinaus herangezogenen Daten und Resümees. Zudem war die Autorin von 1991-1994 als Leiterin des Regionalmuseums Burg Beeskow im Landkreis Oder-Spree für die Konzipierung und Realisierung von Ausstellungen verantwortlich. Dies alles bildet ein Vorwissen und die Basis auch impliziter Annahmen für diesen Aufsatz.

Gemeinwesens – immer eng an die intrinsische Motivation des Einzelnen gebunden – sorgen zu können.

Das soll nachfolgend am Beispiel Brodowins untersucht werden, einem Dorf, in dem der mit 1.250 Hektar Nutzfläche größte, nach biologisch-dynamischen Prinzipien wirtschaftende Landwirtschaftsbetrieb[2] in Deutschland besteht. Interessant ist dabei auch, wie sich eine Gemeinde mit ihrem ökologischen Agrarbetrieb trotz des Einflusses globaler Entwicklungen nach der ‚Wende' doch anders entfaltet hat, als es der offizielle Trend für Brandenburg mit seinem Dorf- und Betriebssterben hätte erwarten lassen können: nämlich hinsichtlich von Bevölkerungszuzug oder der Entstehung von Arbeitsplätzen deutlich positiv.[3] Anfangs allerdings schien diese positive Entwicklung in Brodowin in einem eigenartigen Gegensatz zu manchen Überzeugungen der am Umformungsprozess Beteiligten zu stehen. So meinte ein siebzigjähriger ehemaliger LPG-Schlosser: „Heute ist der Krieg da unter den einzelnen Menschen. Weil der eine Arbeit hat, der andre keine. Am schlimmsten ist das jetzt mit dieser Ökolandwirtschaft."[4] Solche Bemerkungen ergänzten andere interviewte Dorfbewohner dahingehend, dass wohl alte Seilschaften am Werke wären, in deren Sinne der Geschäftsführer des Betriebes nur bestimmte ehemalige LPG-Mitarbeiter beschäftigen würde. Dieser Mann, vor 1990 selbst Agrochemiker in der LPG, würde zudem kein richtiges Durchsetzungsvermögen haben, so dass sogar gut qualifizierte neue Arbeitskräfte den Betrieb häufig wieder verlassen würden. Und auch über die Landwirtschaftsentwicklung hinaus gab es Kritik: Manche Einwohner störten sich an „Leuten", die „wie im 17. Jahrhundert" leben wöllten, „andere wollen das nicht"; so in einer Debatte bei einer Einwohnerversammlung vorgetragen, die sich mit der Entwicklung des Wegenetzes für Autos, Fahrräder und Fußgänger im Gemeindebereich beschäftigte.[5] Bemerkungen dieser Art standen in einem eigenartigen Kontrast zum gut eingeführten ökologischen Landwirtschaftsbetrieb, der am Beginn unserer Bestandsaufnahme bereits seit mehr als zehn Jahren wirtschaftete. Auf der Suche nach Gründen für die oft kontroversen Anschauungen mancher Beteiligten zur Entwicklung Brodowins führte uns der Weg zurück in die 70er und 80er Jahre des vorigen Jahrhunderts.

---

2 Diese Produktionsweise zeichnet sich ausgehend von den anthroposophischen Überlegungen Rudolf Steiners durch sehr strenge und konsequente Kriterien im Sinne eines geschlossenen Stoffkreislaufes jeweils vor Ort aus. Die mit dem Demeter-Siegel zertifizierten Produkte erzielen gegenüber anderen regionalen Produktionsverbänden wie z. B. Bioland e. V. oder Gäa e. V. die höchsten Verkaufspreise im Naturkostbereich.

3 Genauere Zahlenangaben folgen im Text.

4 Siehe dazu ausführlicher in Nicole Möhle (2006, S. 80), die ausgehend vom kulturökologischen Raumorientierungsmodell nach Ina-Maria Greverus die unterschiedlichen Orientierungen von Individuen und Gruppen sowie die daraus hervorgehenden Konflikte untersucht hat.

5 Einwohnerversammlung am 25.4.2003, Feldnotizen der Autorin.

2   Zur Ausgangssituation im Untersuchungsgebiet

Zum Verständnis des Zusammenbruchs der DDR sei zunächst darauf verwiesen, dass die Wiedervereinigung ab 1990 mit einem tiefgreifenden Transfer von Institutionen, mit der juristischen und ökonomischen Verankerung der bundesrepublikanischen Modelle in den neuen Bundesländern einherging. Für viele Menschen in Ostdeutschland bedeutete dieser Umbruch eine Auflösung ihrer Betriebe sowie den Verlust von Arbeitsplatz und Einkommen, schien es ein Fall ins Bodenlose zu werden.[6] Damit einher ging auch eine Entwertung der eigenen Lebens- und Arbeitserfahrungen der vergangenen Jahrzehnte. Vollzugsmotor für die Umgestaltung der Landwirtschaft stellte das sogenannte Landwirtschaftsanpassungsgesetz dar, erlassen im Juni 1990.[7] Es sah im Zeitraum von nur 18 Monaten vor, alle LPGs aufzulösen und in andere Rechtsformen, die in der alten Bundesrepublik bereits vorhanden waren, zu überführen. Wo diese Umstrukturierung bis zum Ende des Jahres 1991 nicht durchgeführt werden konnte, war die Liquidierung der Betriebe vorgesehen. Wenn es allerdings gelang, die Schließung zu vermeiden, blieb als ein zentrales Problem für die Unternehmen immer noch die starke Reduktion von Arbeitsplätzen, ohne dass es dafür Ersatz in anderen Branchen gab. Es kam im Gegenteil zum Wegbrechen der weiteren wirtschaftlichen Basis, zu einer umfassenden „De-Ökonomisierung", wie Fabian Brauns (2007, S. 63) in Anlehnung an Christine Hannemann anmerkt.

Trotz einer weitgehend holzschnittartigen Umsetzung des erlassenen Gesetzes aber gelang es den Brodowinern, ihren Landwirtschaftsbetrieb in eine Agrar-GmbH mit strenger ‚ökologischer' Ausrichtung im Sinne des biologisch-dynamischen Landbaus zu überführen und damit überdurchschnittlich viele Arbeitsplätze zu erhalten. Folgende Fragen wurden daraus für den weiteren Forschungsgang entwickelt: Gab es für diesen Sonderweg womöglich historische Gründe? Waren vielleicht Erfahrungen mit einer Unterschutzstellung von Natur und Umwelt oder sogar mit Protest und Widerstand gegen Umweltzerstörung in den vorangegangenen Jahrzehnten für den Erfolg dieses anderen und ziemlich einmaligen Weges verantwortlich? Existierten alte Verbindungen zu kulturell und ökologisch ‚Gleichgesinnten', wie sie sich ab den 1980er Jahren in Umweltforen solidarisierten und für wirkmächtige Diskussionen um ökologische Landschafts- und Umweltfragen sorgten?

---

6   Die Zahl der Erwerbstätigen sank von 1989 bis 1994 von 9,8 auf 6,3 Millionen. Darauf verweisen Thiede und Hammelmann (2006, S. 23f.) im Rahmen ihrer Darstellung zu den Arbeitslosen in Brodowin und Janke (2006, bes. S. 50f.) in Interviews mit arbeitslosen Frauen in Brodowin. Tanja Busse (2001, S. 114ff.) zeigt das an einem Beispiel aus Mecklenburg-Vorpommern. Dort sind von den 187.000 vor 1989 in der Landwirtschaft und artverwandten Berufen Beschäftigten am Ende des Jahrtausends 24.000 übrig geblieben. „161.000 haben wir auf der Strecke gelassen, viele Frauen und junge Leute" (ebd., S. 116).

7   Es handelt sich um das „Gesetz über die strukturelle Anpassung der Landwirtschaft an die soziale und ökologische Marktwirtschaft in der Deutschen Demokratischen Republik" vom 29.6.1990.

Bevor darauf genauer eingegangen wird, soll die natürliche Lage des Landkreises Barnim, in dem das Dorf Brodowin liegt, kurz umrissen werden. Die Region beginnt ca. 60 km nördlich von Berlin und reicht im Osten bis an die Oder, der Grenze zu Polen. Die Landschaftsformen sind ein Ergebnis der letzten Eiszeit. Die Endmoräne ist gekennzeichnet durch kleine Hügel und Berge, durch mehr als 220 Seen mit Größen von mehr als einem Hektar sowie durch Moore und Kleingewässer. Deshalb wurden einzelne Naturdenkmale und Landschaftsteile bereits 1907 in einer ersten Welle der Unterschutzstellung beispielsweise als Moorgebiet ‚Großes Plagefenn' in den Schutzstatus erhoben (Gränitz/Grundmann 2002, S. 271f.). 1957, genau ein halbes Jahrhundert später wurde ein weiteres Gebiet mit einer Fläche von 1.700 Hektar in dieser Region als Landschaftsschutzgebiet ausgewiesen. Und noch 1990, kurz vor dem Ende der DDR kam ein weiteres großes Gebiet als UNESCO-Biosphärenreservat hinzu, welches die unterschiedlichen Schutzzonen auf zusammengenommen 129.100 Hektar ausweitete.[8]

Aber auch das baulich-historische Erbe in diesem Gebiet weist über die Region hinaus: hierzu gehört das Zisterzienserkloster Chorin, gegründet 1258/76 als östlichster Vorposten nach der Eroberung durch deutsche Herrscher in einem ehemals slawisch bewohnten Gebiet. In seiner Nachbarschaft entstanden später Dörfer wie Brodowin, relativ kleine Angerdörfer aus einstöckigen Fachwerkhäusern oder verputzten Ziegelhäusern aus dem 18./19. Jahrhundert, wie sie insgesamt für das Land Brandenburg typisch sind. So reich wie die Region an Natur und Kultur ist, so bescheiden allerdings erscheint sie beim Blick auf die agrarischen Bewirtschaftungsmöglichkeiten.[9] Der an Brodowin grenzende Parsteinsee etwa galt schon im Mittelalter als ‚See in staubiger Gegend' (stagnum parstum), Parsteyn selber bedeutet aus dem Slawischen übersetzt ‚Siedlung auf staubiger Erde' (Gränitz/Grundmann 2002, S. 162). Neben diesen naturräumlichen und baukulturellen Grundlagen war die Region auch für die wissenschaftliche Forschungsarbeit von Interesse. Mit Natur und Landschaft befasst war das ‚Institut für Bodenkunde' der ‚Akademie für Landwirtschaftswissenschaften der DDR', welches nach der Schließung der ehemaligen Forstakademie in Eberswalde seit 1962 an deren Standort untergebracht war. Wissenschaftler dieser Institution forschten in der Region, wohnten in den kleineren Städten und Dörfern der Umgebung und ein Teil von ihnen engagierte sich über die institutionell angebundene Arbeit hinaus vielfältiger im Untersuchungsgebiet.

---

8 Ausführlicher zur naturräumlichen Gliederung und zu den Etappen der Unterschutzstellung vgl. Gränitz/Grundmann (2002, S. 19-23, 52-55, 59-63 u. 172-177).

9 Die Ackerwertzahlen, die Auskunft über die Qualität des Bodens geben, werden in einer Skala von 7 bis 100 angegeben. Für Brodowin liegen sie nur zwischen 20 und 30, die Ausnahme bildet eine kleine Fläche mit Werten um die 50, sonst gibt es hauptsächlich Sande, die sprichwörtliche ‚Märkische Streusandbüchse'.

3 Ökonomisch-politische Aspekte in den 1970/80er Jahren in der DDR und in der Region

,Staubige Erde' – eine solche Gegend taugt wohl schwerlich zur Landwirtschaft noch dazu vor dem Hintergrund der ökonomischen Bedingungen in den 1970/80er Jahren in der DDR. Nachdem bis zum Ausgang der 1960er Jahre hinsichtlich der sozialistischen Ökonomie in ähnlichen Wachstumskategorien wie in Westeuropa gedacht wurde, entstand allmählich das generelle Problem, dass durch fehlende Umstrukturierung und Innovationsstau der Wirtschaft keine neuen Technologien eingesetzt werden konnten und somit die technologische Entwicklung stagnierte, auch auf dem Land. Ohne auf die Ursachen dafür hier näher eingehen zu können, waren damit auch die Weiterexistenz veralteter Hüttenwerke, Textil- und Papierfabriken sowie chemischer Betriebe verbunden, die Luft und Wasser – z. B. als ,saurer Regen' – verschmutzten (Blackburn 2007, S. 412f.). Sparsame Investitionen reichten nicht aus, um Veränderungen zu bewirken. 1973 kamen noch die Folgen der ersten Ölkrise hinzu, was auch für die DDR zu einer Erhöhung der Preise des aus der UdSSR importierten Erdöls und so zur verstärkten Nutzung fossiler Energieträger wie der Braunkohle führte (Hertle und Jarausch 2006, S. 26).

Im Bereich der Landwirtschaft versuchte man durch den effektiveren Einsatz von Maschinen den volkswirtschaftlichen Problemen zu begegnen. Es kam zur Bildung immer größerer Schläge und zur Ausräumung der Landschaft, d. h. zur Beseitigung von Hecken und anderem Grünbewuchs. Düngemittel- und Pestizideinsatz erwiesen sich zur Steigerung der Erträge als praktikabel. Weitere Maßnahmen für die Intensivierung der Landwirtschaft bestanden in der Trennung von Pflanzen- und Tierproduktion und ihrer Zuordnung zu unterschiedlichen Betrieben.[10] Auch das hatte enorme Folgen für die Umwelt. So heißt es beispielsweise 1981 in einem ,Bericht über die Auswertung von Landwirtschaftskontrollen im Bereich der Tierproduktion auf dem Gebiet des Umweltschutzes für die >LPG Brodowin< mit ihrem Betriebsteil Parstein': „Schweineobjekt: Dungplatten sind überlagert, Schweinegülle lagert im Gelände, Jauche fließt abwärts in Richtung Feuerlöschteich." Für die Wasserqualität des Sees und auch für das Trinkwasser hatte das Folgen, die im Bericht ebenfalls vermerkt werden: „Bei den Untersuchungen von Wasserproben aus den Trinkwasserproben wurde nachgewiesen, daß der Nitratgehalt in den letzten Jahren stetig angestiegen ist (…). Das hatte zur Folge, daß eine Reihe von Brunnen für die Versorgung mit Trinkwasser für Säuglinge und werdende Mütter ungeeignet ist. Aus gleichem Grunde musste das Wasserwerk Parstein stillgelegt werden."[11]

---

10 Zur Trennung von Tier- und Pflanzenproduktion siehe auch bei Bauerkämper (2002, S. 403).

11 Kreisarchiv Barnim, D. I. 185, Blatt 5, Bericht v. 9.2.1981. Als Ausdruck der sich immer mehr verschlechternden Umweltsituation kann auch der Erlass des ,Gesetzes zur Geheimhaltung der Umweltdaten' aus dem Jahr 1982 angesehen werden, vgl. Gilsenbach (1989, S. 102).

4   Erfahrung und Protest: Akteure und Aktionen

Die Erfahrungen mit der Veränderung von Landschaft und Umweltsituation teilten ganz unterschiedliche Einwohnergruppen in der Region. Die daraus entstehenden Verhaltensweisen und ihre Motivationen wichen allerdings stark voneinander ab. Nur einige wenige Beteiligte suchten zunächst nach Möglichkeiten, selber aktiv zu werden. Ziele dabei waren, Boden sowie Wasser und damit einzelne Biotope vor übermäßigen Stickstoffeinträgen zu schützen, die Ausräumung der Landschaft zu verhindern bzw. bereits beseitigte Hecken neu zu pflanzen, Baumbestände wieder anzulegen und damit Kulturlandschaft zu erhalten. Die zunächst latenten und seit dem Ende der 1970er Jahre immer stärker offen ausgetragenen Natur- und Landschaftsschutzkonflikte in der Region Barnim, verfochten u. a. von Biologen, Künstlern, Schriftstellern, Pastoren und weiteren Umweltaktiven, wirkten allmählich in immer breitere Schichten der Bevölkerung hinein. Dazu zählten bäuerliche und Verwaltungsmitarbeiter in den Agrargenossenschaften, LPG-Funktions- und politische Eliten aus der Sozialistischen Einheitspartei Deutschlands (SED) und aus den sog. Blockparteien (Demokratische Bauernpartei sowie Liberal-Demokratische Partei Deutschlands), lokale und regionale Eliten (Ortsbürgermeister und Vorsitzender der Kreisverwaltung) sowie Vertreter aus den sog. Massenorganisationen der DDR, wie sie etwa der ‚Verein der gegenseitigen Bauernhilfe‘ oder auch der ‚Kulturbund‘ darstellten. Freilich hatte in diesen Institutionen die Bedrohung durch Umwelt- und Landschaftsschäden andere traumatische Folgen bei den Mitarbeitern als bei den Umweltaktiven. Denn das politische Gruppenbewusstsein staatlicher Funktionsträger beinhaltete zwar die Zurückweisung der Kritik der Umweltaktiven an den ökonomischen und politischen ‚Grundlagen‘ der DDR. Da diese Menschen jedoch selbst in der Region ansässig waren, teilten sie mit den Kritikern notgedrungen auch die Realität von Unzulänglichkeiten und unübersehbaren Problemen (Kurth 1991, S. 118f.). Deutlich wird dies u. a. in der Protokollmitschrift zu einem ‚Gespräch des Vorsitzenden des Rates des Kreises H. Schmidt mit Pfarrern und Predigern des Kreises Eberswalde am 4.2.1983‘. Im Zusammenhang mit der dort von den Pfarrerinnen und Pfarrern geäußerten Kritik bezogen auf Umweltfragen und Lebensbedingungen der Menschen im ländlichen Raum geht hervor, dass die politisch Verantwortlichen im Kreis nicht genügend auf solche Kritik reagieren konnten und deshalb bei kommenden Zusammenkünften von vornherein Referenten gewonnen werden sollten, die eigene Themen besetzen „(d)amit ein bestimmtes Ausweichen auf kommunale Fragen von Anfang an unterbunden wird“. Weitere Schlussfolgerungen aus der von den Pfarrern geäußerten Kritik zur Umweltverschmutzung werden von den politisch Verantwortlichen dahingehend benannt: „Eine bestimmte Hinwendung zu Umweltfragen macht notwendig (…) in der staatlichen Leitung noch aussagekräftiger die Gewässer-, Luft- und andere Verschmutzungen zu erfassen.“[12] Solche widersprüchlichen Erfahrungen

---

12 Landeshauptarchiv Brandenburg, Akte: Rep. 601; Frankfurt/Oder, Nr. 24318, Protokoll
   vom 4.2.1983, S. 1-11, hier Seite 4f. Zu den Problemen, die sich aus der Loyalität gegenüber
   politischen Vorgesetzten und der realen Arbeit in einer Gemeinde ergaben, äußerte sich der

gewannen später große Bedeutung bei Entscheidungen über den Entwicklungsweg der Region nach dem Ende der DDR.

Für die Mitte der 1980er Jahre können in Brodowin vier Gruppierungen voneinander abgegrenzt werden, die eine strukturierte Aktivität entfalteten:

a) die ‚Dorfgemeinde' und ihr Bürgermeister, der ursprünglich aus einem Nachbarort stammte. Anzeiger der funktionierenden Dorfgemeinschaft waren zahlreiche gemeinsame Aktivitäten wie das Verlegen einer zentralen Wasserversorgung in Eigeninitiative, die Arbeit in unterschiedlichen Vereinen, auch zahlreiche Feste sowie besonders die Erarbeitung eines Ortsgestaltungskonzepts im Jahr 1986.

b) die ‚Landwirtschaftliche Produktionsgenossenschaft', in welcher der überwiegende Teil der Einwohner beschäftigt war. 1988 waren von 401 Einwohnern 246 Personen im arbeitsfähigen Alter, davon arbeiteten wiederum 199, also ca. 80 Prozent im Ort, wenn auch nicht ausschließlich in der landwirtschaftlichen Urproduktion.[13]

c) die Schriftsteller, Künstler wie Filmemacher und interessierte ‚Naturschützer', die ihren Zweitwohnsitz überwiegend in Brodowin hatten oder Dauercamper bzw. Urlauber auf einem naturnahen Campingplatz und zu einem Teil Mitglieder im Kulturbund der DDR waren.

d) die Gruppe um den sehr engagierten ‚Pfarrer', der auch über Brodowin hinaus um die Schaffung von Netzwerken bemüht war. Er war gemeinsam mit Schriftstellern und Naturschützern für die Organisation des sogenannten Brodowiner Kirchensommers ab 1981 verantwortlich, wobei neben musikalischen Darbietungen Lesungen und Diskussionen zu ökologischen Themen zunehmend im Mittelpunkt standen. Parallel dazu kamen Schriftsteller und Naturschutz- sowie Umweltinteressierte auch bei den sogenannten Brodowiner Gesprächen zu Wort, die ab 1980 speziell in der ‚Gesellschaft für Natur und Umwelt' unter dem Dach des schon genannten Kulturbundes einmal jährlich an unterschiedlichen Orten stattfanden.[14]

Man könnte die ersten beiden der genannten Gruppen als Etablierte, die beiden letztgenannten als Außenseiter bezeichnen, wie es Norbert Elias und John Scotson (1993,

---

ehemalige Bürgermeister von Brodowin – Horst Kroll – in den 1980er Jahren auch im Rahmen eines Gespräches mit der Autorin am 3.12.2003. Stephan Beetz (2004, S. 91) verweist bezogen auf die von ihm untersuchte Dorfentwicklung in der DDR darauf, dass die „Lernfähigkeit der Funktionseliten" schon seit der Mitte der 1960er Jahre darin bestand *„zugunsten eines sozialen Konsens zu arbeiten"* (Hervorhebung bei Beetz).

13 Kreisarchiv Barnim, D. I. 308, 23.11.1988 (Ratssitzungsmaterial). In der DDR übernahmen die LPGs neben ihrer eigentlichen landwirtschaftlichen Arbeit umfangreiche Aufgaben im infrastrukturellen und sozialen Bereich. Das reichte von Baudienstleistungen bis zur Kantinenversorgung der Rentner mit Mittagessen.

14 Die Einteilung in und Zuordnung zu den genannten vier Gruppen stellt das Ergebnis der Analyse der Autorin auf der Grundlage von Literatur- und Aktenstudien sowie von Gesprächen und Interviews in Brodowin dar.

S. 7-56) in ihrer Studie vorschlugen.[15] Es waren die beiden Außenseitergruppen, die sich dem Protest gegen die Umweltpolitik der DDR verpflichtet sahen und als Schutz vor Repressalien auch das Dach der Kirche oder die gesellschaftliche Massenorganisation Kulturbund mit nutzten. Ihr Protest, ihr artikulierter Widerspruch und geübter Widerstand waren ökonomisch und sozial motiviert.[16] Gemeinsam agierten sie aber auch mit allen anderen Gruppen z. B. bei der Ausarbeitung eines Landschaftspflegeplanes im Jahr 1984. Daran beteiligten sich „über zweihundert Ehrenamtliche, Wissenschaftler, Hobbyforscher, auch Leute aus Betrieben und LPG" (Kurth 1991, S. 122). Finanziert wurde alles vom ‚Rat des Kreises', fachlich angeleitet über die ‚Gesellschaft für Natur und Umwelt' im Kulturbund (ebd.). Eine Vermittlungsfunktion in Umweltfragen hatten dabei gegenüber den staatlichen Instanzen, aber auch gegenüber der unter dem Dach der Kirche agierenden Gruppe in mancherlei Hinsicht die Naturschützer inne.[17]

In den Konflikt platzte die Erfahrung des 9. November 1989, der Tag, an dem die Mauer fiel. Die genannten Gruppen wurden im Gefolge dessen um eine neue, wesentliche Gruppierung erweitert: Im Februar 1990 konstituierte sich auch in Brodowin ein ‚Runder Tisch'. Bewohner des Dorfes aus der Gruppe der Etablierten, besonders aber Mitglieder der den Außenseitern zuzuordnenden Gruppe der Schriftsteller, Künstler und Naturschützer sowie der Pfarrer mit Teilen der Kirchgemeinde waren vertreten und wurden zu Hauptakteuren in dieser Phase. Denn nur vier Monate nach der Bildung des ‚Runden Tisches' trat im Gefolge der Währungs-, Wirtschafts- und Sozialunion das schon erwähnte Landwirtschaftsanpassungsgesetz in Kraft. Die LPG Brodowin gab sich unter dem Druck der Ereignisse die Verfassung einer Agrar-GmbH. Den Beschluss dazu fassten die LPG-Mitglieder[18], zum großen Teil der Gruppe der Dorfgemeinde zugehörig, die auch einen neuen Vorsitzender für den Agrarbetrieb wählten. Damit allerdings hätte sich Brodowin zunächst nicht von anderen Gemeinden unterschieden. Diese Umwandlung war nur ein erster Schritt, der allein dieses Unternehmen nicht hätte retten können. Kam es doch für alle Produkte, hergestellt in Betrieben auf dem Territorium der DDR im Gefolge der Währungsunion zu einem rapiden Preisverfall, so auch für landwirtschaftliche Erzeugnisse. Um mit einer Agrar-GmbH überleben zu können, wurde die Suche nach einem neuen wirtschaftlichen Anfang zentraler Gegenstand jeglichen Handelns.

In dieser sich über einen Zeitraum von ungefähr drei Jahren erstreckenden Übergangsphase konnte die Gruppe der den ökologischen Protest in der DDR am offensten

---

15 Die Untersuchungen zu den Beziehungen in einer englischen Vorort-Arbeitergemeinde stammen aus der Zeit zwischen 1958 und 1960.

16 Ich übernehme die Zusammenführung der Bezeichnung der unterschiedlichen Widerstandsformen von Werner Giesselmann (1987, S. 50).

17 Dies zeigte sich auch bei den Brodowiner Gesprächen, in denen „streitbare Auseinandersetzungen zwischen Schriftstellern und Umweltexperten aus Wissenschaft, Wirtschaft, Technik, Staatsapparat" stattfanden. Siehe dazu Gilsenbach (1991, S. 112).

18 LPGs waren keine Betriebe, deren Land Staatseigentum war, sondern das Land gehörte juristisch nach wie vor den Mitgliedern, die es – vergleichbar mit einer langfristig gebundenen Verpachtung – in diese Genossenschaften eingebracht hatten.

Artikulierenden um den Pfarrer des Ortes und die in der Gruppe für Natur und Umwelt im Kulturbund Organisierten der ‚Brodowiner Gespräche' – also die ehemaligen Außenseiter – Vorschläge für einen ökologischen Weg des Betriebes entwickeln und dafür über ein Netzwerk Unterstützer gewinnen. Als Berater am ‚Runden Tisch' beteiligten sich auch ‚Experten' von außerhalb, aus Ost- und Westdeutschland (Rau 2000, S. 144).

Mit dem Weg in die Agrar-GmbH war eine weitreichende Entscheidung für die Entwicklung Brodowins unter den neuen ökonomischen, juristischen und sozialen Verhältnissen getroffen worden. Die Weichenstellung für den ökologischen Landbau erfolgte relativ einheitlich und eben unter Beteiligung des ‚Runden Tisches' als neuer Gruppierung, zusammengesetzt aus ehemaligen Außenseitern und auch einem Teil der Etablierten. Dazu fand auf einer Agrargenossenschafts- und Einwohnerversammlung 1991 eine Abstimmung statt. Ein großer Teil der Dorfbewohner, ca. 50 Personen, traten dem schon gegründeten Öko-Verein bei (Rau 2000, S. 144). Damit war eine Interessenvereinigung gegründet worden, die über den Kreis der zur Agrar-GmbH zählenden Personen hinausging, die deren Weg aber wesentlich mit unterstützte. Angefangen von Beratungen mit dem Ziel der Findung eines für die GmbH nötigen Investors bis hin zur Organisation vielfältiger Aktivitäten im Bereich der Landschaftspflege, besonders bei der Pflanzung von Wildhecken in der Gemarkung, reichten die Aktivitäten. Damit wurde der Öko-Verein auch zum Mittler zwischen dem sich neu ausrichtenden Betrieb und der größeren Dorfgemeinde. Ein wichtiger Schritt bei der Suche nach neuen Wegen war erfolgt – jedoch mancher Misston im Gewand einer Kritik der Öko-Landwirtschaft begleitete diesen Prozess und führt uns zurück zur anfänglich gestellten Frage nach den divergierenden Einschätzungen zum erfolgreichen Brodowiner Sonderweg.

5   Zwischen Ideologie und Realität

Heute machen manche aktuellen Darstellungen zu den Entwicklungen in postsozialistischen Gesellschaften in den Medien (Schlieter 2014) überdeutlich, dass die Forschung intensiviert werden muss, um vorschnelle Interpretationen zu vermeiden. Es bedarf schon verschiedener, regional untersetzter Untersuchungen, damit individuelle Enttäuschungen nicht eingleisig auf das Fortwirken alter Kaderstrukturen aus LPG-Zeiten oder auf neue Vetternwirtschaft auf der traditionellen Basis von Macht und Einfluss vor Ort geschoben werden. Am Beispiel Brodowin ist das möglich. Dort zeigen die im Kreisarchiv Barnim bzw. im Landeshauptarchiv Brandenburg zu findenden Quellen, namentlich die Gründungsurkunden der LPG Brodowin aus dem Jahr 1960 deutlich, auf welcher Basis die Nachwendeentwicklung mit ruht: Sie verzeichnen nämlich ganz akribisch, wer einstmals welches Land in die LPG eingebracht hat.[19] Demnach sind die

---

19 Siehe im Kreisarchiv Barnim, D. I. 3168, drei Blätter „Bodenreform. Verzeichnis der Neusiedler in der Gemeinde Brodowin", undatiert (1945) mit 181 Namen und dem Land- und Waldbesitz vor und nach 1945. Vgl. auch Landeshauptarchiv Brandenburg, Akte Rep. 208, Nr. 279.

Namen von damals weitgehend deckungsgleich mit denjenigen, die später in der Öko-Agrar-GmbH arbeiten. Für den untersuchten Zeitraum zwischen 1990 und 2010 also besteht ein Zusammenhang zwischen den neu eingestellten Mitarbeitern und dem alten Landbesitz ihrer Familien, dessen Wurzeln bis vor 1960, manchmal sogar bis vor 1945 zurückreichen.[20] Besitznachweise und Urkunden über Landeinbringung in die LPG führen somit auf die Spur von Pachtverträgen über Flächen, welche die heutige GmbH bewirtschaftet. Diese Verträge weisen ganz unterschiedliche Laufzeitlängen, über drei, fünf sowie über mehr als zehn Jahre auf. Pachtverträge mit der ,Treuhand', der Bodenverwaltungs- und Bodenverwertungsgesellschaft der Bundesrepublik, sozusagen der im Einigungsvertrag bestellten Konkursverwalterin des DDR-Volkseigentums, beinhalten für mehrere hundert Hektar kurze Laufzeiten. Mittlere Laufzeiten von unterschiedlich großen Landstücken sollen hier nicht interessieren. Jedoch ganz offensichtlich ist, dass die Verpächter der Flächen mit einer über 10-jährigen Laufzeit weitgehend mit den ,Brodowinern' übereinstimmen, die zum Zeitpunkt der Erhebungen in der Öko-Agrar-GmbH beschäftigt sind.[21]

Wie ist das zu bewerten: Für das verlässliche Funktionieren eines Ökobetriebes mit seinen mehrjährigen Anbauplänen sind lange Laufzeiten für die gepachteten Flächen substanziell. Die neu eingestellten Mitarbeiter nun hatten eigenes Land zu bieten, welches sie nach 1990 mit der Auflösung von DDR und LPG juristisch von der Genossenschaft zurückerhalten hatten und jetzt langfristig verpachten konnten. Sie waren zuvor Arbeitskräfte in der LPG und wurden nun Angestellte in der neu gegründeten Agrargenossenschaft. Ein anderer Teil der ehemaligen LPG-Beschäftigten allerdings wurde 1990/91 arbeitslos. Denn von ehemals 100 Mitarbeitern waren 1992 nur noch 36 übrig (Lippmann 1992, Film). Zumal konnte der neue Betrieb im Unterschied zur alten Genossenschaft bloß noch eine kleinere Zahl von Arbeitskräften gebrauchen. Daher wählte er aus dem Pool der Arbeitskräfte zunächst erst einmal diejenigen aus, die überhaupt Land und dann möglichst lange in den neuen Agrarbetrieb einbringen konnten. Die berufliche Qualifikation kam erst an zweiter Stelle. Insofern war die Einstellungspraxis weniger von persönlichen Präferenzen bestimmt, sondern hing auch in Brodowin mit dem Boden als grundlegendem Produktionsmittel für die Landwirtschaft zusammen. Demnach ist jeder Betrieb zuallererst auf ,Flächen' angewiesen, egal, ob er sie selber besitzt oder pachten muss. Doch für den ökologischen Landbau ist diese Abhängigkeit noch wesentlich größer als bei konventionell wirtschaftenden Betrieben. Denn sein Funktionieren hängt in erster Linie von den pflanzlichen Wachstumsgrundlagen ab, die ausschließlich im Boden mit erzeugt werden müssen, ohne auf die im konventionellen Landbau übliche Substitution mittels mineralischer Düngergaben u. ä. zurückgreifen zu können. Stattdessen wird mit Fruchtwechselfolgen und Anbauplänen gearbeitet, die über fünf bis sieben Jahre im

---

20 Katasteramtliche Mutterrolle zu Hofkarten des Reichsnährstandes 1941-1942, Kreisarchiv Barnim, Gemeinde Brodowin, D. I. 2782.

21 Dies bestätigt sich auch im Gespräch mit Konrad J. am 19.8.2003.

Voraus den Feldfruchtanbau bestimmen.[22] Die von der Treuhand angebotenen Flächen sind dafür schlecht geeignet, denn wollte man sie wenigstens zeitweise in das Fruchtwechselregime integrieren, wäre ein überdurchschnittlich hoher Arbeitsaufwand bei der Erstellung eines entsprechenden Anbauplanes und zudem eine extreme Abhängigkeit von der Bodenpolitik der Treuhand die Folge.

6   Fazit

Die Frage nach Erfahrung und sozialer Teilhabe von Menschen im ländlichen Raum erfordert ein komplexes Forschungssetting. Neben dem Blick auf aktuelle gesamtgesellschaftliche Phänomene erweist es sich als notwendig, historische Bedingungen auf einer breiten Quellengrundlage mit zu beachten, um zu belastbarem Material zu kommen. Brodowin ist dafür ein Beispiel. Die Erfahrung historischer Umweltproteste führte in der Situation des politischen und ökonomischen Umbruchs zu Denk- und Handlungsansätzen, aus denen neue Strukturen entstanden. Wichtig war dabei das Vorhandensein einer sozialen und intellektuellen Basis, mit Hilfe derer die regionalen Akteure ihr Wissen in Theorie und Praxis zur Entfaltung bringen konnten. Im ‚Moment' der beginnenden Systemtransformation wirkte dies wie ein Katalysator und schmiedete Etablierte und Außenseiter als Akteure in einem Netzwerk zeitweise zu einer sozialen und politischen Bewegung zusammen. Daraus entstanden neue Teilhabemöglichkeiten für alle Betroffenen, obwohl die politischen Bedingungen und die ökonomischen Voraussetzungen nach dem Wechsel der juristischen und Eigentumsverhältnisse sowie dem darauf folgenden Preisverfall bei landwirtschaftlichen Produkten alles andere als günstig waren.[23]

Praktisches Wissen beruht auf Kenntnissen über je entsprechende Verfahrensabläufe, auf Wertungen und Unterscheidungen, die übergreifenden kulturellen Rahmungen entstammen. Vorwissen erhält auf diesem Wege Bedeutung und findet in der Umsetzung im Alltag seinen Ausdruck. Karl Hörning (2004, S. 150) beschreibt, dass das Besondere dabei ‚motivationale Elemente' sind, die Handlungsentscheidungen mit bestimmen und auf diese Weise auch die kulturellen Rahmungen verändern und neue Wege eröffnen, „Dinge anders zu tun und einzuordnen als bisher". In diesem Sinne wurde der 1991

---

22 Nach den Angaben von Rudolf Steiner, dem Begründer der Anthroposophie, mehr aber noch nach den Erfahrungen im Demeter-Anbau in den vergangenen 90 Jahren geht man hier davon aus, dass nur durch lange Fruchtwechselfolgen die biochemischen und biophysikalischen Grundlagen für eine stabile Bodenzusammensetzung erhalten bleiben. Nur so erschöpft sich der Boden nicht und es wird im nachhaltigen Sinne auch in Zukunft landwirtschaftlicher Anbau auf diesen Flächen mit denselben Qualitäten möglich sein (Vogt 2000, S. 228ff.).

23 „Es war meine bitterste Erfahrung (…), wir Landwirte (hatten) plötzlich mit einem wahnsinnigen Preisverfall zu kämpfen", beschreibt der Agraringenieur Till Backhaus, der 1998 zum Minister für Ernährung, Landwirtschaft, Forsten und Fischerei in Mecklenburg-Vorpommern berufen wurde, die Situation nach 1990 (Busse 2001, S. 113f.).

von Umweltaktiven neu gegründete Ökoverein von einer kontinuierlichen Erweiterung seiner Kompetenzen und Gepflogenheiten durch seine in ihm Mitarbeitenden bestimmt, er geriet zu einem organisatorischen Sammelbecken für Ortsansässige und Auswärtige, die dort Austausch und Dialog suchten. In der Folge entstand eine bewährte Handlungs- und Entscheidungsbereitschaft im schmalen Korridor politischer Rahmenbedingungen aus Ereignissen und Gesetzen. Damit bekamen die Beteiligten die Chance, die polit-ökonomischen Bedingungen der Wiedervereinigung nicht nur als Auswirkung von Machtstrukturen zu erfahren und gewissermaßen zu erleiden, sondern dem ihr eigenes Wissen und Handeln entgegenzusetzen. Jean Lave bezeichnet in dem gemeinsam mit Etienne Wenger entwickelten Konzept solche Sozialgebilde als „Community of Practice". Das Lernen, die Weiterentwicklung der Fähigkeiten und Kompetenzen innerhalb sozialer Gruppen erfolgt ausgehend von Wissens- und Erfahrungsbeständen durch Prozesse der Partizipation (Lave, Wenger 1991, S. 17). Damit bietet sich den Teilnehmenden eine Gestaltungschance, die über den Status quo oder im konkreten Fall über einen einfachen Wechsel der juristischen Form (von der LPG zu einer im Bürgerlichen Gesetzbuch vorgesehenen Rechtsverfassung eines Betriebes entsprechend der Anforderungen aus dem LAPG) hinausreicht. Erhöhte dörfliche Einwohner- und Mitarbeiterzahlen im Agrarbetrieb und neue Einkommensquellen in Arbeitsbereichen wie Gastgewerbe und Tourismus geben dem Recht und führen letztlich wieder zu weiteren Optionen.

7   Ausblick

Über die hier detaillierter behandelte Frage nach den Chancen für soziale Teilhabe aus der eigenen Erfahrung von Menschen in einem räumlichen Feld heraus kann am Beispiel Brodowins auch deutlich gemacht werden, dass es in den neuen Bundesländern eine wesentlich höhere Abhängigkeit von der Entwicklung der Preise auf dem Bodenmarkt gibt – mit darüber hinaus reichenden und in ihren Wirkungen erst noch zu untersuchenden Folgen für die Entwicklung des ländlichen Raumes – , denn ca. die Hälfte der landwirtschaftlichen Nutzfläche ist von den bearbeitenden Agrarbetrieben nur gepachtet. In den alten Ländern ist das nur bei 1/8 der Flächen der Fall. In den neuen Ländern ist die Treuhand der größte Verpächter und seit Anfang des neuen Jahrtausends auch Landverkäufer. Die heute als Bodenverwaltungs- und Verwertungs-GmbH (BVVG) agierende Institution bietet momentan noch ca. 80.000 Hektar ehemals volkseigene Äcker, Wiesen und Wälder zum Verkauf an. Es erfolgt dabei eine solche Staffelung der Preise, dass landwirtschaftliche Nutzer benachteiligt werden. Zu den Käufergruppen gehören sogenannte Alteigentümer, dann kommen die Pächter landwirtschaftlicher Flächen und der Rest wird auf dem freien Markt angeboten. Die Hektarpreise betragen für die Alteigentümer 1.700 Euro[24], für die Pächter 4.000 bis 5.000 Euro und für Käufer auf dem freien Markt bis zu

---

24 Die Alteigentümer sind laut Einigungsvertrag von der Rückübertragung ausgeschlossen. So bliebe ein Rückkauf eigentlich nur zu Marktpreisen. Es bedürfte hier einer speziellen Recherche

12.000 Euro.[25] Die zuletzt genannten Preise für Flächen sind für Betriebe mit klassischer landwirtschaftlicher Produktion nicht zu schultern. Wirtschaftlich rentabel wäre dann lediglich noch Maisanbau z. B. für Biogasanlagen. Durch die aktuelle Verkaufspolitik allerdings stellt sich schon für konventionelle Agrarbetriebe, die mit größeren Flächen von Pachtland arbeiten, die Existenzfrage. Für ökologisch arbeitende Betriebe ist dies noch einmal in stärkerem Maße der Fall, ihre schon erwähnten langfristigen Anbaupläne sind so nicht umzusetzen. Aber auch die Fördermittel von Land, Bund und EU können nicht genutzt werden. Denn die Vergabe von Fördermitteln im Rahmen des ‚Europäischen Garantiefonds für die Landwirtschaft' setzt beispielsweise für die Landwirtschaft Pachtverträge von mindestens drei Jahren voraus, damit die sogenannten Anbauprämien fließen können. Der Verpächter aber, der sein Land womöglich zu einem frei gewählten Datum günstig verkaufen will, hat wiederum an kurzen Laufzeiten Interesse, um flexibel auf dem Bodenmarkt agieren zu können.

Dies alles ist nicht nur für die neuen Bundesländer spezifisch, da die Bodenpreise auch in den alten Bundesländern seit einigen Jahren explodieren, wie in dem Beitrag von Susanne Kost in diesem Band gezeigt wird. Trotz dieser in der Tendenz vorhandenen Gemeinsamkeiten gibt es aber Unterschiede, die für die zukünftige Entwicklung beider seit mehr als zwanzig Jahren vereinter Landesteile weitreichende Folgen haben können. Einer betrifft die Preisentwicklung: „(S)o mussten 2011 für Äcker und Felder in Ostdeutschland 19 Prozent mehr bezahlt werden als im Jahr zuvor. Im Westen lag das Plus bei neun Prozent."[26] Ein anderer ist, dass durch den zweimaligen Wechsel in den Eigentumsverhältnissen seit 1945 in den neuen Bundesländern die Bindungen an den Boden- und Hofbesitz möglicherweise geringer sind als in den alten Bundesländern. Das könnte sich auch bei den Verkäufen durch Erben nach dem Todesfall der Besitzer preislich auf dem Bodenmarkt bemerkbar machen. Außerdem hat seit dem Beginn der 1950er Jahre eine größere soziale Fluktuation aus den Dörfern stattgefunden. So waren Hof- und Landbesitzer und deren Erben noch in den 1950er Jahren nach Westdeutschland oder Westberlin gegangen. Doch in den 1960er und 1970er Jahren suchten die am Ort verbliebenen ehemaligen ländlichen Eliten für ihre Nachkommen Möglichkeiten, um Ausbildungsberufe oder auch Studienmöglichkeiten außerhalb der Landwirtschaft ergreifen zu können. Die Kindergeneration der Flüchtlinge und Umgesiedelten der Jahre nach 1945 – ein Teil von ihnen mit Land in der Bodenreform bedacht – versuchte daher das ‚Dorf' zu verlassen, was u. a. dazu führte, dass zum Ende der DDR viele Bodeneigentümer nicht mehr am ursprünglichen Ort wohnten.[27] Welche Einflüsse das einerseits auf die

---

auf der Basis juristischer Kenntnisse, warum diese Gruppe überhaupt aktuell zu vergünstigten Konditionen Land erwerben kann.

25 Info-Radio (2014). Zum Verkauf siehe auch: Bodenvertungs-GmbH (2014).

26 „Billiger wird's nicht. Die Nahrungsmittelpreise steigen nicht nur wegen der miesen Ernte, sondern auch auf lange Sicht." In: Berliner Zeitung, 21./22.9.2013, S. 9.

27 Siehe zur milieuspezifischen Betrachtung von Mobilität an Beispielen aus einer Region in Mecklenburg-Vorpommern über einen Zeitraum von mehr als fünfzig Jahren die Darstellung

Bindungen an den Landbesitz und andererseits auf die Bodenpreise hatte und hat, ist bisher kaum systematisch untersucht worden. Hier verstärkte Forschungsanstrengungen zu unternehmen wäre auch dahingehend nötig, um künftige Gleichheiten und Unterschiede in der Entwicklung der beiden Landesteile – Ost und West – in den kommenden Jahren besser gewichten und die Aufgaben politisch-ökonomischer Lenkung angemessen wahrnehmen zu können. Dass dies bisher nicht in notwendigem Maße geschehen ist, macht Gerald Braun vom Hanseatischen Institut für Unternehmertum und regionale Entwicklung an der Universität Rostock in einer umfangreichen Untersuchung mit dem Titel ‚Atlas der Industrialisierung der Neuen Bundesländer' an konkreten Beispielen deutlich und verweist auf die Folgen auch für zukünftige Entwicklungen in den beiden nunmehr vereinigten Landesteilen.[28] In den neuen Bundesländern ist ein stärkerer Bevölkerungsrückgang zu verzeichnen, ausgelöst nicht zuletzt durch den nach dem Mauerfall einsetzenden Prozess der Deindustrialisierung und verbunden mit den oben genannten Arbeitsplatzverlusten Anfang der 1990er Jahre. Begleitet wird das von einer Politik, welche die ländlichen Regionen insgesamt zum Verlierer einer ökonomisch-sozialen Entwicklung macht (Neu 2006, S. 15) und so die Deökonomisierungsprozesse nicht stoppt oder wenigstens verlangsamt. Um hier zu weiteren Erkenntnissen zu kommen, sollten neue Vergleiche zwischen den sogenannten alten und neuen Bundesländern auf empirischer Basis konzipiert und in übergreifende sowie auch europäisch vergleichende Forschungsvorhaben einbezogen werden.[29]

---

von Beetz (2004) insgesamt, für die hier angesprochenen Fragen bes. auch S. 154-163.

28 Der genannte Atlas ist zum Zeitpunkt der Drucklegung des vorliegenden Aufsatzes noch nicht verfügbar. Er wurde am 24.6.2014 von G. Braun im Beisein der Ostbeauftragten der Bundesregierung, Iris Gleicke, im Bundeswirtschaftsministerium in Berlin vorgestellt. Ausschnitte aus der Studie und der Präsentation hat Markus Decker in der Berliner Zeitung vom 25. Juni 2014 zusammengefasst.

29 Claudia Neu geht in dem genannten Text auf das generelle Problem der territorial ungleichen Entwicklung innerhalb der Bundesrepublik ein.

Literatur

Bauerkämper, A. (2002). *Ländliche Gesellschaft in der kommunistischen Diktatur. Zwangsmodernisierung und Tradition in Brandenburg 1945-1963*. Köln, Weimar, Wien: Böhlau.

Beetz, St. (2004). *Dörfer in Bewegung. Ein Jahrhundert sozialer Wandel und räumliche Mobilität in einer ostdeutschen ländlichen Region.* Hamburg: Krämer.

Blackburn, D. (2007). *Die Eroberung der Natur. Eine Geschichte der deutschen Landschaft.* München: Deutsche Verlags-Anstalt.

Bodenverwertungs-GmbH (2014). www.bund.de/.../BVVG/BVVG-Bodenverwertungs-und-verwaltungs-GmbH. html. Zugegriffen: 16. Mai 2014.

Brauns, F. (2007). *Erneuerbare Energien als gesellschaftlicher Entwicklungsfaktor. Am Beispiel einer ländlichen, peripheren Region in Brandenburg.* Berlin: Diplomarbeit am Institut für Soziologie der Freien Universität.

Busse, T. (2001). „*Der einzige praktische Landwirt im Arbeitskreis der letzten Volkskammer".* Till Backhaus, Minister für Ernährung, Landwirtschaft, Forsten und Fischerei in Mecklenburg-Vorpommern. In T. Busse. *Melken und gemolken werden. Die ostdeutsche Landwirtschaft nach der Wende* (S. 106-121). Berlin: Ch. Links.

Decker, M. (2014). *Glänzende Ausnahmen. Studie: Die Industrie in Ostdeutschland hat aufgeholt, aber noch immer gravierende Defizite zum Westen.* Berliner Zeitung, 25.Juni 2014.

Elias, N., & Scotson, J. L. (1993). *Etablierte und Außenseiter.* Frankfurt/M.: Suhrkamp.

Giesselmann, W. (1987). *Protest als Gegenstand sozialgeschichtlicher Forschung.* In W. Schieder, & V. Sellin (Hrsg.), *Sozialgeschichte in Deutschland. Entwicklungen und Perspektiven im internationalen Zusammenhang*, Bd. 3 (S. 50-77). Göttingen: Vandenhoeck.

Gilsenbach, Reimar (1991). *Der Minister blieb, die Grünen kommen. (November 1989).* In A. Herzberg (Hrsg.), *Staatsmorast. 21 Autoren zur Umwelt* (S. 101-113). Lübeck: a & i Weißenhorn.

Gränitz, F., & Grundmann, L. (Hrsg.). (2002). *Um Eberswalde, Chorin und den Werbellinsee. Eine landeskundliche Bestandsaufnahme im Raum Eberswalde, Hohenfinow und Joachimsthal.* Köln, Weimar & Wien: Böhlau.

Hertle, H.-H., & Jarausch, K. (Hrsg.). (2006). *Risse im Bruderbund. Die Gespräche Honecker-Breshnew 1974-1982.* Berlin: Chr. Links.

Hörning, K. H. (2004). *Kultur als Praxis.* In F. Jaeger & B. Liebsch (Hrsg.), *Handbuch der Kulturwissenschaften, Grundlagen und Schlüsselbegriffe*, Bd. 1 (S. 139-151). Stuttgart, Weimar: J. B. Metzler.

Info-Radio (2014). Radio Berlin-Brandenburg, 20. Februar 2014, 19.37 Uhr.

Janke, I. (2006). *Arbeits- und Lebenssituationen von Frauen im ländlichen Raum vor und nach der Wende – Das Beispiel Brodowin.* In Scholze-Irrlitz, L. (Hrsg.), *Aufbruch im Umbruch. Das Dorf Brodowin zwischen Ökologie und Ökonomie.* (S. 45-56). Berliner Blätter – Ethnographische und ethnologische Beiträge, Sonderheft 40. Münster, Hamburg, Berlin, London: Lit Verlag.

Kurth, H. (1991). *Parstein-Rallye oder: Wie ein Ratsvorsitzender gewendet wurde.* (Januar 1990). In A. Herzberg (Hrsg.), *Staatsmorast. 21 Autoren zur Umwelt* (S. 115-131). Lübeck: a & i Weißenhorn.

Lave, J. & Wenger, E. (1991). *Situated Learning: Legitimate Peripheral Participation. Learning in doing.* Cambridge: University Press.

Möhle, N. (2006). *Eine Dorfgesellschaft im Umbruchprozess. Das ostdeutsche Dorf Brodowin.* In Scholze-Irrlitz, L. (Hrsg.), *Aufbruch im Umbruch. Das Dorf Brodowin zwischen Ökologie und Ökonomie.* (S. 75-87). Berliner Blätter – Ethnographische und ethnologische Beiträge, Sonderheft 40. Münster, Hamburg, Berlin, London: Lit Verlag.

Neu, C. (2006). Territoriale Ungleichheit – Eine Erkundung. *Aus Politik und Zeitgeschichte. Beilage zur Wochenzeitung Das Parlament 37*, 8-15.

Rau, E. (2000). In Brodowin ist Aufbruchstimmung. In A. Grewer, & E. Knödler-Bunte & K. Pape, K. (Hrsg.), *Umweltkommunikation. Öffentlichkeitsarbeit und Umweltbildung in Großschutz-gebieten*(S. 143-149). Berlin: Selbstverlag.

Schiffauer, W. (2004). Der cultural turn in der Ethnologie und der Kulturanthropologie. In F. Jaeger & J. Straub (Hrsg.), *Handbuch der Kulturwissenschaften. Paradigmen und Disziplinen*, Bd. 2. (S. 502-517). Stuttgart, Weimar: Metzler.

Schlieter, K. (2014). Die Saat ist aufgegangen. *taz.die tageszeitung*, 31. Mai 2014.

Schlögel, K. (2003). *Im Raume lesen wir die Zeit. Über Zivilisationsgeschichte und Geopolitik*. München &Wien: Hanser.

Scholze-Irrlitz, L. (1996). Umsiedler im Landkreis Beeskow/Storkow. In: W. Kaschuba, Th. Scholze & L. Scholze-Irrlitz (Hrsg.), *Alltagskultur im Umbruch*. (S. 135-149). Weimar, Köln, Wien: Böhler Verlag.

Scholze-Irrlitz, L. (Hrsg.). (2006). *Aufbruch im Umbruch. Das Dorf Brodowin zwischen Ökologie und Ökonomie*. Berliner Blätter – Ethnographische und ethnologische Beiträge, Sonderheft 40. Münster, Hamburg, Berlin, London: Lit Verlag.

Scholze-Irrlitz, L. (Hrsg.). (2008). Perspektive *ländlicher Raum. Leben in Wallmow/Uckermark*. Berliner Blätter – Ethnographische und ethnologische Beiträge, Sonderheft 45. Münster, Hamburg, Berlin, London: Lit Verlag.

Thiede, S., & Hammelmann, A. (2006). *Die Arbeitslosen von Brodowin*. In Scholze-Irrlitz, L. (Hrsg.), *Aufbruch im Umbruch. Das Dorf Brodowin zwischen Ökologie und Ökonomie*. (S. 21-44). Berliner Blätter – Ethnographische und ethnologische Beiträge, Sonderheft 40. Münster, Hamburg, Berlin, London: Lit Verlag.

Vogt, Gunter (2000). *Entstehung und Entwicklung des ökologischen Anbaus*. Bad Dürkheim: Stiftung Ökologie & Landbau.

Archive

Kreisarchiv Barnim, D. I. 185, Blatt 5, Bericht v. 9.2.1981; D. I. 3168 o. D. (1945); D. I. 308; D. I. 2782
Landeshauptarchiv Brandenburg Rep. 208, Nr. 279 und Rep. 601, Frankfurt/Oder, Nr. 24318.

Film

Lippmann, M., & Lippmann G. (1992). *Ökodorf Brodowin. Ein Modellprojekt im ländlichen Raum*, Dokumentarfilm (61 min.). Deutschland.

Urbane Landwirtschaft in der Metropole Ruhr

Wunsch und Ohnmacht

Susanne Kost

Zusammenfassung

Gerade in urbanen Verdichtungsräumen weckt der Freiraum Begehrlichkeiten einer Vielzahl von Flächennutzern und -nachfragern. Dieser Druck auf den verfügbaren Freiraum ist beispielsweise in hohen Pacht- und Kaufpreisen für landwirtschaftliche Nutzflächen ablesbar. Gleichzeitig erfüllt die Landwirtschaft einen Großteil der Freiraumbereitstellung insbesondere für die Naherholung der städtischen Bevölkerung mit allen Nutzungseinschränkungen und -konflikten. Das bedeutet, dass die Landwirtschaft mit einer Vielzahl von Dilemmata umzugehen hat und ihre vielfältige Bedeutung in und für urbane Räume unterschätzt und kaum erkannt wird.

Der Beitrag will anhand von Ergebnissen einer qualitativen Befragung von Landwirten in zwei Teilräumen des Emscher Landschaftsparks in der Metropole Ruhr zum einen die Dilemmata der Landwirtschaft in urbanen Verdichtungsräumen aufzeigen und zum anderen vor dem Hintergrund des zentralen Themas dieses Bandes ‚Landschaftswandel und Macht‘ die Bedeutung von Eigentum – hier an Freiflächen – als einen wichtigen Faktor für die Freiraumsicherung und -entwicklung herausarbeiten.

1   Einleitung

Der Freiraum erfüllt in Metropolräumen aufgrund seiner Multifunktionalität eine Querschnittsaufgabe. Er dient der Rohstoff- und Energieproduktion, der land- und forstwirtschaftlichen Nutzung, der Freizeit und Erholung und muss sicherheitsrelevante Aspekte, beispielsweise den Hochwasserschutz, erfüllen. Zudem wird der Freiraum für Projekte im Infrastrukturbereich und für Wohnen und Arbeiten beansprucht. Diese Komplexität stellt gerade in urban dichten Räumen hohe Anforderungen an die Regionalplanung.

Für die Land- und Forstwirtschaft ist der Boden der entscheidende, nicht vermehrbare und unverzichtbare Produktionsfaktor. Er ist gleichzeitig eine wichtige Voraussetzung für die Entwicklung der Betriebe. Land- und forstwirtschaftliche Flächen gelten in der Planung als Freiraum und dieser als Gegenbegriff zum Siedlungsraum.

2 Bedeutung Freiraum Emscher Landschaftspark

Am Emscher Landschaftspark arbeiten seit ca. zwei Jahrzehnten 20 Städte der Metropole Ruhr, zwei Landkreise, die Bezirksregierungen, das Land Nordrhein-Westfalen (NRW), die Emschergenossenschaft und der Regionalverband Ruhr (RVR). Der Emscher Landschaftspark gilt als verbindende Freiraumstruktur, als großräumiges, stadt- und kreisübergreifendes Freiraumentwicklungskonzept im Metropolraum Ruhrgebiet (Abbildung 1). Er zeichnet sich vor allem durch die Umwidmung und den Umbau ehemaliger Industrieflächen und Halden zu Orten der Freizeit und Kultur aus, die auf die Ideen, Konzepte und Projekte der Internationale Bauausstellung Emscher Park[1] zurückzuführen sind, und hat damit zu einer Verbesserung der Wohn- und Lebensbedingungen im Ruhrgebiet der Nachmontanzeit beigetragen.

Heute steht eine langfristige und nachhaltige Entwicklung des Emscher Landschaftsparks (ELP) in der Metropole Ruhr als Ziel auf der Agenda des RVR, der als Träger des Emscher Landschaftsparks dessen weitere Entwicklung zwischen den örtlichen Projektträgern und Partnern koordiniert und moderiert. Dabei sollen wesentliche Entwicklungsstrategien durch die Verknüpfung ökonomischer, ökologischer und sozialer Interessen und Belange für den Modellraum Metropole Ruhr formuliert[2] und der Emscher Landschaftspark als ‚Produktiver Park‘[3] entwickelt werden. Im Masterplan zum Emscher Landschaftspark 2010 heißt es: „Der Emscher Landschaftspark ist Freiraum für über zweieinhalb Millionen Bürger, und er ist Tragfläche und Nährboden für Dienstleistungen und Gewerbe. Mehr als 70 % der Fläche des Emscher Landschaftsparks werden privatwirtschaftlich genutzt. Der Park ist mehr als ein Park. Er bezieht die Stadtteile, die Flusslandschaft, die Wirtschaftsflächen und die Räume für Sport und Kultur mit ein. Er entwickelt integrierte und nachhaltige Lösungen. Deshalb bauen öffentlicher und privater Sektor den Emscher Landschaftspark in gemeinschaftlicher Verantwortung. Dazu ge-

---

1 Die Internationale Bauausstellung (IBA) Emscher Park widmete sich den räumlichen, sozialen und ökologischen Herausforderungen der Nachmontanzeit des Ruhrgebiets. In einem Zeitraum von 10 Jahren (1989-1999) wurden, initiiert durch das Land Nordrhein-Westfalen, unzählige Projekte realisiert, die einen neuen Umgang mit den Relikten der Kohle- und Stahlindustrie (Halden, Bauwerke, Kanäle) erstmalig in der Bundesrepublik bewusst thematisierten und umsetzten. Beispiele sind u. a. der Landschaftspark Duisburg-Nord oder die Halde Beckstraße mit dem Tetraeder.

2 Vgl. dazu insbesondere den Masterplan Emscher Landschaftspark 2010.

3 Die Bezeichnung ‚Produktiver Park‘ verweist auf das Ziel, im Emscher Landschaftspark verschiedene Akteure an der Gestaltung dieses urbanen Landschaftsraumes aktiv teilhaben zu lassen. Der RVR (2014, S. 4) hat in diesem Zusammenhang folgende Definition formuliert: „Die Produktivität des Parks zeigt sich in der aktiven Gestaltung und Nutzung von Räumen durch verschiedene Akteure. Der produktive Park bündelt verschiedene Formen von Leistungen der Städtelandschaft wie z. B. urbane Landwirtschaft, urbane Waldnutzung, Mobilität, Umweltbildung, Kunst und Kultur, Erholung, Freizeitwirtschaft, Wohnen, Firmenstandort. Der Park wirkt als Freiraum in verschiedenste Bereiche des urbanen Lebens der Metropole Ruhr hinein und ist dabei sozial, kulturell und wirtschaftlich produktiv."

hört die Steuerung von Investitionsvorhaben ebenso wie die Entwicklung wirtschaftlich tragfähiger Konzepte für ein Entwicklungs- und Vegetationsmanagement" (Masterplan Emscher Landschaftspark 2010, S. 13).

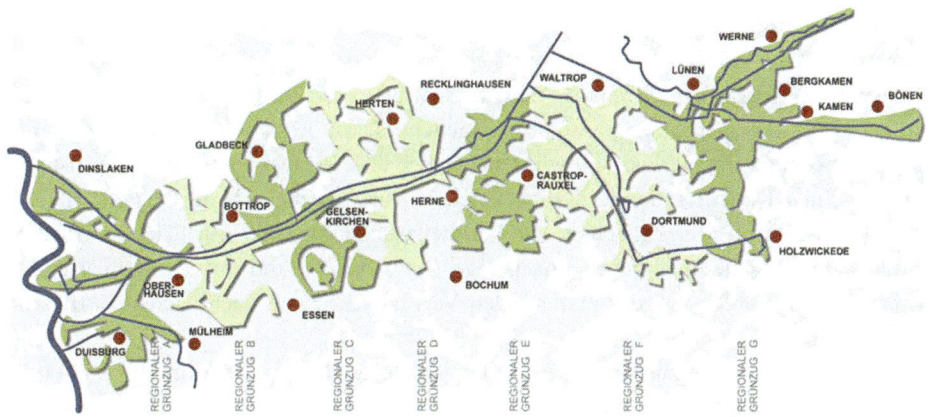

Abbildung 1 Entwicklungsraum Emscher Landschaftspark und seine Untergliederung in die Regionalen Grünzüge A bis G mit einer Ost-West-Ausdehnung von rund 80 Kilometern. Quelle: Bezirksregierung Münster[4].

Für die Umsetzung eines solchen Konzepts ist eine stärkere Rolle und Einbindung der Landwirtschaft in die Gestalt und Gestaltung des Emscher Landschaftsparks notwendig und gewünscht. Gleichzeitig ist die Landwirtschaft seit vielen Jahren der große Flächenverlierer in der Metropole Ruhr. D. h. der Siedlungs- und Verkehrswegebau, aber auch Flächenbedarfe für die entsprechenden Kompensationsmaßnahmen nach Eingriffen in Natur und Landschaft werden im Wesentlichen über die Umwidmung und Nutzungsextensivierung landwirtschaftlicher Flächen realisiert. Erschwerend für die Situation der Landwirte in diesem Raum ist es, dass 70 bis 80 Prozent der landwirtschaftlichen Flächen in der Kernzone der Metropole Ruhr (und damit im Emscher Landschaftspark) Pachtflächen sind, oftmals mit kurzzeitigen, auf ein Jahr beschränkten Pachtverträgen. D. h. insbesondere die großen Flächeneigentümer, wie die Ruhrkohle AG oder die Städte Essen und Dortmund, haben einen sehr entscheidenden Einfluss darauf, wie sich der Freiraum perspektivisch entwickeln wird.

---

4   Quelle: www.bezreg-muenster.de, Natur- und Landschaftsschutz. Zugegriffen: 26. Mai 2014.

3   Dilemma kontinuierlicher Flächenverlust

Der Verlust landwirtschaftlicher Nutzflächen ist eng gekoppelt an eine Vielzahl unterschiedlicher Raumnutzungsansprüche. Dazu gehören Neubau- und Erweiterungsprojekte für Infrastrukturen (Straßen, Tiefbau, Wasserbau), für Wohn-, Gewerbe- und Industriegebiete. Für diese Eingriffe muss entsprechend des Bundesnaturschutzgesetzes ein adäquater Ausgleich (Kompensationsmaßnahme) geschaffen werden. Beides, Bauprojekte und Kompensationsmaßnahmen gehen oft zu Lasten der Landwirtschaft[5]. Generell bedeutet der Verlust landwirtschaftlicher Flächen nicht nur einen Verlust für den einzelnen Landwirt, sondern auch einen Verlust für die urbane Bevölkerung an Naherholungs- und Freizeitflächen. Die Landwirtschaft ist daher mit Flächenverlusten durch andere Flächennutzer und -nachfrager konfrontiert und muss zudem mit der Situation und Problematik der mangelnden Verfügbarkeit von Pachtflächen in diesem Raum umgehen.

In der Ankündigung zum neuen Regionalplan für die Metropole Ruhr (RVR 2014: b) wird die Notwendigkeit des Freiflächenschutzes formuliert: „Der Regionalplan schützt Flächen für die Landwirtschaft ebenso wie größere Waldflächen vor einer anderweitigen Inanspruchnahme". Gleichwohl sieht die bestehende Praxis ganz anders aus. Trotz des durch die Bundesregierung erklärten 30 Hektar Zieles bis 2020 gehen heute pro Tag noch 74 Hektar Freifläche für den Bau von Siedlungs- und Verkehrsflächen verloren[6]. Dies geschieht fast ausschließlich zu Lasten der Landwirtschaft. So schreibt das Bundesministerium für Umwelt, Naturschutz, Bau und Reaktorsicherheit (BUMB 2013) auf seiner Homepage dazu: „Boden - eine endliche Ressource, mit der der Mensch sparsam umgehen muss, um sich seine Lebensgrundlagen zu erhalten. Flächenverbrauch ist ein schleichendes Phänomen. Bürger und selbst politische Entscheidungsträger nehmen es kaum wahr. Daher mangelt es weithin am nötigen Problembewusstsein."

In der Metropole Ruhr verliert die Landwirtschaft pro Jahr durchschnittlich etwa 1.000 Hektar ihrer landwirtschaftlichen Nutzflächen (Abbildung 2).

---

5   Dies hat vor allem damit zu tun, dass ein intensiv bewirtschafteter Acker eine besonders niedrige Punktezahl im Biotopwertverfahren (Eingriffs- und Ausgleichsregelung, s. u. a. BfN: http://www.bfn.de/0306_eingriffsregelung-ablauf.html. Zugegriffen: 26. Mai 2014) erhält. Mit der Modernisierung der Gesellschaft haben sich auch die normativen Deutungen verändert (Veränderung bzw. Verschiebung der Wertesysteme). Eine Ackerfläche war beispielsweise in den 1970er Jahren höherwertig als eine naturnahe Fläche. Die ökonomischen Belange standen damals deutlich über den ökologischen. In Bezug auf die Kompensationsmaßnahmen im Rahmen der Eingriffs- und Ausgleichregelung bei Bauprojekten heute liegt die normative Deutungsmacht im Wesentlichen beim Naturschutz.

6   Mit dem 30 Hektar Ziel will die Bundesregierung den Flächenverbrauch durch Siedlungs- und Verkehrswegebau von derzeit 74 Hektar pro Tag auf 30 Hektar pro Tag im Jahr 2020 reduzieren.

Entwicklung der landwirtschaftlichen Nutzfläche in der Metropole Ruhr 1995 bis 2010 in km²

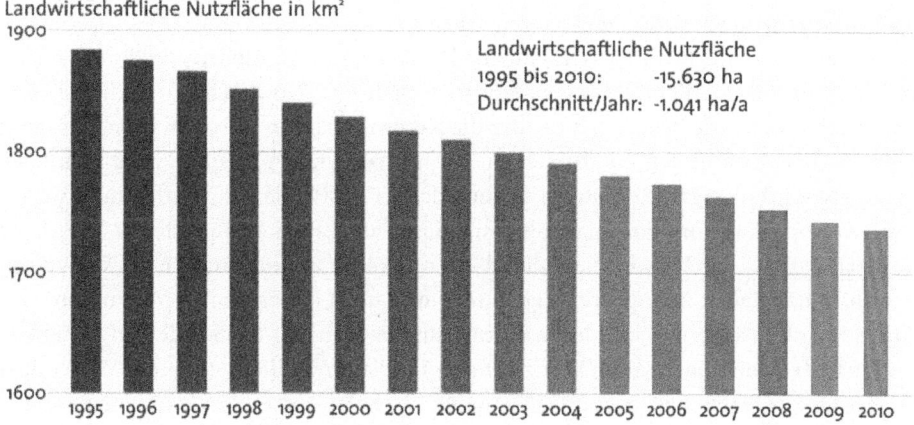

Abbildung 2 Landwirtschaftskammer NRW (2013, S. 12): Zahlen und Daten zu Landwirtschaft und Gartenbau in der Metropole Ruhr. Münster.

Neben diesen direkten Raumnutzungsansprüchen gibt es noch eine Vielzahl anderer, eher indirekter Nutzungsansprüche. Dazu gehören vor allem Naherholungs- und Freizeitaktivitäten, die auf Feldwegen, auf bewirtschafteten Wiesen und Äckern ausgeübt werden. Eine generelle Schwierigkeit besteht möglicherweise auch in dem Missverständnis, dass Freiraum als frei verfügbare und frei nutzbare Fläche verstanden wird, unabhängig davon, ob es sich dabei um eine landwirtschaftliche Fläche handelt.

Hohe Flächenverluste sind nicht nur für die Landwirtschaft selbst ein großes Problem, sondern unterlaufen auch die Umsetzung eines nachhaltigen Parkkonzepts für den Emscher Landschaftspark.

Im Rahmen einer Studie wurden in zwei ausgewählten Teilräumen der Metropole Ruhr (Untersuchungsraum 1 – Bottrop/Gladbeck und Untersuchungsraum 2 – Castrop-Rauxel/Waltrop) die Hemmnisse und Chancen der Landwirtschaft im Emscher Landschaftspark durch eine qualitative Befragung von Landwirten erhoben (Kost 2014). Insgesamt wurden 28 Landwirte entlang eines entwickelten Leitfadens interviewt. Dabei wird das Thema Flächenverlust besonders häufig problematisiert und zieht sich wie ein roter Faden durch alle Themenbereiche (Betriebsentwicklung, Bewirtschaftung, Perspektiven). Hier werden insbesondere Befürchtungen formuliert, perspektivisch Flächen durch den Umbau der Emscher und durch weitere Renaturierungsmaßnahmen entlang der Emscherzuflüsse zu verlieren. Gleichzeitig sehen sich die Landwirte mit geplanten bzw. in der Umsetzung begriffenen Industrie- und Gewerbeansiedlungen (newPark Datteln), Straßenausbauprojekten (A2, B 474 N), Radwegebau, Aufforstungen und Biotoperweiterungen (z. B. die Uferbereiche von Gewässern) konfrontiert. Das Projekt newPark in Datteln (Kreis Recklinghausen) ist z. Zt. wohl der größte Flächenverlust, den Landwirte in der Region zu beklagen haben. Dafür werden der Landwirtschaft sowohl für das Industriegebiet selbst (nach derzeitigem Planungsstand 290 Hektar) als auch für die dazugehörigen Ausgleichsflächen (momentan in noch unbekannter Größe) landwirtschaftliche Nutzflächen verloren gehen.

Besonders die mit Bauprojekten einhergehenden Kompensationsmaßnahmen stehen im Vordergrund der Befürchtungen, landwirtschaftliche Nutzfläche zu verlieren. Aus den Interviews wurde deutlich, dass hier die Kommunikation zwischen Planungs- und Umweltbehörden und den Landwirten zu mangelhaft ist, um beispielsweise räumliche oder Bewirtschaftungs-Alternativen zu entwickeln. Beispiele zeigen zudem, dass im Rahmen von Kompensationsmaßnahmen Bäume und Hecken inmitten von Äckern platziert wurden. Die Umwidmung der Flächen erfolgt funktional und nach Verfügbarkeit (in Abhängigkeit verfügbaren Eigentums) und nicht entlang eines Gesamtkonzepts für die Freiraumsicherung und -entwicklung auf kommunaler Ebene oder auf der Ebene des Emscher Landschaftsparks. Hier zeigt sich im Planungsalltag zum einen der Verlust des Bezugs zur realen Fläche und Flächennutzung (hohe Abstraktion), zum anderen die Hoheit der Deutungsmacht durch die kommunale Planung im Sinne einer territorialen Zuweisung einer entsprechenden Landschaftsfunktion.

Die Bedeutung der Bodengüte – auch im Sinne der Nahrungsmittelsicherheit – spielt bei der Umwidmung landwirtschaftlicher Flächen keine, allenfalls eine untergeordnete Rolle[7]. „Die Fruchtbarkeit des Bodens ist für die Landwirtschaft ein entscheidender Faktor und eine in menschlichen Zeiträumen nur bedingt erneuerbare Ressource. Ein besonderes Problem in Deutschland ist der stetige Flächenverbrauch durch Urbanisierung und Infrastruktur. Hierfür werden insbesondere landwirtschaftlich genutzte Flächen, oft auch gerade Flächen mit einem hohen Ertragspotenzial in Anspruch genommen" (BGR 2013, o. S.). Die Landwirtschaftskammer Nordrhein-Westfalen (LWK NRW) hat in ihrem Fachbeitrag zum neuen Regionalplan für die Metropole Ruhr aufgezeigt, dass laut Berechnung des Beratungsbüros für Ernährungsökologie in München „der Flächenbedarf für die Selbstversorgung derzeit in der konventionellen Landwirtschaft Deutschlands bei 2.150 m² je Person" (Landwirtschaftskammer NRW 2012, S. 17) liegt. Überträgt man diese Zahl auf die Metropole Ruhr, so beträgt hier der Selbstversorgungsgrad gerade mal 14 %. Auch in diesem Sinne kann eine weitere Umwidmung landwirtschaftlicher Nutzflächen in Bauland, eine weitere Extensivierung guter Ackerböden durch Kompensationsmaßnahmen weder sinnvoll noch ressourceneffizient sein.

---

7 Die Landwirtschaftskammer NRW hat mit ihrem Fachbeitrag zur Änderung des Flächennutzungsplanes und Aufstellung des Bebauungsplanes der Stadt Datteln für das EON-Kraftwerk, aber auch im Kontext des Bauprojekts newPark, auf die Bedeutung der Bodenwertklassen für die Landwirtschaft und deren Berücksichtigung bei der Wahl der Kompensations(such)räume detailliert hingewiesen. Damit wurde u.a. deutlich, dass ein Gesamtkonzept für die Suche und Umsetzung zusammenhängender, ökologisch sinnvoller und agrarstrukturverträglicher Kompensationsräume für die Metropole Ruhr fehlt (vgl. Landwirtschaftskammer NRW 2013).

4   Dilemma hoher Pachtflächenanteil und kurze Pachtlaufzeiten

In Nordrhein-Westfalen liegt der durchschnittliche Pachtflächenanteil an landwirtschaftlichen Flächen bei 56 Prozent. Schaut man auf die Situation in der Metropole Ruhr
bzw. auf das Kernruhrgebiet werden allerdings bis zu 80 Prozent Pachtflächenanteile erreicht[8] (Abbildung 3).

Eigentum und Pacht

Pachtflächenanteil im Regionalverband Ruhr 2010

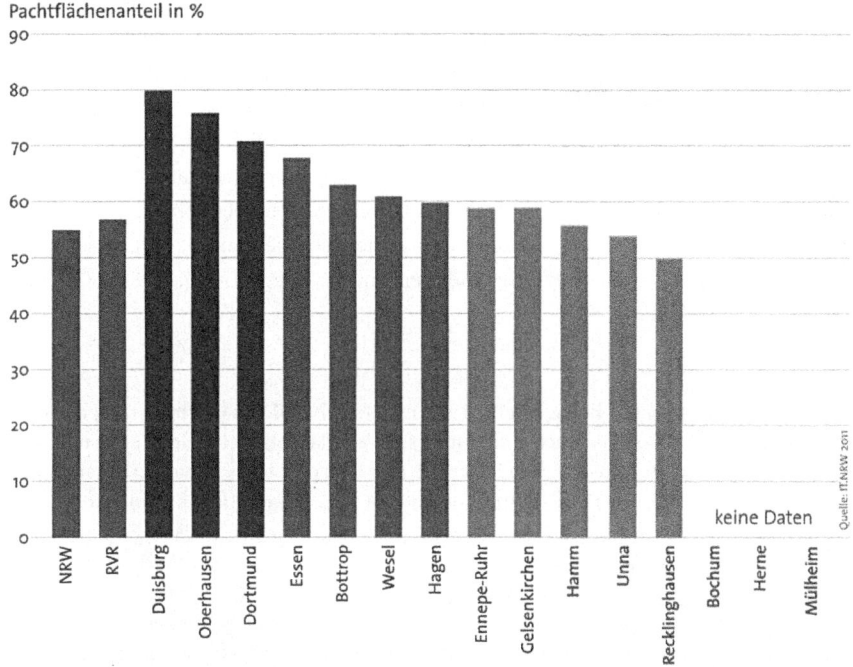

Abbildung 3   Landwirtschaftskammer NRW (2013, S. 19): Zahlen und Daten zu Land-
                    wirtschaft und Gartenbau in der Metropole Ruhr. Münster.

Aus der Befragung wurde deutlich, dass die Landwirte eine Vielzahl von Pachtverträgen
(und damit Verpächtern) haben und dass die Pachtlaufzeiten sehr differieren. Der Anteil kurzzeitiger Pachtverträge (einjährige bzw. zwei- bis vierjährige Pachtverträge) über-

---

8   So liegen die Pachtflächenanteile im Jahr 2010 in Bottrop und Essen über 60 Prozent und in
    Dortmund, Oberhausen und Duisburg zwischen 70 und 80 Prozent der verfügbaren landwirt-
    schaftlichen Nutzfläche.

wiegt, mit steigender Tendenz. Kurzzeitige Pachtverträge werden in der Regel durch die öffentliche Hand oder Industrieunternehmen vergeben, während die längerfristigen Pachtverträge überwiegend von ehemaligen Berufskollegen aus der Landwirtschaft stammen. Diese langfristigen Pachtverträge von ehemaligen Landwirten sind oftmals an die Geltendmachung von Rentenansprüchen gekoppelt[9]. Mit der sogenannten Landabgaberente[10] (Vorruhestandsregelung für Landwirte) wurden entwicklungspolitische Zielsetzungen in der Landwirtschaft verfolgt (Wachstumsmöglichkeiten landwirtschaftlicher Betriebe).

In der Regel verlängern sich die Pachtverträge um die festgelegte Laufzeit, wenn nicht im Vorfeld gekündigt wurde. Dies scheint für die überwiegende Mehrzahl der kurzzeitigen Pachtverträge bei den befragten Landwirten der Fall zu sein. Kurzzeitige Pachtverträge sind allerdings grundsätzlich für mittel- bis langfristige Betriebsplanungen hemmend. Diese Problematik wird insbesondere beim Bau von Ställen oder dem Anbau von Sonderkulturen, wie Äpfel oder Spargel deutlich[11]. So muss ein Landwirt für einen Stallneubau einen mindestens zwölfjährigen Pachtvertrag nachweisen[12].

Je größer der Pachtflächenanteil eines Betriebes ist, umso anfälliger ist dieser auch bei möglichen Flächenverlusten. Bei den landwirtschaftlichen Betrieben hat sich ein hoher Spezialisierungs- und Ausbaugrad eingestellt. Besonders für Viehbetriebe, die mit ihren landwirtschaftlichen Flächen einen Flächennachweis je Großvieheinheit (GV) erbringen müssen, kann dies schnell existenzgefährdend werden, da Alternativflächen im Grunde nicht zur Verfügung stehen.

---

9 Wenn ein landwirtschaftlicher Betrieb keinen Hofnachfolger stellen kann bzw. der Landwirt seine Rentenansprüche geltend machen will, muss er seinen Flächen nach dem ‚Gesetz über das landwirtschaftliche Pachtwesen' für mindestens 9 Jahre verpachten. Nähere Erläuterungen: http://de.wikipedia.org/wiki/Alterssicherung_der_Landwirte. Zugegriffen: 27. August 2013.

10 „Im Rahmen der Alterssicherung der Landwirte konnten hauptberufliche Landwirte bis Ende 1983 einen Anspruch auf eine Landabgaberente erwerben, wenn sie einen nach dem einzelbetrieblichen Förderungsprogramm ‚nicht entwicklungsfähigen Betrieb' strukturverbessernd abgaben. Entwicklungsfähigen Betrieben wurde hiermit eine Wachstumsmöglichkeit geschaffen, um ihre Konkurrenzfähigkeit zu verbessern. Als Anreiz konnten Land abgebende Landwirte eine Rentenerhöhung bis maximal 175,- DM monatlich erhalten, wenn sie einen Anspruch auf Altersgeld besaßen". Quelle: http://www.wirtschaftslexikon24.com/d/landabgaberente/landabgaberente.htm. Zugegriffen: 27. August 2013.

11 Zitat eines Landwirts: „Für uns wäre das ein großes Problem. Also z.B. ein Verpächter, der immer nur auf Jahresfrist verpachtet, sind ja die Institutionellen, die Ruhrkohle z.B. Das sind zwar Pachtverträge, die laufen teilweise schon seit 50 Jahren, aber sie verlängern sich automatisch immer um ein Jahr. Eine Dauerkultur, wie Spargel mit 8-10 Jahren, wie Äpfel mit vielleicht 15 oder 20 Jahren Standzeit brauche ich auf solche Parzellen nicht setzen. Erdbeeren, die 2 bis zweieinhalb Jahre stehen, kann man vielleicht noch riskieren, aber ansonsten brauche ich auf solche Flächen nicht gehen. Für uns wäre das also ein großes Problem."

12 Siehe § 35 Abs. 1 BauGB und Grundsätze zur planungsrechtlichen Beurteilung von Bauvorhaben im Außenbereich – Außenbereichserlass – vom 27.10.2006, Punkt 3.1.1 Privilegierte Vorhaben.

Der Druck auf den landwirtschaftlichen Pachtmarkt wird auch in der fehlenden Verfügbarkeit von Flächen deutlich. Für die Landwirte in den beiden Untersuchungsräumen wird es immer schwieriger, landwirtschaftliche Nutzflächen in unmittelbarer Nähe zur Hofstelle pachten zu können. Nach Aussage der Landwirte werden immer größere Entfernungen für die Bewirtschaftung in Kauf genommen, wenn sich denn überhaupt eine Gelegenheit zur zusätzlichen Landpachtung bietet.

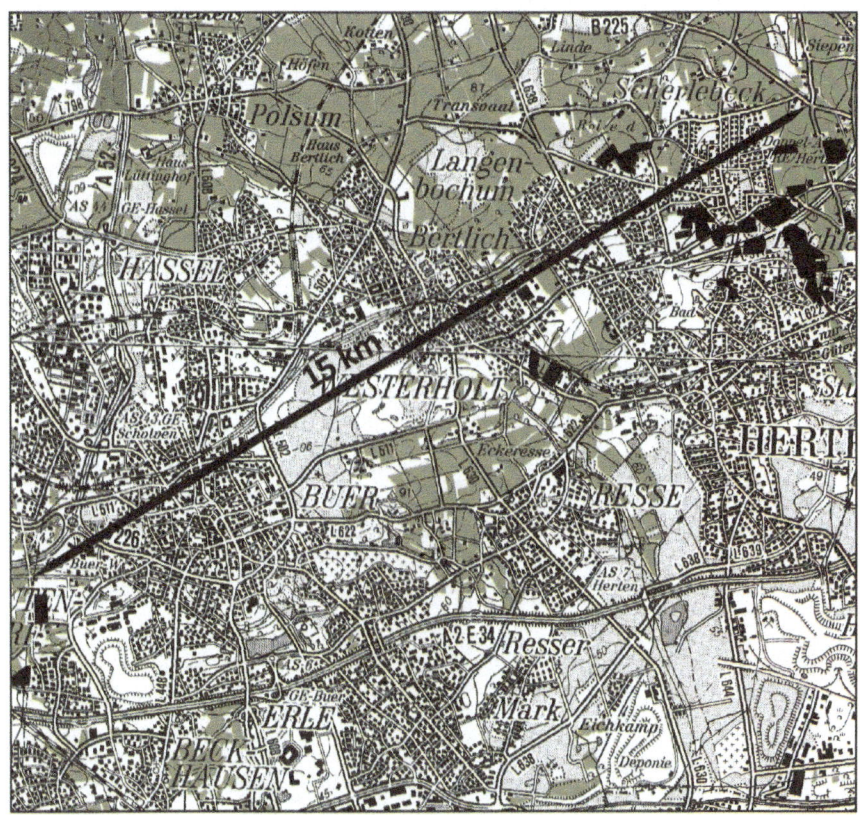

Abbildung 4   Entfernung der Bewirtschaftungsflächen zum Hof eines landwirtschaftlichen Betriebs. Eigene Darstellung (grau = landwirtschaftliche Flächen; schwarz = Bewirtschaftungsflächen)

Abbildung 4 verdeutlicht, wie kleinteilig und räumlich verteilt die Flächen eines landwirtschaftlichen Betriebes liegen. Die landwirtschaftlichen Nutzflächen dieses Hofes bestehen aus rund 20 Teilflächen, die sich in einer maximalen Entfernung von ca. 15 Kilometer befinden. Dieser Hof bewirtschaftet insgesamt 65 Hektar landwirtschaftlicher Nutzflächen. Dieses Beispiel spiegelt generell die Situation der Landwirte in der Metropole Ruhr wider. In wenigen Ausnahmefällen liegen die landwirtschaftlichen Nutzflächen um bzw. in unmittelbarer Nähe zum Hof und bestehen aus nur wenigen

Teilflächen. Die Maximalentfernung eines Hofes zu seinen landwirtschaftlichen Nutz-flächen betrug bei den befragten Landwirten 22 Kilometer. Dies scheint im Moment noch eine Ausnahme zu sein. Durch den Druck auf die Freiflächen versuchen die Landwirte Flächen in größeren Entfernungen zu pachten, was eine Zunahme des Zeitaufwandes bedeutet, um diese Flächen überhaupt zu erreichen. Inwieweit eine Bewirtschaftung von solchen weit(er) entfernten Flächen ökonomisch noch vertretbar ist, wurde von den Landwirten unterschiedlich beantwortet.

5   Dilemma Pachtpreisentwicklung und Veränderung der Eigentümerstruktur

Der Großteil landwirtschaftlicher Nutzflächen im Emscher Landschaftspark ist in privatem Eigentum (59 Prozent). Zu dieser Gruppe gehören vor allem Landwirte und solche, die aus der Landwirtschaft bereits ausgeschieden oder in den (Vor-) Ruhestand gegangen sind.

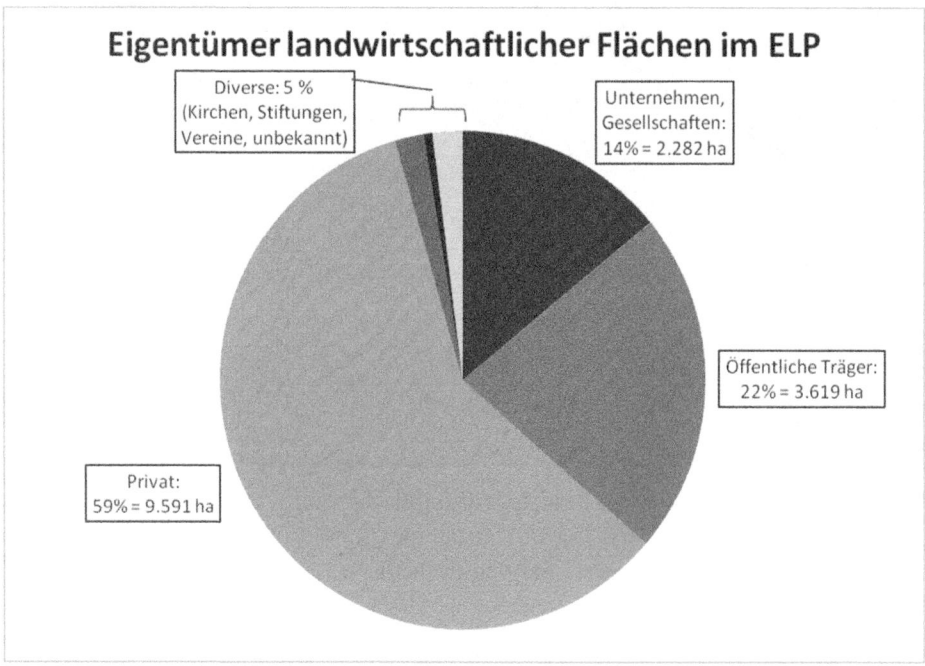

Abbildung 5   Eigentümer landwirtschaftlicher Flächen (Datengrundlage RVR).

Öffentliche Träger, wie die Kommunen besitzen 22 Prozent und Unternehmen und Ge-sellschaften, wie die Kohle- und Stahlindustrie und die Deutsche Bundesbahn besitzen insgesamt 14 Prozent der landwirtschaftlichen Nutzflächen im Emscher Landschaftspark (Abbildung 5).

Aus den Interviews mit den Landwirten wurde deutlich, dass sich die private Verpächterlandschaft zunehmend verändert[13]. Ehemalige Berufskollegen, die ihren Betrieb aufgegeben haben, vererben ihre landwirtschaftlichen Flächen an ihre Kinder, die oftmals andere Berufe ausüben und/oder nicht mehr im Ruhrgebiet bzw. am Eltern-Wohnort leben. Gewachsene Strukturen und Kontakte, die vormals zu einer günstigen Pacht und langen Pachtlaufzeiten geführt hatten und damit in der Bewirtschaftung eine gewisse Kontinuität und Sicherheit mit sich brachten, nehmen immer mehr ab. Für die Nachfolgegeneration besteht kaum noch ein direkter Kontakt zu den noch aktiv wirtschaftenden Landwirten, was das Verpächter-Pächter-Verhältnis im Vergleich zu früher schwieriger und labiler macht. Der verloren gegangene Bezug zu den landwirtschaftlichen Flächen, zu ehemaligen Berufskollegen der Eltern, zu früheren wirtschaftlichen und persönlichen Beziehungen ist möglicherweise ein Grund – sicherlich aber nicht der entscheidende –, dass ein kontinuierlicher Anstieg bei den Pachtpreisen für landwirtschaftliche Nutzflächen im Ruhrgebiet zu verzeichnen ist. Es wurden mehrere Beispiele angeführt, die verdeutlichen, dass die Tendenz der (neuen) Verpächter in Richtung Maximalpachtpreis geht. Das wiederum unterlegt die Grafik der Preisentwicklung für Neupachten in Nordrhein-Westfalen (Abbildung 6; Abbildung 7 als Vergleich auf Bundesländerebene).

---

13 Zitat eines Landwirts: „die Zahl derer nimmt zu, [...] die den direkten Bezug zu unserem Berufstand, zur Landwirtschaft nicht mehr haben. Ja, im Rahmen des Generationenwechsels der Verpächter ist es ja auch so, dass jetzt vermehrt Eigentümer, dreißigjährige Eigentümer werden da, die überhaupt nichts, die vielleicht noch da auf dem Betrieb aufgewachsen sind, dann irgendwo studiert haben, irgendwo weitab wohnen und gar nichts mehr mit Landwirtschaft zu tun haben. Und bei denen wird es auch zunehmend schwieriger und die wollen eigentlich nur Geld sehen. Wir haben einen Verpächter, der [...] Vater war schon Tierarzt, also auch nicht mehr direkt mit der Landwirtschaft Kontakt gehabt, studiert weiß ich nicht wo, irgendwo. Ist so mein Alter, Mediziner, der will nur Geld sehen und das hat er auch dokumentiert. Da kam eine Pachterhöhung um 100 Prozent. Die alte Pacht war allerdings erträglich. [...] Dann haben wir über den Verband Kontakt aufgenommen [...], da waren noch mehr von beteiligt. [...] Ja, haben wir einen Runden Tisch gemacht, alle 5 Pächter an einen Tisch und der Mediziner saß da auch, Feudalherr. Der Geschäftsführer des Verbandes saß da, vermittelte. Und dann haben wir da ein bisschen noch mal die Zusammenhänge erläutert. Er war wohl nicht so ganz so verarmt, der Mediziner."

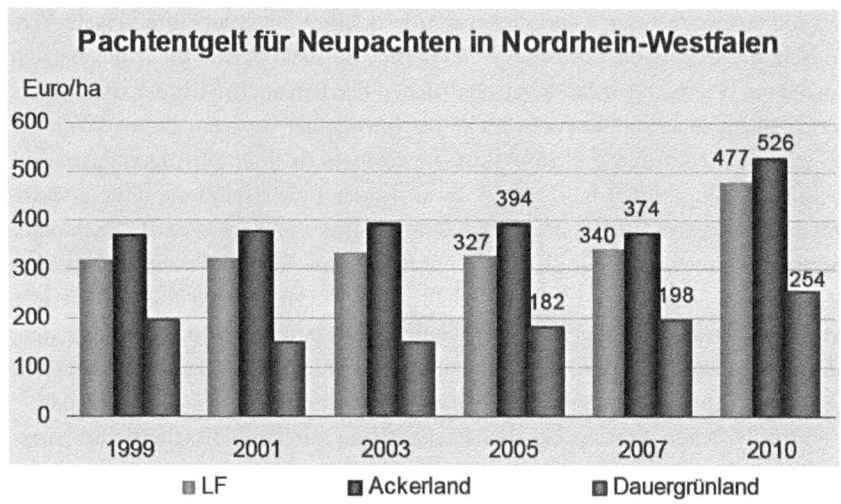

Abbildung 6   Pachtpreisentwicklung (Quelle: Landesbetrieb für Information und
Technik Nordrhein-Westfalen, Statistisches Bundesamt, 2012).

Im Bundesdurchschnitt werden in Nordrhein-Westfalen die höchsten Pachtpreise für
Neupachten erhoben. Dies ist sicherlich auf vielerlei Gründe zurückzuführen. Zudem
lässt sich beobachten, dass „die Preise für Acker- und Grünland immer weniger von
der Bodengüte und immer mehr vom Flächenbedarf in der Region bestimmt werden"
(BMELV o.J.).

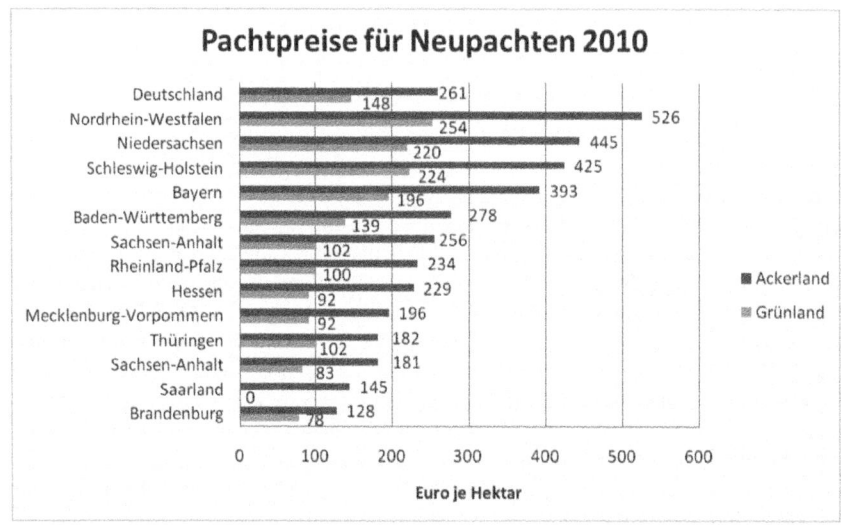

Abbildung 7   Pachtpreise für Neupachten (Pachten in den letzten zwei Jahren) 2010
nach Bundesländern (Quelle: AMI, Statistisches Bundesamt).

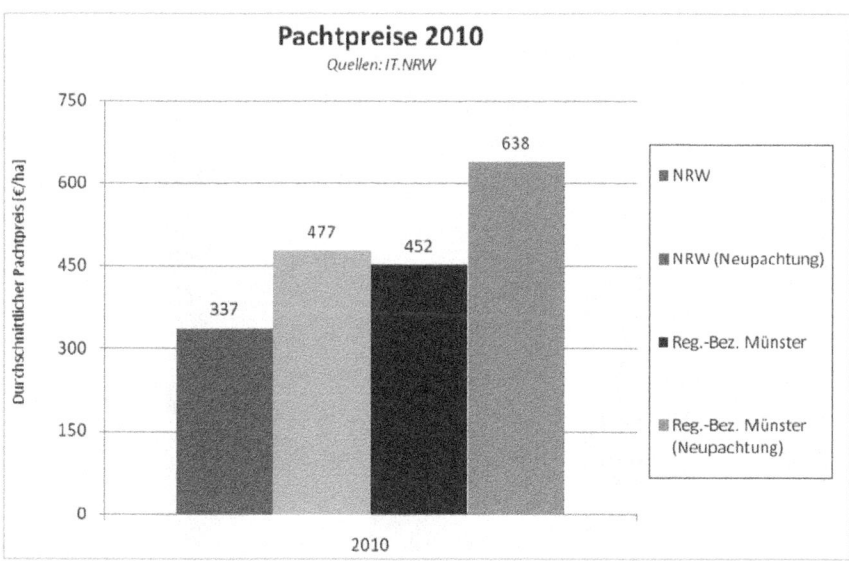

Abbildung 8 Pachtpreise für landwirtschaftliche Nutzflächen – Bestand und Neuverpachtung im Vergleich (Quelle: Landwirtschaftskammer NRW).

Vergleicht man die Pachtpreise für landwirtschaftliche Nutzflächen zwischen bestehenden Verträgen und Neupachtungen im Jahr 2010, so musste ein Landwirt fast anderthalb Mal so viel für eine Neupachtung zahlen (vgl. Abbildung 8). Die in Abbildung 9 angegebenen (Neu-)Pachtpreise sind erhobene Durchschnittswerte. In den Interviews mit den Landwirten in den beiden Untersuchungsräumen wurden deutlich höhere Pachtentgelte für Neupachtungen für den Raum Bottrop/Gladbeck und Castrop-Rauxel/Waltrop benannt: von 800 Euro bis in Ausnahmefällen über 1.000 Euro pro Hektar. Auch die Kaufpreise für landwirtschaftliche Nutzflächen sind in den letzten Jahren stark gestiegen und sind im Regierungsbezirk Münster[14] verglichen mit dem NRW-Durchschnitt sehr hoch und gleichzeitig die zweithöchsten der Bundesrepublik (vgl. Abbildung 9; Bezugsjahr 2012: 1. Rang: Regierungsbezirk Oberbayern: 45141 Euro/ha[15]).

---

14 Zum Regierungsbezirk Münster zählen auch die in der Studie ausgewählten Untersuchungsräume Bottrop/Gladbeck und Castrop-Rauxel/Waltrop.

15 Quelle: Statistisches Bundesamt, Land- und Forstwirtschaft, Fischerei. Kaufwerte für landwirtschaftliche Grundstücke Reihe 2.4, 2012, S. 14f.

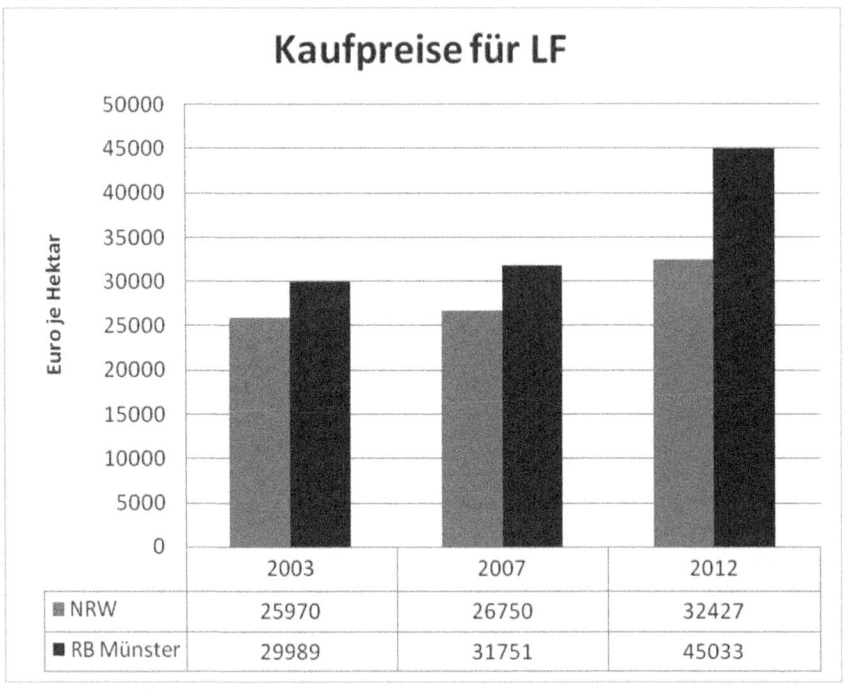

Abbildung 9   Kaufpreise für landwirtschaftliche Nutzflächen (Datengrundlage: Statistisches Bundesamt: Land- und Forstwirtschaft, Fischerei. Kaufwerte für landwirtschaftliche Grundstücke. S. 15.)

6   Zusammenfassung und Schlussfolgerungen

Die urbane Landwirtschaft hat einerseits hohe Flächenverluste durch bauliche Interventionen und entsprechende Kompensationsmaßnahmen zu verkraften, muss mit den Unsicherheiten durch kurzzeitige Pachtverträge im Kontext ihrer Betriebsentwicklung umgehen, ist Flächendienstleister für Freizeit und Erholung, und ist andererseits ein wichtiger Partner in der Freiraumsicherung und Umsetzung eines Parkpflegekonzepts für den Emscher Landschaftspark.

Für die Entwicklung des Emscher Landschaftsparks als ‚Produktiven Park' bedarf es einer engen Kooperation zwischen dem Regionalverband Ruhr, als Träger des Parks, den verschiedenen Akteuren in der Landwirtschaft (Kammern, Verbände, Landwirte, Gärtner) und den (großen) Flächeneigentümern.

Die kommunale Planung, aber auch diejenigen, die maßgebend an der Gestaltung und Entwicklung des Emscher Landschaftsparks beteiligt sind, müssen die Landwirtschaft als einen wichtigen Impuls für eine ökonomische, ökologische, soziale und ästhetische Entwicklung in der Städtelandschaft der Metropole Ruhr erkennen und nutzen. Landwirtschaftliche Flächen können gerade in urbanen Verdichtungsräumen nicht länger (nur) Verfügungsmasse für Bau- und Infrastrukturprojekte darstellen. Hier muss ein

Bewusstseinswandel und Paradigmenwechsel einsetzen. Die Planung muss sowohl auf regionaler Ebene eine Neuorientierung wagen als auch, wie Lohrberg (2011) es fordert, die Stadtplanung mit den Entwicklungsperspektiven der landwirtschaftlichen Betriebe synchronisieren. Dies ist sicherlich kein einfacher Weg.

Um die Situation für die Landwirtschaft bei der zukünftigen Entwicklung von Industrie- und Gewerbestandorten zu entschärfen, ist es notwendig noch stärker auf eine Innenentwicklung der Kommunen, aber auch auf die Revitalisierung von Industriebrachen zu setzen. Der Regionalverband Ruhr setzt mit seiner Initiative, 20 Standorte der RAG einer Nachnutzung zuzuführen, ein wichtiges Zeichen[16]. Dies kann auch für andere große Flächeneigentümer industrieller und gewerblicher Altsandorte beispielgebend werden und gilt für Kompensationsmaßnahmen gleichermaßen. Hier steht man aber oft aufgrund des Biotopwertverfahrens vor der Problematik, dass zum einen landwirtschaftlich intensiv genutzte Äcker aus ökologischer Sicht eine schlechte Punktezahl erreichen, zum zweiten industrielle Altstandorte über Jahrzehnte brach lagen und sich Pionierarten und Spontanvegetation mit hoher ökologischer Wertigkeit angesiedelt haben, die in der Punktevergabe durchaus besser abschneiden als der vorgenannte Acker. Eine Rückführung von Bauflächen, Gewerbe- und Industriebrachen in ‚Freiraum' ist in der Regel mit einem Wertverlust verbunden, den die Eigentümer sicherlich kaum eingehen wollen. Gleichwohl kann dadurch eine Steigerung der Raum- und Lebensqualität erreicht werden, die als ‚weicher Standortfaktor' das Wohnumfeld in den Kommunen verbessert und attraktiver macht. Flächennutzungen auf Industriebrachen sind zudem kompliziert und langwierig. Viele Kommunen im Ruhrgebiet haben aufgrund der schlechten Finanzlage den Druck, mögliche Investoren schnell zufrieden stellen zu wollen.

Im Jahr 2013 hat die Fachkommission Städtebau der Bauministerkonferenz einen Muster-Einführungserlass verabschiedet, bei dem es um die Stärkung der Innenentwicklung in Städten und Gemeinden geht. Dies soll einem weiteren Verlust von landwirtschaftlicher Nutzfläche vorbeugen. Der Erlass bezieht sich „auf die Pflicht zur Begründung der Bauleitpläne nach § 2a und ergänzt sie um eine besondere Begründungsanforderung bei Inanspruchnahme von bislang landwirtschaftlich oder als Wald genutzten Flächen, die im Wesentlichen den von Bebauung freizuhaltenden Außenbereich bilden"[17]. Erste Ansätze, den Flächenverbrauch zu reduzieren, wurden in Nordrhein-Westfalen mit der ‚Allianz für die Fläche' ins Leben gerufen. Dieser inter- und intradisziplinäre Arbeitskreis erarbeitet Konzepte für einen sparsamen Umgang mit Fläche und Boden. Hier liegt der Schwerpunkt auf einem regionalen Flächen- und Ressourcenmanagement im Kontext des Bauens.

---

16 „Das Land NRW, der RAG-Konzern, die Standortkommunen und der Regionalverband Ruhr (RVR) haben eine Vereinbarung zur Revitalisierung bedeutsamer Bergbauflächen unterzeichnet. Darin verpflichten sich die Unterzeichner, gemeinschaftlich Verantwortung für eine nachhaltige Folgenutzung bereits stillgelegter oder zur Stilllegung vorgesehener Bergbauflächen zu tragen." (Quelle: http://www.metropoleruhr.de/regionalverband-ruhr/. Zugegriffen: 18. März 2014).

17 Quelle: http://www.kommunen-in-nrw.de. Zugegriffen: 18. März 2014.

Neben den Eingriffen muss es auch bei den Kompensationsmaßnahmen ein über-regionales Gesamtkonzept und entsprechendes Flächenmanagement geben, das die naturschutzrechtlichen Flächenansprüche einzelner Vorhaben sinnvoll bündelt und die Belange der Landwirtschaft berücksichtigt (Agrarstrukturverträglichkeit). In der Dis-kussion um die Flächenverluste kann es aber nicht nur um die räumliche Dimension gehen. Besonders auf Projektebene müssen viel stärker die Standortwerte und Boden-güte dieser Flächen beachtet werden. Der Emscher Landschaftspark bietet sich als eine sinnvolle Konzeptebene für die Suche und Umsetzung zusammenhängender, ökologisch sinnvoller und agrarstrukturverträglicher Kompensationen an.

Eine Gesamtstrategie, ein enger Dialog zwischen Planungsverantwortlichen, Politik, (großen) Flächeneigentümern und Landwirtschaft sowie die Konzeption, Förderung und Umsetzung konkreter (Pilot-) Projekte würde möglicherweise auch dazu beitragen, Boden-spekulationen in der Region einzudämmen und gleichzeitig ein klares Statement aller ge-nannten Beteiligten zur nachhaltigen Entwicklung des Emscher Landschaftsparks und der Metropole Ruhr bedeuten. Zudem müssen insbesondere die großen Flächeneigentümer (Unternehmen, Gesellschaften, Kommunen) stärker in die Konzeption eingebunden werden. Die übliche Praxis der Einjahres-Pachtverträge basiert nicht zwingend auf einem Planungs- und Entwicklungsdruck, der es dem Eigentümer ermöglicht seine Flächen lukrativ zu ver-äußern, sondern ist vielfach auf eine größtmögliche Flexibilität des Eigentümers (Verkauf, Pachtzinsverhandlungen, Pächterwechsel) zurückzuführen. Dies erscheint allerdings vor dem Hintergrund langer Planungsdauern unnötig und lässt ein Potenzial an Boden- und Preis-spekulationen vermuten. Die Erfahrungen der Landwirte zeigen zudem, dass selbst einjährige Pachtverträge durch die stillschweigende Verlängerung durchaus 20 Jahre oder länger laufen können. Es wird also bspw. bei Eigentümern der öffentlichen Hand nicht nach Dringlich-keiten der Flächenverfügbarkeit im Planungsraum abgewogen und entschieden (z.B. bei an-stehenden Bauprojekten), sondern es werden generell einjährige Laufzeiten vergeben. Kurz-zeitige Pachtverträge bedeuten für den Landwirt enorme Investitionsunsicherheiten und -hindernisse. Will man den Emscher Landschaftspark langfristig als einen ‚Produktiven Park' planen und entwickeln, muss die Praxis der Vergabe kurzzeitiger Pachtverträge über-dacht werden. Die Bedeutung einer stärkeren Einbindung der (großen) Flächeneigentümer in die Freiraumsicherung und -entwicklung ist dabei essentiell. Ohne die Einbindung der Flächeneigentümer ist das Projekt Emscher Landschaftspark kaum denkbar. Es muss deutlich werden, dass jede Freifläche und ihre Integration in ein nachhaltiges Entwicklungskonzept ein Gewinn für den Emscher Landschaftspark und seine Bewohner darstellt. Eine Voraussetzung zur Begünstigung langfristiger Flächenverfügbarkeit ist die Schaffung von Planungssicher-heit. Dazu kann der derzeit in Aufstellung befindliche Regionalplan für die Metropole Ruhr die Grundlage legen[18]. Durch eine nachhaltige und verlässliche Freiraumsicherung kann er dazu beitragen, den Bodenmarkt zu stabilisieren und Flächenspekulation einzudämmen.

---

18 Inhalte und Stand der Planung zum Regionalplan Metropole Ruhr sind der Homepage des Regionalverbands Ruhr (RVR) zu entnehmen. Siehe http://www.metropoleruhr.de/regional-verband-ruhr/regionalplanung.html.

Literatur

BGR (2013). Pressemitteilung vom 11.11.2013, http://www.bgr.bund.de. Zugegriffen am 26. März 2014.

BMELV (o. J.).http://www.proplanta.de mit Quellenverweis BMELV. Zugegriffen am 24. März 2014.

BUMB (2013). http://www.bmub.bund.de/themen/strategien-bilanzen-gesetze/nachhaltige-entwicklung/strategie-und-umsetzung/reduzierung-des-flaechenverbrauchs/. Zugegriffen am 26. März 2014.

Landwirtschaftskammer NRW (2012). *Landwirtschaftlicher Fachbeitrag zum Regionalplan „Metropolregion Ruhr". Daten, Fakten und Entwicklungsperspektiven der Landwirtschaft im urbanen und suburbanen Raum.* Unna: Landwirtschaftskammer NRW.

Landwirtschaftskammer NRW (2013). *Zahlen und Daten zu Landwirtschaft und Gartenbau in der Metropole Ruhr.* Münster: Landwirtschaftskammer NRW.

Landwirtschaftskammer NRW (2013). *Die Struktur der Landwirtschaft und ihre Entwicklung in der Stadt Datteln, Kreis Recklinghausen. Landwirtschaftlicher Fachbeitrag zur 8a Änderung des Flächennutzungsplanes und zum vorhabenbezogenen Bebauungsplan Nr. 105a – Kraftwerk – der Stadt Datteln.* Unna: Landwirtschaftskammer NRW.

Kost, S. (2014). *Hemmnisse und Chancen der Landwirtschaft im Emscher Landschaftspark. Ergebnisse einer Befragung von Landwirten in ausgewählten Teilräumen des Emscher Landschaftsparks.* Onlineressource: http://www.ilpoe.uni-stuttgart.de/forschung/publikationen/OnlineDokument/Bericht_Landwirtebefragung_Kost.pdf. Zugegriffen am 20. Juni 2014.

Lohrberg, F. (2011). *Masterplan Agrikultur.* Online-Dokument. 2011_09_urbane Agrikultur lay.pdf. Zugegriffen: 26. März 2014.

Projekt Ruhr GmbH (Hrsg.) (2005). *Masterplan Emscher Landschaftspark 2010.* Essen: Klartext.

Regionalverband Ruhr (2014: a). *Position Emscher Landschaftspark 2020+.* Onlineressource: Positionspapier_EmscherLandschaftspark_Stand_VV_04-04-2014.pdf. Zugegriffen am 26. März 2014.

Regionalverband Ruhr (2014: b). http://www.metropoleruhr.de/regionalverband-ruhr/regionalplanung/regionalplaene.html. Zugegriffen am 26. März 2014.

Die Macht des Ökonomischen im Blick auf Natur und Landschaft

Eine Diskussion des Ökosystemdienstleistungsansatzes

Annette Voigt

Zusammenfassung

Der Beitrag diskutiert den derzeit in den Umweltwissenschaften stark verbreiteten Ansatz der Ökosystemdienstleistungen (*ecosystem services*) und die in diesem eingenommene Perspektive auf Natur als ‚dienstleistendes Ökosystem'. Ökosystemdienstleistungen werden durch quantifizierbare Einheiten erfasst, so dass eine Übertragung in monetäre Werte möglich ist. Den Leistungen bzw. den die Leistungen produzierenden Ökosystemen werden Eigentums- oder Nutzungsrechte zugewiesen und es wird ein Markt für diese Leistungen geschaffen. Anders als häufig behauptet, ist dieser Ansatz für die Erhaltung der Artenvielfalt aufgrund seiner Fokussierung auf Nutzen und der Betrachtung von Arten als funktional äquivalent nicht hilfreich, sondern sogar schädlich. Erhebliche Teile der Artenvielfalt müssen als ‚nutzlos', ersetzbar oder schädlich und deshalb als nicht schützenswert eingestuft werden. Die Kategorie der kulturellen Dienstleistungen ermöglicht zwar, den Schutz von Arten zu begründen, die für andere Dienstleistungen keine Funktionen erfüllen oder schädlich sind. Allerdings ist diese Kategorie widersprüchlich und inkonsistent: Das, was durch sie erfasst werden soll, sind keine durch Indikatoren messbaren Leistungen oder Eigenschaften eines ökologischen Systems, sondern die Fähigkeit des Subjektes, Natur und Landschaft in ästhetischer und sinnhafter Weise zu erleben und zu beurteilen.

1 Einleitung

Der Naturbegriff ist historisch und gesellschaftlich bestimmt (siehe u. a. Zimmermann 2001). Die Vorstellungen, die wir uns von Natur machen, und die Begriffe, mit denen wir über sie reden, sind vielfältig: Natur ist ‚Ressource für Produktion', ‚schützenswerte Vielfalt' oder ‚ökologisches Gleichgewicht', ‚Ort der Erholung', ‚Freiheit von zivilisatorischen Zwängen', oder ‚göttliche Schöpfung' – um nur einige der vielen Bedeutungen aufzuzählen (siehe z. B. Rink und Wächter 2001; Zimmermann 2001; Körner 2004; Trepl et al. 2005). Zum einen sollten die Bedeutungen von Natur und das, was Menschen von Natur wollen, in Naturschutz und Landschaftsplanung berücksichtigt werden. Zum anderen sind auch die Vertreter der Fachdisziplinen, der Ökologie, der Planung und des Naturschutzes, in der Art ihrer professionellen technischen oder naturwissenschaftlichen Herangehensweise von gesellschaftlichen Werten, normativen Setzungen und Naturbildern geprägt (Trepl 1991). Das zeigt sich vor allem, wenn man danach fragt, wie und aus welchen Gründen Natur und Landschaft entwickelt bzw. erhalten werden sollen und wie versucht wird, sie zu erfassen und zu bewerten.

Derzeit ist in den Umweltwissenschaften die Betrachtung von Natur unter der Perspektive der Ökosystemdienstleistungen (*ecosystem services*) stark verbreitet. Diese sind als Nutzen oder Gewinn von Ökosystemen für das Wohlergehen von Menschen definiert (MEA 2005, S. 40). Weltweit sind große Teile der Forschungsförderung im Bereich Umwelt auf die Analyse, Bewertung und Erhaltung bzw. Schaffung von Ökosystemdienstleistungen ausgerichtet; auch Politiker, Planer und Naturschützer sprechen zunehmend in den entsprechenden Begrifflichkeiten. Der Ökosystemdienstleistungsansatz wird als ein Weg gesehen, die Abhängigkeit sozialer Systeme von ökologischen Systemen zu kommunizieren und gilt als eine wichtige Grundlage für die Erfassung, Bewertung und den Schutz ökologischer Systeme (Costanza et al. 1997; Daily 1997; MEA 2005; Engel et al. 2008; TEEB 2010).

Der vorliegende Beitrag diskutiert die Perspektive auf Natur als ‚Dienstleisterin‘ (Abschnitt 2). Welche Aspekte werden ins Blickfeld gerückt, welche vernachlässigt, wenn man Natur und Landschaft als ein Ökosystem (2.1), das Dienstleistungen erbringt (2.2), betrachtet? Ökosystemdienstleistungen werden quantifiziert sowie auf ihren Nutzen hin und letztendlich ökonomisch bewertet (2.3). Dabei interessiert mich vor allem, inwieweit dieser Ansatz eine Grundlage für Naturschutz und Landschaftsplanung sein kann bzw. sein sollte (Abschnitt 3). Das diskutiere ich anhand des Themenkomplexes der Eigenart und Vielfalt. Dabei zeige ich, dass mit Hilfe dieses Ansatzes der Schutz der Biodiversität (im Sinne von Artenvielfalt) nicht begründet werden kann (3.1.). Zudem hinterfrage ich die Kategorie der kulturellen Ökosystemdienstleistungen, mit der versucht wird, den Nutzen der Natur für das seelische Wohlbefinden zu erfassen. Ist diese Leistungskategorie eine Grundlage für den Schutz und die Entwicklung von Natur und Landschaft aufgrund deren Vielfalt, Eigenart und Schönheit (3.2)? Mit dieser Diskussion möchte ich einen Beitrag leisten, wie Robertson (2012, S. 386) es formuliert: „to understand both the imperatives and the silences in the current campaign to define the world as an immense collection of service commodities".

2   Das Ökosystem als Dienstleister

Der aus der Umweltökonomie stammende Begriff der Ökosystemdienstleistung hat sich vor allem durch das von den UN 2001 in Auftrag gegebene *Millennium Ecosystem Assessment* etabliert. Dessen Ziel war die weltweite, systematische Bewertung der Zustände der Ökosysteme anhand der Erfassung von 24 Schlüsselleistungen, die Prognose ihrer zukünftigen Entwicklung und die Einschätzung der Folgen für die Lebensqualität von Menschen. *Ecosystem Services* sind hierbei als „benefits people obtain from ecosystems" (MEA 2005, S. 40), als Nutzenwerte von Ökosystemen für Menschen definiert. Die behandelten Leistungen werden in vier Kategorien unterschieden: Versorgungsleistungen (Bereitstellung natürlicher Ressourcen wie Nahrung, Wasser, Bau-, Brennoder pharmazeutische Wirkstoffe), Regulierungsleistungen (z. B. Schadstofffilterung, Wasserreinigung, Klima- und Wasserhaushaltsregulierung), kulturelle Leistungen (z. B. Erholung, spirituelle und ästhetische Werte) und unterstützende Leistungen (z. B. Bodenbildung, Nährstoffkreislauf). Letztere beziehen sich vor allem auf Wechselwirkungen, die nicht direkt zum menschlichen Wohlbefinden beitragen, aber andere Leistungen möglich machen (MEA 2005, S. 40). An dieser Formulierung werde ich mich im Folgenden orientieren, wenn es inzwischen auch interne Kritik und differenzierte Alternativen gibt (z. B. Boyd und Banzhaf 2007; Wallace 2007; Fisher und Turner 2008; Fisher et al. 2009). Aber auch bei diesen geht es um Leistungen, Naturgüter und Prozesse, die vom System erbracht werden.

Welche Aspekte werden ins Blickfeld gerückt, wenn man Natur und Landschaft als ein Ökosystem, das Dienstleistungen erbringt, betrachtet?

2.1 Natur als Ökosystem

Der Ökosystemdienstleistungsansatz bezieht sich auf die Ökosystemtheorie: „An ecosystem is a dynamic complex of plant, animal, and microorganism communities and the nonliving environment interacting as a functional unit" (MEA 2005, S. V). Natur wird als Ökosystem definiert. Was bedeutet das?

Ökosystem ist – zumindest seinem Ursprung nach – ein Begriff der Naturwissenschaft Ökologie. Wenn er heute auch in weiteren Zusammenhängen verwendet wird, sind, so meine These, seine kulturellen Bedeutungen durch diesen naturwissenschaftlichen Ursprung geprägt.

Ökosysteme sind Einheiten aus Gesellschaften von Organismen verschiedener Arten und deren abiotischer Umwelt, wobei zwischen den biotischen und abiotischen Komponenten des Ökosystems Wechselwirkungen bestehen. Als klassisch gelten die physikalisch orientierten Ökosystemtheorien, die Materie-, Energie- oder auch Informationstransfers im Ökosystem und die Funktionen der biotischen und abiotischen Komponenten bei diesen Transfers beschreiben (Voigt 2009, S. 13ff., 233ff.).[1]

Organismen werden dabei *nicht* als Individuen bestimmter Arten betrachtet, sondern meist mit anderen Komponenten des Ökosystems, auch mit abiotischen, die im Öko-

---

1 Im Unterschied zu der hier geschilderten Auffassung wird der Begriff ‚Ökosystemtheorie' in der ökologischen Literatur und Praxis auch darauf bezogen, dass alles, was in einem Raum ökologisch relevant ist, betrachtet wird: neben den Organismen aller taxonomischer Gruppen auch die bodenkundlichen und klimatischen Faktoren.

system die gleiche Funktion ausüben, als Ökosystemkompartimente zusammengefasst (Taylor 1988; Bergandi 1995). Dabei bestimmt der Ökologe die Auswahl der zum Ökosystem gehörenden Objekte und ihrer Relationen aus der unbestimmten Mannigfaltigkeit der Natur. Das bedeutet er ‚konstruiert' – in einem theoretischen Sinne – das Ökosystem unter der Perspektive seines (oder eines gesellschaftlichen) Interesses als Gegenstand der Ökologie. Interessiert ihn der Stoffkreislauf, dann gehört zum Ökosystem, was diesen hervorbringt und was einen positiven oder negativen Einfluss auf ihn hat, aber sonst nichts. Ökosysteme sind *interessegeleitete Konstruktionen* des Wissenschaftlers (Trepl et al. 2005, S. 687; Voigt 2009, S. 236ff; Kirchhoff und Voigt 2010, S. 190ff.). Darüber hinaus können Ökosysteme mit einer technischen Zweckintention praktisch-material hergestellt werden, indem absichtlich bestimmte Organismen in einem Gebiet angesiedelt oder die Umweltbedingungen verändert werden. Das Interesse bei der theoretischen wie auch materiellen Konstruktion eines Ökosystems ist auf einen *Nutzen* bezogen: Ökosysteme sollen z. B. das Klima stabilisieren, Abwasser reinigen oder seltene Arten erhalten. Selbst wenn der Konstruktion des Ökosystems nur ein theoretisches Erkenntnisinteresse zugrunde liegt (wie z. B. die Erfassung des Stoffkreislaufes), so zielt auch dieses auf die Möglichkeit der technischen Beherrschung von Natur.[2] Beim Ökosystemansatz geht es um die technische Verfügung über sich selbst hervorbringende und erhaltende Beziehungssysteme von lebenden Organismen und ihrer Umwelt. Ein Ökosystem ist, so könnte man sagen, ein *technisch-lebendiges Hybrid*, das auf eine oder mehrere bestimmte Funktionen hin konstruiert, optimiert und reguliert wird (Voigt 2009, S. 239).

Welche kulturellen Bedeutungen werden ins Blickfeld gerückt, wenn man Natur als Ökosystem betrachtet? Man bezeichnet Natur dann als Ökosystem, wenn man darauf hinweisen will, dass 1) die Elemente eines Naturraums nicht isoliert sind, sondern dass zwischen ihnen *Wechselwirkungen* (z. B. Stoff- und Energieflüsse) bestehen, und dass sich 2) die Beziehungen zwischen Organismen sowie zwischen Organismen und ihrer Umwelt *selbst organisieren*, und sich so 3) ein dynamisches und zugleich sich selbst erhaltendes *Ganzes* hervorbringt, 4) das einen *Nutzen* hat und über das *technisch verfügt* werden soll. Daher impliziert ‚Natur als Ökosystem' die Bedeutungen ‚Erklärbarkeit', ‚Kontrolle', ‚Konstruktion' und ‚Nutzung', die ‚Unterwerfung von sich selbst-reproduzierender Natur unter einen äußeren Zweck' (Kangler und Voigt 2010, S. 372).

2.2   Das Leistungsprinzip

Ökosysteme werden wie technische Systeme bewertet: nach ihren Leistungen, die sie erbringen. Dabei wird ‚Ökosystemdienstleistung' meist von ‚Ökosystemfunktion' abgegrenzt: Als Funktionen werden in der Regel die hinter den Leistungen stehenden

---

2   Naturwissenschaft richtet sich prinzipiell nicht auf eine von allen Interessen freie theoretische Erkenntnis, sondern produziert Wissen, das sich auf die Möglichkeit der Kontrolle und Prognose richtet (Habermas 1965, S. 157).

ökosystemaren Prozesse, Strukturen und Zustände bezeichnet: Sie sind „the capacity of natural processes and components to provide goods and services that satisfy human needs, directly or indirectly" (De Groot 1992, S. 7). Funktionen sind Leistungen, wenn sie aus der Perspektive des Nutzens betrachtet werden bzw. wenn sie nachgefragt und genutzt werden. Dabei bestimmt allerdings auch die ‚Leistung', was ‚Funktion' hat bzw. was eine Funktion ist. De Groot et al. zufolge ist z. B. Klimaregulation eine Funktion und die daraus resultierenden Ökosystemdienstleistungen sind „maintenance of a favorable climate (temp., precipitation, etc.) for, for example, human habitation, health, cultivation" (2002, S. 396).

Experten definieren und bewerten ökologische Systeme ausschließlich anhand dessen, was sie als Leistungen für diejenigen, die von den Leistungen profitieren, liefern. Es wird ausformuliert, was im Ökosystemansatz schon angelegt war: Ökosysteme erfüllen einen äußeren Zweck. In dieser Perspektive ist Natur Dienstleisterin und der Mensch Besitzer, Konsument oder Ökosystem-Manager, dessen Ziel die Nutzung und Optimierung der Leistungen ist. Dabei suggeriert der Begriff der Dienstleistung, es sei die Intention eines Ökosystems wie ein Dienstleistungsunternehmen menschliche Bedürfnisse und Wünsche zu befriedigen (Sullivan 2010, S. 19; Voigt 2013, S. 142).

Impliziert ist das Ideal einer *Leistungsoptimierung*. Dabei wird manchmal, insofern sehr allgemein von Leistungen *der* Natur gesprochen wird, vernachlässigt, dass es zwischen den einzelnen Leistungen Wechselwirkungen und Antagonismen gibt, die eine simultane Maximierung aller Leistungen unmöglich macht (*trade-offs*). In der Praxis muss man Entscheidungen zugunsten der Maximierung einer oder einiger weniger Ökosystemdienstleistungen treffen, die aber zu Verschlechterungen anderer führen können (Heal et al. 2001, S. 345; Rodríguez 2006).

2.3   Die monetäre Bewertung der Leistungen

Die Studie ‚The Economics of Ecosystems and Biodiversity' zielte darauf, den ökonomischen Wert von biologischer Vielfalt und Ökosystemdienstleistungen besser sichtbar und vor allem für die Politik fassbarer zu machen (TEEB 2010). Dieses Ziel wird seit 2013 auf nationaler Ebene in Deutschland fortgeführt (TEEB.DE 2012). Durch die *monetären* Verfahren hofft man, ‚starke' (wirtschaftliche) Naturschutzargumente zu gewinnen: Natur wird – so die These – zerstört, weil der wirtschaftliche Wert ihrer vielfältigen Leistungen nicht ausreichend bekannt ist oder gewürdigt wird. Die Umrechnung einer Leistung in Geldeinheiten mache den Wert von Natur und Schutzmaßnahmen sichtbar und liefere Argumente für einen wirtschaftlich verantwortungsvollen Umgang mit Natur (siehe z. B. Costanza et al. 1997, S. 253; Engel et al. 2008, S. 663; TEEB 2010, S. 15ff.). Das sei vor allem wichtig in Ländern, die sich nur wenig staatlichen Naturschutz leisten oder leisten können. Auf dieser Grundannahme – dass, wenn man den Wert von Ökosystemen richtig bestimme und neue Märkte für Leistungen schaffe, die Umwelt sowie die Gesellschaft gewinnen werden – basieren verschiedene Konzepte wie ‚market environmentalism', ‚green neoliberalism' oder ‚green capitalism' (Sullivan 2010, S. 18). Die Leistungsfähigkeit von Ökosystemen soll über marktbasierte Instrumente, Zahlungs- und Honorierungsleistungen wie ‚Payments for Ecosystem Services', Subventionen, handelbare Emissionszertifikate bzw. ‚Verschmutzungsrechte' gesichert werden.

Ökosystemdienstleistungen werden zur Ware, d. h. sie bekommen einen Markt- preis. Voraussetzung dafür ist 1) dass die Leistungen erfasst und gemessen werden, d. h. man braucht ‚Einheiten', die es ermöglichen, sie zu quantifizieren (z. B. Tonnen CO_2). 2) Diese Quantifizierung ist eine Voraussetzung ihrer Bewertung und bereits auf ihre Monetarisierung ausgerichtet. „The methods and techniques of ecosystem assessment must describe a nature that capital can 'see' – that has an uncontroversial measure – in order for trade to occur" (Robertson 2006, S. 367; siehe auch Robertson 2012, S. 386; Smith 2007). 3) Außerdem muss den Leistungen bzw. den Leistungen produzierenden Ökosystemen Eigentums- oder Nutzungsrechte zugewiesen werden. 4) Es muss ein Markt geschaffen werden, auf dem die Eigentümer die Ökosystemdienstleistungen an- bieten (Robertson 2006, S. 372; 2012; Smith 2007; Sullivan 2010).

Man kann es als Stärke des Ansatzes sehen, dass er Nutzendimensionen von Natur thematisiert, die bisher in Entscheidungsprozessen eher unberücksichtigt geblieben sind. Er greift aktuelle, gesellschaftlich dominante Entwicklungen und Sichtweisen (Neo- liberalismus, Ökonomisierung aller Lebensbereiche, Kosten-Nutzen-Erwägungen als hauptsächlicher Bewertungsmaßstab etc.) auf, wendet sie konsequent auf Natur an und macht so den Natur- und Ressourcenschutz anschlussfähig (Leibenath 2013). Jedoch gibt es gegen die Monetarisierung von Natur und ihren Leistungen eine Vielzahl an unter- schiedlichen Einwänden – sie können hier nur kurz angeschnitten werden: Argumentiert wird, dass der vollständige Wert eines Ökosystems und seiner Leistungen aufgrund der *ökologischen Komplexität* gar nicht zu erfassen sei (Costanza et al. 1997, S. 256; BUND 2010, S. 9). Zudem bestehe die Gefahr, wichtige, aber noch nicht bekannte oder genutzte potentielle Leistungen zu übersehen. Man könne Ökosysteme nur nach ihrem Nutzen für gegenwärtige Gesellschaften bewerten und entwickeln, wisse aber nicht, was in Zu- kunft bedeutsam sein werde (vgl. BUND 2010, S. 9; Norgaard 2010, S. 1222; Leibenath 2013; AK KGL 2013). Auch seien ökonomische, monetäre Bewertungsmethoden zur Wertermittlung wenig geeignet, da sich dadurch vor allem immaterielle Werte (z. B. ästhetischer, emotionaler Wert), aber auch instrumentelle Gebrauchswerte nicht adäquat erfassen ließen. Der Marktpreis einer Ökosystemdienstleistung sei eine enge und verein- fachte Vorstellung von ‚Wert', sei von der Komplexität der sozialen Welt entkoppelt und gebe den Wert, den Natur für Menschen haben kann, nicht wieder (Chan et al. 2012, S. 9ff; Dempsey und Robertson 2012). Ein weiteres Argument gegen die Monetarisierung der Natur ist, dass Naturschutz *nicht* zu einer *rein wirtschaftlichen* Entscheidung werden dürfe (BUND 2010). Denn die für Ökosystemdienstleistungen geltenden Preise würden – wie alle anderen auch – von Schwankungen der internationalen Märkte abhängen und könnten nicht den dauerhaften Schutz von Natur garantieren (McCauley 2006, S. 27; BUND 2010). Oft wird argumentiert, dass z. B. die Ausrottung von Arten *um ihrer selbst willen* zu verhindern sei, nicht weil diese für marktrelevante Leistungen wichtig seien (McCauley 2006, S. 28).

Der Dienstleistungsansatz wird als Neoliberalisierung von Natur kritisiert. „Ecosystem services is at least in the vanguard of the neoliberalization of nature, if not the flagship case" (Dempsey und Robertson 2012, S. 2). Neoliberalismus kann definiert werden als politisch-ökonomische Theorie und Praxis, die davon ausgeht, dass das Wohlergehen der Menschen am besten durch individuelle unternehmerische Fähigkeiten innerhalb eines institutionellen Rahmens gesichert wird. Sie umfasst Privatisierung, Reduzierung der staatlichen Eingriffe in die Wirtschaft, den Ausbau der Märkte sowie den Prozess der Kommodifizierung und Kommerzialisierung, also die Ausweitung des Handels auf bisher nicht vermarktete Bereiche (siehe ausführlich Harvey 2005). An der Kommodifizierung von Natur wird vor allem kritisiert, dass neue Eigentumsrechte und Märkte geschaffen werden, was zu einer neuen Phase der kapitalistischen Naturausbeutung führe. Das könne nicht nur für ‚die Natur', sondern auch für diejenigen Menschen eine Katastrophe bedeuten, deren Leben und Überleben von der kostenfreien Nutzung von Natur abhänge (Corbera et al. 2007; Redford und Adams 2009). Der Markt für Ökosystemdienstleistungen sichere und erneuere den Kapitalismus, schütze und erhalte aber nicht Natur (Smith 2007, AK KGL 2013). Sullivan (2010, S. 20) unterstreicht: „Of course, payments for the environmental services produced by nature's labour do not go to the environment itself, but to whoever is able to capture this newly priced value". Es werde nicht thematisiert, dass es Gewinner und Verlierer bei der Nutzung und Kommodifizierung von Ökosystemdienstleistungen gebe (Daw et al. 2011).

3   Die Perspektive der Ökosystemdienstleistungen und der Natur- und Landschaftsschutz

Im deutschen Bundesnaturschutzgesetz wird definiert: „Natur und Landschaft sind auf Grund ihres eigenen Wertes und als Grundlage für Leben und Gesundheit des Menschen auch in Verantwortung für die künftigen Generationen im besiedelten und unbesiedelten Bereich nach Maßgabe der nachfolgenden Absätze so zu schützen, dass 1. die biologische Vielfalt, 2. die Leistungs- und Funktionsfähigkeit des Naturhaushalts einschließlich der Regenerationsfähigkeit und nachhaltigen Nutzungsfähigkeit der Naturgüter sowie 3. die Vielfalt, Eigenart und Schönheit sowie der Erholungswert von Natur und Landschaft auf Dauer gesichert sind" (BNatSchG 2010, §1). Diese Formulierung möchte ich als Ausgangspunkt nehmen für die Frage, inwieweit der Ökosystemdienstleistungsansatz für den Schutz von Natur und Landschaft geeignet bzw. nicht geeignet ist. Er kann keine Grundlage dafür sein, den ‚eigenen Wert' von Natur und Landschaft zu erfassen, könnte aber durchaus dazu beitragen, Natur und Landschaft als ‚Grundlage für Leben und Gesundheit des Menschen' sowie die ‚Leistungs- und Funktionsfähigkeit des Naturhaushalts' zu berücksichtigen. Ich werde im Folgenden seine Eignung für den Schutz der biologischen Vielfalt diskutieren (3.1). Zudem könnte man annehmen, dass die Kategorie der kulturellen Ökosystemdienstleistungen, bei der es um die immateriellen Werte der Natur geht, eine Grundlage ist für den Schutz von Natur und Landschaft aufgrund deren Vielfalt, Eigenart und Schönheit. Auch dies werde ich diskutieren (3.2).

3.1   Der Schutz der Biodiversität[3]

Oft wird behauptet, dass Ökosystemdienstleistungen durch die Biodiversität der jeweiligen Ökosysteme erzeugt und aufrechterhalten werden und dass eine hohe Biodiversität notwendig sei, damit Ökosysteme ihre Leistungen erbringen können. Denn Biodiversität reguliere und kontrolliere die Ökosystemfunktionen, die die Leistungen unterstützen (MEA 2005; Diaz et al. 2006; UNEP 2007; TEEB 2010). Daher stellt, so wird weiter gefolgert, der Ökosystemdienstleistungsansatz eine wichtige Grundlage für den Schutz der biologischen Vielfalt dar (z. B. Daily 1997; Mace 2011). Trifft das zu? Diese Frage untersuche ich am Beispiel der Artenvielfalt.

3.1.1   Der Zusammenhang von Biodiversität und Ökosystemdienstleistungen

Grundlage für die Annahme, dass Ökosysteme höherer Biodiversität höhere Leistungen erbrächten, ist vor allem die Hypothese, dass eine große Anzahl von Arten, die im System dieselbe Funktion erfüllen, aber unterschiedliche Toleranzbereiche und Umweltansprüche haben, als ‚Versicherung' dienen (*insurance hypothesis*; siehe Lawton und Brown 1993; Naeem 1998; Yachi und Loreau 1999). Wenn ein Ökosystem mit einer hohen Anzahl an jeweils funktional äquivalenten, aber in ihren Ansprüchen diversen Arten Störungen ausgesetzt ist und dadurch Arten wegfallen, gibt es immer noch andere Arten, die dieselben Funktionen für das System erfüllen. Dadurch ist das Ökosystem stabil und kann weiterhin – mehr oder weniger unverändert – Leistungen anbieten (Hooper et al. 2005, S. 15).

Während im Ökosystemdienstleistungsansatz meist pauschal ein positiver Zusammenhang zwischen Leistung und Biodiversität behauptet wird, gibt es in der Ökologie viele unterschiedliche, auch konträre Hypothesen darüber und Untersuchungsergebnisse dazu, wie das Verhältnis von Biodiversität und Ökosystemfunktionen und -leistungen ist (Schläpfer und Schmid 1999; Norgaard 2010, S. 1220f.) Oft wird betont, dass Ergebnisse nicht zu verallgemeinern seien, denn der Zusammenhang zwischen Artenzahl und Leistungen hänge ab von Größe und Ökosystemtyp des Untersuchungsgebiets, verwendeten Methoden sowie betrachteten Funktionen bzw. Leistungen (Srivastava und Vellend 2005, S. 274ff.; Hooper et al. 2005, S. 24). Auch ist die Bewertung der Leistungen unterschiedlich: In landwirtschaftlichen Systemen ist hohe Produktivität wünschenswert, aber für natürliche Systeme kann auch das Gegenteil der Fall sein, z. B. bei Seen (Vandermeer et al. 2002; Srivastava und Vellend 2005, S. 268). Zudem gibt es

---

3 Das folgende Kapitel ist die gekürzte und überarbeitete Fassung von Voigt 2013.

artenreiche Gesellschaften geringer Produktivität und artenarme Gesellschaften hoher Produktivität (Rosenzweig 1995). Der Zusammenhang von Biodiversität und Stabilität scheint zwar intuitiv eindeutig zu sein: Ein vielfältiges System beinhaltet mehr Möglichkeiten auf äußere Einflüsse zu reagieren und hat daher auch mehr Möglichkeiten, kontinuierlich Leistungen ‚anzubieten' als ein System geringer Vielfalt. In der Ökologie wird aber dieser Zusammenhang schon jahrzehntelang kontrovers diskutiert (Pimm 1984; Trepl 1995; McCann 2000): Der Zusammenhang von Artenvielfalt und Systemstabilität ist sehr unterschiedlich, je nachdem, welchen Ökosystemtyp man betrachtet, worauf ‚Stabilität' bezogen wird, welchen Veränderungen das System unterliegt (z. B. welche Arten wegfallen) etc. Empirische Untersuchungen zeigen, dass sich von Natur her artenarme Systeme auch nach großen Abweichungen vom Ausgangszustand in Hinsicht auf bestimmte Charakteristika schnell wieder herstellen (z. B. boreale Wälder nach einem Waldbrand). Artenreiche Systeme sind zwar gegenüber Störungen oft lange relativ resistent, können sich aber nach sehr großen Störungen nur schwer oder gar nicht wieder herstellen (z. B. tropische Regenwälder nach einem Waldbrand) (May 1975; Orians 1975). Diese Diskussion wird im Ökosystemdienstleistungsansatz meist nicht beachtet.

Zweitens gibt es Arten, die schädlich sind. McCauley (2006, S. 27) argumentiert, dass der Ökosystemdienstleistungsansatz von der falschen Annahme ausgehe, dass die Natur es ‚gut mit uns' meine, dass sie uns mit Leistungen versehe und vor schädlichen Kräften wie Überschwemmungen, Klimaerwärmung und Stürmen schütze. Er vernachlässige aber, dass es unzählige Beispiele von sogenannten *disservices* gebe: Tiere, die Anbauprodukte, Besitz und Menschenleben zerstören, Vegetation, die sich nachteilig auf das Wassermanagement auswirke oder Feuchtgebiete, in denen gesundheitsschädliche Organismen leben.

Drittens ist es offensichtlich, dass es viele Leistungen gibt, die *nicht* mit Artenvielfalt positiv korreliert sind: Die Nahrungsmittel- und Holzproduktion hängt von den wenigen, aber dominanten Nutzarten ab. Leistungsoptimierung, d. h. eine Intensivierung der Landnutzung, besteht in der Förderung der Nutzarten und dem Ausschluss anderer Arten, die zur Produktion nichts beisteuern; ist also gekoppelt mit der *Verringerung von Artenvielfalt*. Artenvielfalt (z. B. Ackerunkräuter) führt zur Verringerung der Leistung. Andere Systemleistungen, wie Wasserspeicherung, hängen mehr von geophysikalischen Faktoren als von Artenvielfalt ab. Das Ausmaß der Fixierung von Kohlenstoff hängt von der Quantität der Biomasse ab. Würde man Wälder hinsichtlich Kohlenstofffixierung optimieren, d. h. alle maximalleistenden Arten und auch ihre Mutualisten und indirekten Förderer (z. B. Bodenorganismen) einsetzen, so wäre die Artenzahl kleiner als die derzeit in den Wäldern vorhandene (Trepl 2012b). Die Leistungen werden also nicht von allen vorkommenden Arten erbracht, sondern von den wenigen Arten oder Artengruppen, die bestimmte funktionale Kriterien erfüllen (vgl. Ridder 2008, S. 784). Daher wird auch von „service-providing units" (Luck et al. 2003, S. 333) oder „key ecosystem service providers" (Kremen 2005, S. 469) gesprochen. Alle anderen Arten sind für die Systemleistungen irrelevant oder sogar schädlich. Das gilt auch, wenn man mehrere Systemleistungen zusammen betrachtet: Je mehr Leistungen man betrachtet, desto mehr Arten werden benötigt, aber auch hier gilt, dass es Arten gibt, die auf die betrachteten Leistungen keine oder unerwünschte Wirkungen haben. Selbst wenn man potentielle Störungen der jeweiligen Leistung mitbetrachtet und man die Gruppe der nützlichen Arten (vorsorglich) erweitert, um z. B. die Arten, deren Nutzen für die Nahrungsproduktion wichtig werden, wenn sich das Klima weiter erwärmt, werden immer noch bestimmte Arten funktionslos oder schädlich sein.

Viertens sind viele Arten *redundant*. Der Dienstleistungsansatz bezieht sich auf die oben dargestellte Ökosystemtheorie und ihren ‚reduktionistischen Holismus'. Das Ökosystem als Ganzes hat einen Zweck und besteht aus verschiedenen Komponenten, die jeweils unterschiedliche Funktionen erfüllen. Die Elemente, die gemeinsam solch eine Komponente bilden, sind funktional äquivalent, d. h. jede Art kann von einer anderen Art, die funktional äquivalent ist, ersetzt werden. Welche oder wie viele unterschiedliche Arten die Komponenten bilden, ist irrelevant, solange die Funktionen für das Ganze erfüllt und damit auch die Leistungen des Systems aufrechterhalten werden. Das heißt, dass sich Arten bei der auf Leistungen des Systems fokussierten Perspektive *nur* hinsichtlich ihrer Rolle bei der Erhaltung des Ökosystems bzw. beim Bereitstellen von Systemleistungen unterscheiden; alle anderen Unterschiede sind irrelevant. Das heißt auch, dass die Frage, *welche Art* für eine Systemleistung wichtig ist, irrelevant ist, denn es interessiert letztendlich nur ihr Beitrag zur Leistung. Viele Systemleistungen wie Kohlenstofffixierung, Erosionsverhinderung, Schutz vor Hochwasser hängen von Bäumen und Unterholz ab, es ist aber in der Perspektive der Ökosystemdienstleistungen unwichtig, um welche Arten es sich handelt (Ridder 2008, S. 784).

Grundsätzlich lässt sich sagen: Man braucht für Ökosystemdienstleistungen eine bestimmte Mindest-Biodiversität, vor allem bestimmte Schlüsselarten (*key service providers*), ein paar potentielle Substituenten zur Sicherheit und die Arten, die Störungen puffern, aber es gibt immer viele Arten, die a) dafür irrelevant sind, b) eine negative Wirkung auf gewünschte Systemleistungen haben oder die c) redundant sind. Artenvielfalt ist der Steigerung von Leistungen hinderlich.

3.1.2 Schutz nur für Leistungsträger?

In der Perspektive der Ökosystemdienstleistungen werden Ökosysteme nach dem (ökonomischen, monetarisierbaren) Nutzen bewertet, den sie für Menschen, die von ihnen profitieren, erbringen. Der Schutz eines Ökosystems kann *nur* aufgrund seiner *Leistungen* begründet werden und der Schutz einer oder mehrerer Arten, der Vielfalt an Arten oder auch bestimmter Individuen nur durch ihren jeweiligen Beitrag zu diesen Leistungen. Das heißt, *das*, und *auch nur das* an Natur, von dem wir wissen, dass es einen relevanten Nutzen für uns hat, kann geschützt werden, z. B. eine Grünfläche in der Stadt wegen ihrer positiv bewerteten mikroklimatischen Wirkung oder eine Insektenart, weil sie Schädlinge kontrolliert. Was auf der Ebene der betrachteten Leistungen keine (eigene, wichtige) positive Funktion hat, muss und kann im Rahmen des Dienstleistungsansatzes nicht geschützt werden. Da viele Leistungen mit einem Minimum an Artenvielfalt erbracht werden können, wäre es ökonomisch vernünftig, die Artenvielfalt eines Systems auf die notwendige Vielfalt zu reduzieren oder zumindest nicht in die irrelevanten, redundanten oder schädlichen Arten zu investieren. Das wird auch explizit so gesagt: „It may be desirable to set a predetermined target whereby a collection of organisms are not considered as service providers unless they contribute a given amount to a particular service (e.g., a provider must contribute 30% to a pest control service, thereby reducing a land manager's reliance on pesticides and resulting in crop yields at a given profit margin). The benefits of this target approach include avoiding undue attention being placed on organisms that make insubstantial contributions to service provision (i.e., it identifies the key service providers)" (Luck 2009, S. 229). Hier zeigt sich deutlich, dass Arten, die keine Leistungen hervorbringen, keinen Schutz verdienen.

Wie nachteilig die Perspektive der Systemleistung für den Schutz von Vielfalt sein kann, zeigt das Beispiel der Wildbienen. Heimischen Wildbienen wird ein sehr hoher Wert zugesprochen, gerade auch wegen ihrer Bestäubungsleistung. Verschiedene Autoren zeigen, welche Problematiken diese Argumentation mit sich bringt. McCauley stellt den Fall einer Kaffeeplantage in Costa Rica dar: Die Leistung der Wildbienen, die Kaffeepflanzen zu bestäuben, wurde als Argument für ihre Schutzwürdigkeit verwendet. Dann ging der Preis für Kaffee zurück, daher wurde auf der Plantage Ananas angebaut. Da Ananaspflanzen zur Fruchtbildung nicht auf Bestäubung angewiesen sind, wurde die Bestäubungsleistung der Bienen *wertlos* und damit das Argument, dass die Wildbienen aufgrund ihrer Leistung geschützt werden müssen, hinfällig (McCauley 2006, S. 27f.). Ein weiteres Beispiel zeigt, dass die Leistung heimischer Wildbienen durch den Import von (gebietsfremden) domestizierten Honigbienen ersetzt und damit *überflüssig* werden kann (Ghazoul 2007, S. 1651f.); sie kann sogar *schädlich* sein, wenn Bienen auf bestimmte Eigenschaften hin (z.B. Selbstbestäubung und Kernlosigkeit der Früchte) gezüchtete Zitruspflanzen fremdbestäuben und so die Ernte durch Einkreuzung ungewollter Eigenschaften ruinieren (Sagoff 2011, S. 497f.). Diese Beispiele zeigen, dass sich der Marktwert wie auch der instrumentelle Wert einer Leistung von Arten schnell und radikal ändern kann und damit kein dauerhaftes Argument für ihren Schutz bietet.

Zudem können Arten auch durch (auch technische) Substitute ersetzt werden, wenn diese dieselbe Funktion genauso gut oder effizienter erfüllen. Gerade wenn man Ökosysteme unter dem Aspekt der Maximierung der Produktion betrachtet, schneiden ‚künstliche' Ökosysteme mit gezüchteten oder genveränderten Organismen wesentlich besser ab als naturnahe. Es ist anzunehmen, dass zunehmend bestimmte Bedürfnisse durch technische Lösungen preiswerter und effizienter zu befriedigen sein werden als durch die aufwändige Erhaltung von dienstleistenden Ökosystemen. Es ist, wie McCauley treffend zusammenfasst, ein naives Wunschdenken, dass sich für Wirtschaft und Naturschutz immer *win-win* Situationen einstellen (2006, S. 28).

Gegen die Interessen des Artenschutzes spricht auch, dass Ökosystemdienstleistungen meist nicht von seltenen und gefährdeten Arten geleistet werden, sondern von häufigen und toleranten Arten, die gegen Veränderungen unempfindlich sind (Ridder 2008, S. 784f.). Sie können natürlich auch von standortfremden Arten erbracht werden. Bei diversen Instrumenten zur Messung und Bewertung der Biodiversität (z.B. *City Bio-*

diversity Index) wird zwischen heimischen und fremden Arten unterschieden und damit versucht, Vielfalt an örtliche Eigenart zu binden. Diese Bewertung von Arten aufgrund ihrer Herkunft kann man richtig oder falsch finden – aber sie ist innerhalb des technisch-ökonomischen Ökosystemdienstleistungskonzeptes nicht möglich, denn es zählt nur der Beitrag einer Art zur Leistung des Systems.

3.2   Vielfalt, Eigenart und Schönheit der Landschaft

Das Ökosystemdienstleistungskonzept impliziert, dass Leistungen auf ökologischen Funktionen und biophysischen Strukturen des Ökosystems beruhen. Bezogen auf die Kategorie der kulturellen Dienstleistungen hieße dies, dass Ökosysteme Ästhetik, Wissen, Inspiration, Spiritualität, also Naturerfahrung im weitesten Sinne, auf die gleiche objektiv messbare Weise *hervorbringen* wie die sogenannten bereitstellenden, regulierenden und unterstützenden Leistungen. Zudem impliziert der Ansatz, dass die Produkte des Systems einen monetarisierbaren ökonomischen Nutzen für das Wohlergehen von Menschen haben. Beide Annahmen werde ich im Folgenden diskutieren.

Das Wissen, dass es wildlebende Tiere, z. B. Bären, gibt, bereitet vielen Menschen Freude (auch wenn diese ökonomische Schäden in der Landwirtschaft anrichten). Die Freude über sie hat nichts mit ökosystemaren Prozessen zu tun. Natürlich benötigt man eine ,ökologische Basis' für die Möglichkeit des Erlebens von wildlebenden Bären. Denn wenn ihre ökologischen Ansprüche nicht erfüllt werden, sie also nicht vorkommen können, kann man sie auch nicht erleben. Aber die Freude an ihnen ist *keine Leistung des Systems*, sondern ein sinnlich-emotionales Erleben des Betrachters. Auch das, was z. B. ästhetisch als Landschaft betrachtet und mit kulturellen Bedeutungen (z. B. harmonisch, friedlich) versehen wird, ist etwas ganz anderes als das, was man mit dem Konzept des Ökosystems (s. o.) erfasst und in seinen Funktionen und Leistungen beschreibt. Es sind lebensweltlich definierte, ästhetisch-symbolische Einheiten: Berge, Seen, Wiesen, Wälder etc.

Was ist die Grundlage der Naturerfahrung? Naturerfahrung ist kein bloßes Einsaugen äußerer Sinnlichkeit (Eisel 2012, S. 264) oder bloße Reaktion auf physische Gegebenheiten, vielmehr hängt sie davon ab, welche Bedeutung Natur für den Einzelnen hat. Ein Bär kann ,scheues Wildtier', ,junger Wilder', ,gefährliches Raubtier' oder ,mordende Bestie' sein (Löffler 2007). Ein- und derselbe Naturausschnitt kann von verschiedenen Menschen unterschiedlich wahrgenommen, erlebt, gedeutet und bewertet werden, denn sie suchen verschiedene Arten von Erfahrungen in der Natur: Grenzerfahrungen, Abenteuer, Freiheit, Harmonie, Frieden etc. Wie wir Natur in ihren unterschiedlichen Formen wahrnehmen, was sie in uns auslöst und was wir von ihr wollen, ist dabei nicht nur von unseren individuellen Erfahrungen beeinflusst. Es ist kein rein subjektives Gefühl, das sich aller Verallgemeinerung entzieht, sondern unsere individuellen Zuschreibungen bewegen sich im Rahmen von kulturell geprägten Deutungsmustern (vgl. Hoheisel et al. 2010; Kangler und Voigt 2010; Voigt 2010, sowie die Beiträge in Kirchhoff und Trepl 2009, Kirchhoff et al. 2012).

Das, was der Ökosystemdienstleistungsansatz durch die Kategorie der kulturellen Leistungen versucht zu erfassen, ist also keine auf ökologischen Funktionen basierende Systemleistung oder Eigenschaft des betrachteten Objektes, sondern eine *Fähigkeit des Subjektes*, die Natur und ihre Vielfalt in dem gegebenen kulturellen Rahmen zu erleben, ästhetisch zu beurteilen, zu interpretieren und ihr dabei symbolische Bedeutungen und Werte zuzuweisen (Voigt 2012, S. 101; 2013, S. 150ff.; Kirchhoff 2012). Die Kategorie der kulturellen Dienstleistungen basiert auf einem Reduktionismus, der Kultur als etwas begreift, das von Ökosystemen hervorgebracht wird und von einer linearen und deterministischen Beziehung zwischen Ökosystem und Kultur ausgeht (Fish 2011, S. 674). Dass das nicht zutrifft, lässt sich am Beispiel unserer Wahrnehmung und Interpretation von landschaftlicher Vielfalt zeigen: Das ästhetische Wohlgefallen, das wir empfinden und die kulturelle Bedeutung, die wir einer Landschaft zuweisen, steigert sich nicht, wenn man die Anzahl der in dieser Landschaft vorkommenden biophysischen Strukturen oder Arten erhöht. Im Gegenteil: Eine Ergänzung ‚untypischer‘ Arten oder Landschaftselemente wird eher als eine Zerstörung der Landschaft interpretiert (siehe z. B. die Debatte über ‚fremde Arten‘). Denn die kulturelle Wertschätzung hängt meist von der *Eigenart* einer Landschaft ab, und dazu gehören nicht möglichst viele, sondern bestimmte, typische Landschaftselemente und Arten. Wir haben an Landschaften jeweils bestimmte Erwartungen im Hinblick auf ihre Eigenart und Vielfalt, an das Salzkammergut andere als an das Havelland. Die Vielfalt, die jeweils gemeint ist, ist nicht eine beliebige Vielzahl, sondern die Ausdifferenzierung regionaler Eigenart. Das bedeutet, dass Indikatoren, die verwendet werden, um kulturelle Leistungen zu bewerten und die sich auf die Anzahl von Arten oder Landschaftselementen beziehen, nicht geeignet sind, das zu messen, was wir unter ‚landschaftlicher Vielfalt‘ verstehen. Denn sie können nicht die Bindung der kulturellen Idee von Vielfalt an Eigenart berücksichtigen (Eisel 2006, vgl. auch Kirchhoff 2012; Voigt 2013 S. 150ff.).

Inwiefern sind die unter der Kategorie ‚kulturelle Ökosystemdienstleistungen‘ subsumierten Aspekte überhaupt mit Geldwerten sowie mit der Kategorie des Nutzens erfassbar? Die unter den kulturellen Leistungen aufgezählten Aspekte wie naturbezogene Erholung, Inspiration, Schaffung regionaler Identität und Lernen von Natur können natürlich durchaus als *wirtschaftlicher Nutzenfaktor* (z. B. Regeneration der Arbeitskraft, Tourismus, Ausdehnung des Konsums) betrachtet werden. Menschen geben, soweit die finanziellen Mittel vorhanden sind, Geld aus, um Natur und Landschaft zu erleben; Natur und Landschaft sind das touristische Kapital bestimmter Regionen. Daher werden z. B. die Besucher eines Waldes gefragt, wie viel Geld sie bereit wären, für seine Erhaltung auszugeben (*willingness-to pay*) oder welche Reisekosten (Geld und Zeit) sie auf sich nehmen, um das jeweilige Gebiet zu erreichen (z. B. BUWAL 2005). Von verschiedener Seite wird kritisiert, dass das keine adäquaten Methoden seien, den Wert der Natur für Menschen zu erfassen (Chan et al. 2012, S. 9ff; Dempsey und Robertson 2012). Daran lässt sich die Frage anschließen, ob Menschen aus Nutzenerwägungen in die Natur gehen und Landschaft genießen. Gehen sie gezielt in die Natur, *um* sich zu erholen oder zu inspirieren und anschließend besser arbeiten zu können? Man kann annehmen, dass stattdessen die verschiedenen Arten von Erfahrungen, die man in der Natur sucht, und die verschiedenen Bedeutungen, die ihr zugewiesen werden, eine wichtige Rolle spielen. Es sei, so führt Trepl am Beispiel des Spazierens in der Natur aus, ein „merkwürdiger Fehlschluss [...], dass das, was sich als eine Nebenwirkung des Spazierens oft und meist ergibt, auch der Grund sein muss, weswegen man spazieren geht" (Trepl 2012a, S. 23). Wie oben beschrieben, suchen Menschen verschiedene Arten von Erfahrungen in der Natur. Eine der Hauptbedeutungen von Natur, vor allem von wilder Natur, war in unserer Kultur immer auch, Gegenwelt zur Zivilisation zu sein (Hass et al. 2012, S. 134f.). Natur ist im Idealfall der Ort, der mehr oder weniger unkontrolliert und unreguliert ist, an dem die Zwänge der Zivilisation, ihre Regeln, Beschränkungen und Anforderungen nicht gelten und man so jemand anders sein kann als im geregelten Alltag. Natur als das Gegenüber vom Menschen ist auch das Von-selbst-Daseiende, in ihrer Lebendigkeit Unkontrollierte und Nicht-Verwertete. Dass Natur als Gegenwelt zum Alltag und als ‚Gegenüber' empfunden wird, macht für viele Menschen (auch für Naturschützer) ihren Wert, ihre Bedeutung aus.

Mit dem Ökosystemdienstleistungsansatz kann man weder die Vielfalt der Bedeutungsfacetten von Natur und Landschaft innerhalb einer Kultur noch die vielfältigen Mensch-Naturbeziehungen *unterschiedlicher* Kulturen (Sullivan 2010, S. 24ff.) erfassen. Denn die Betrachtung von Natur als dienstleistendes Ökosystem ist von dem Interesse an technischer Kontrolle und ökonomischer Verwertbarkeit bestimmt und impliziert so eine „kulturelle Armut" (Sullivan 2010, S. 18). „Regardless of what you thought you were looking at when you view the biophysical world, the ESA [Ecosystem service approach] says, you are actually already looking at ecosystem services" (Robertson 2012, S. 397).

4 Fazit

Anders als häufig behauptet, ist der Ökosystemdienstleistungsansatz aufgrund seiner Fokussierung auf Nutzen für die Erhaltung der Artenvielfalt nicht hilfreich, sondern sogar schädlich: Aus der Leistungs-Perspektive lässt sich zwar der Schutz derjenigen Arten begründen, die für die erwünschten Leistungen eine Funktion erfüllen, vor allem bestimmter Schlüsselarten. Aber erhebliche Teile der Artenvielfalt müssen aus dieser Perspektive als nutzlos, ersetzbar oder schädlich und deshalb als nicht schützenswert eingestuft werden. Der Versuch, den Schutz von Artenvielfalt durch den Ökosystemdienstleistungsansatz zu stärken, kann in letzter Konsequenz zu einer Verringerung dieser Arten und damit der Artenvielfalt führen. Die Kategorie der kulturellen Dienstleistungen ermöglicht zwar, den Schutz von Arten und Landschaftselementen zu begründen, die für andere Dienstleistungen keine Funktion erfüllen oder schädlich sind. Allerdings ist diese Kategorie widersprüchlich und inkonsistent: Denn das, was durch sie erfasst werden soll, sind weder durch Indikatoren messbare Leistungen oder Eigenschaften eines ökologischen Systems noch ein monetarisierbarer Nutzen. Stattdessen geht es darum, die Fähigkeit des Subjektes, Natur und Landschaft in ästhetischer und sinnhafter Weise zu erleben und ihnen kulturelle und individuelle Werte zuzuschreiben. Das zu erfassen, ist aber im Rahmen des herkömmlichen Ökosystemdienstleistungsansatzes nicht möglich.

Naturschutz sollte sich nicht nur in der Rolle sehen, die Leistungsfähigkeit von Ökosystemen zu erhalten. Wie oben ausgeführt, kann man nicht hoffen, dass durch die Erhaltung der Leistungsfähigkeit ‚automatisch' auch Artenvielfalt oder bestimmte, naturschutzfachlich relevante Arten mit erhalten werden. Eher das Gegenteil ist der Fall. Vor allem aber sollte der Naturschutz auch seine Aufgabe darin sehen, Gebiete zu erhalten, in denen man die Möglichkeit hat, Natur, sei es Wildnis, Kulturlandschaft oder urbane Natur, in ihren Bedeutungs- und Erlebnisfacetten zu erleben – und sich selbst in ihr. Naturschützer und Planer müssen nicht nur ökologische, technische, nutzenorientierte und ökonomische Zusammenhänge, sondern auch die Vielfalt der emotionalen Erwartungen und kulturell geprägten Sehnsüchte an Natur berücksichtigen, wenn sie geeignete Leitideen finden sowie angemessen auf Naturbegeisterung oder -ablehnung reagieren, diffuse Befürchtungen aufklären und so eine Basis für breite Akzeptanz bereiten wollen (Hoheisel et al. 2010). Der Naturschutz müsste die Vielfalt der kulturellen Bedeutungen von Natur ernst nehmen und explizit zu seinem Gegenstand bzw. zu einem Argument ihres Schutzes machen. Er sollte dabei eine anthropozentrische Position einnehmen, die nicht nur danach fragt, welchen Nutzen, sondern auch welche *Bedeutungen* Natur und Landschaft für Menschen haben. Wir sollten nicht die Vielfalt der menschlichen Beziehungen zur Natur, die ja ein wichtiger Grund ist, Natur und Landschaft zu schützen oder zu entwickeln, auf Aspekte des Nutzens und des finanziellen Wertes reduzieren. Die konsequente Anwendung des Ökosystemdienstleistungsansatzes birgt nicht nur die Gefahr in sich, dass nicht-ökonomische Aspekte und Zugänge an Bedeutung und Argumentationskraft verlieren (Leibenath 2013), sondern auch, dass gerade das, was bewahrt werden sollte, verloren geht: Das, was Natur immer auch bedeutet hat, die Möglichkeit, Natur als Ort der Freiheit von zivilisatorischen Zwängen, als Ort des Ungenutzten und Unverwertetem, als Ort des Schreckens, der Schönheit oder der Harmonie zu erfahren. Damit verschwände auch das, was Menschen an Natur vor allem interessiert und für sie Grund ist, Natur zu schützen: die Möglichkeit, Natur emotional-sinnlich als Gegenwelt und sich selbst in dieser zu erleben[4].

---

4 Dieses Verschwinden ist natürlich nicht neu: Die kulturelle Bedeutung von Natur als das letztlich Unkontrollierbare und Unverfügbare steht grundlegend in Opposition zur rationalen Seite der Moderne (hat diese aber auch zur Voraussetzung). Diese Bedeutungen wurde und wird zunehmend verdrängt, weil die kulturelle Entwicklung seit Beginn der Moderne zu immer weiter gehender Rationalisierung tendiert, d. h. auch zur Versachlichung und Nutzung von Natur.

Literatur

AK KGL (2013) = AK Kritische Geographie Leipzig. 2013. Wie viel ist Natur wert? Von Ökosystemdienstleistungen und Naturkapital. *Phase 2, Zeitschrift gegen die Realität 45.* http://phase-zwei. org/hefte/artikel/wie-viel-ist-natur-wert-409. Zugegriffen: 10. Juni 2014.

Bergandi, D. (1995)."Reductionist holism": an oxymoron or a philosophical chimera of E. P. Odum's systems ecology? *ludus vitalis, III (5),* 145-180.

Boyd, J., & Banzhaf, S. (2007). What are ecosystem services? The need for standardized environmental accounting units. *Ecol. Economics, 63 (2-3),* 616-626.

BUND (2010). TEEB. The Economics of Ecosystems and Biodiversity. Internationale Diskussion um eine Ökonomie der Ökosysteme und der Biologischen Vielfalt. http://www.bund.net/ fileadmin/bundnet/publikationen/biologische_vielfalt/20100728_biologische_vielfalt_hintergrund_teeb.pdf. Zugegriffen: 10. März 2014.

BUWAL (Hrsg.). (2005). *Der monetäre Erholungswert des Waldes.* Umwelt-Materialien 193. Herausgegeben vom Bundesamt für Umwelt, Wald und Landschaft. Bern: .

Chan, K.M.A., Satterfield, T., & Goldstein, J. (2012). Rethinking ecosystem services to better address and navigate cultural values. *Ecol. Economics,* 8-18.

Corbera, E., Kosoy, N., &. Martínez-Tuna, M. (2007). The equity implications of marketing ecosystem services in protected areas and rural communities: case studies from Meso-America. *Global Environmental Change 17,* 365-380.

Costanza, R., d' Arge, R. de Groot, R., Farber, S., Grasso, M., Hannon, B., Limburg, K., Naeem, S., O'Neill, R.V. Paruelo, J., Raskin, R.G., Sutton, P. M., & van den Belt, M. (1997). The value of the world's ecosystem services and natural capital. *Nature 387,* 253-260.

Costanza, R. (2006). Nature: Ecosystems without commodifying them. *Nature 443,* 749.

Daily, G.C. (Hrsg.). (1997). *Nature's Services: Societal Dependence on Natural Ecosystems.* Washington: Island Press.

Daw, T., Brown, K., Rosendo, S., &. Pomeroy, R. (2011). Applying the ecosystem services concept to poverty alleviation: the need to disaggregate human well-being. *Environ Conserv. 38 (4),* 370– 379.

De Groot, R.S. (1992). *Functions of Nature: Evaluation of Nature in Environmental Planning, Management and Decision Making.* Groningen: Wolters-Noordhoff.

De Groot, R.S., Wilson, A.W., & Boumanns, R.M. (2002). A typology for the classification, description and valuation of ecosystem functions, goods and services. *Ecol. Economics 41,* 393-408.

Dempsey, J., & Robertson, M.M. (2012). Ecosystem Services: Tensions, Impurities, and Points of Engagement within Neoliberalism. *Progress Human Geography,* 1-22.

Diaz, S., Fargione, J., Chapin, F.S., & Tilman, D. (2006). Biodiversity loss threatens human wellbeing. *PLoS Biol. 4,* 1300-1305.

Eisel, U. (2006). Landschaftliche Vielfalt mit und ohne Sinn. In U. Eisel & S. Körner (Hrsg.), *Landschaft in einer Kultur der Nachhaltigkeit I* (S. 92-119). Kassel: Kassel Univ. Press.

Eisel, U. (2012). Gespenstische Diskussionen über Naturerfahrung. In T. Kirchhoff, V. Vicenzotti. & A. Voigt. (Hrsg.), *Sehnsucht nach Natur. Über den Drang nach draußen in der heutigen Freizeitkultur* (S. 263-285). Bielefeld: transcript.

Engel, S., Pagiola, S., & Wunder, S. (2008). Designing payments for environmental services in theory and practice. *Ecol. Economics 65,* 663-674.

Fish, R.D. (2011). Environmental decision making and an ecosystems approach: some challenges from the perspective of social science. *Prog Phys Geog. 35 (5),* 671-680.

Fisher, B., & Turner, R.K. (2008). Ecosystem services: classification for valuation. *Biol. Conservation 141,* 1167-1169.

Fisher, B., Turner, R.K., & Morling, P. (2009). Defining and classifying ecosystem services for decision making. *Ecol. Economics 68 (3)*, 643-653.

Ghazoul, J. (2007). Challenges to the uptake of the ecosystem service rationale for conservation. *Conservation Biology 21*, 1651-1652.

Habermas, J. (1965). *Erkenntnis und Interesse. Technik und Wissenschaft als ,Ideologie'.* Frankfurt a. M.: Suhrkamp.

Harvey, D. (2005). *A brief history of neoliberalism.* New York, Oxford: Univ. Press.

Hass, A., Hoheisel, D. Kangler, G., Kirchhoff, T., Putzhammer, S., Schwarzer, M., Vicenzotti, V., & Voigt, A. (2012). Sehnsucht nach Wildnis. Aktuelle Bedeutungen der Wildnistypen Berg, Dschungel, Wildfluss und Stadtbrache vor dem Hintergrund einer Ideengeschichte von Wildnis. In T.Kirchhoff, V. Vicenzotti & A. Voigt (Hrsg.), *Sehnsucht nach Natur. Über den Drang nach draußen in der heutigen Freizeitkultur* (S. 107-14). Bielefeld: transcript.

Heal, G., Daily, G.C., Ehrlich, P.R, Salzman, J., Boggs, C., Hellman, J. Hughes, J., Kremen, C., & Ricketts, T. (2001). Protecting natural capital through ecosystem service districts. *Stanford Environmental Law J. 20*, 333-364.

Hoheisel, D., Kangler, G. Schuster, U.& Vicenzotti, V. (2010). Wildnis ist Kultur. Warum Naturschutzforschung Kulturwissenschaft braucht. *Natur und Landschaft 85 (2)*, 45-50.

Hooper, D.U., Chapin, F.S., Ewel, J.J., Hector, A., Inchausti, P. Lavorel, S. Lawton, J. H., Lodge, D.M., Loreau, M. , Naeem, S. ,Schmid, B. , Setälä, H. ,Symstad, A. J., Vandermeer, J., & Wardle, D. A. (2005). Effects of biodiversity on ecosystem functioning: a consensus of current knowledge. *Ecol. Monogr. 75 (1)*, 3-35.

Kangler, G., & Voigt, A. (2010). Kann Wildnis Ökosystem sein? Kritische Reflexion eines widersprüchlichen Begriffspaares im Naturschutz. *Zeitschrift f. Semiotik 32/3-4*, 367-389.

Kirchhoff, K., & Trepl, L. (Hrsg.) (2009). *Vieldeutige Natur. Landschaft, Wildnis und Ökosystem als kulturgeschichtliche Phänomene.* Bielefeld: transcript.

Kirchhoff, T., & Voigt, A. (2010). Rekonstruktion der Geschichte der Synökologie. Konkurrierende Paradigmen, Transformationen, kulturelle Hintergründe. In Kaasch, Michael/ Kaasch, Joachim (Hg.): *Disziplingenese im 20. Jahrhundert (Verhandlungen zur Geschichte und Theorie der Biologie 15*, Berlin: VWB-Verlag, 181–196.

Kirchhoff, T. (2012). Pivotal cultural values of nature cannot be integrated into the ecosystem services framework. *PNAS 109 (46)*.

Kirchhoff, T., Vicenzotti, V., & Voigt, V. (Hrsg.) (2012). *Sehnsucht nach Natur. Über den Drang nach draußen in der heutigen Freizeitkultur.* Bielefeld: transcript.

Körner,S. (2004). Naturbilder und Heimatideale in Naturschutz und Freiraumplanung. In L. Fischer (Hrsg.), *Projektionsfläche Natur. Zum Zusammenhang von Naturbildern und gesellschaftlichen Verhältnissen* (S. 77–103). Hamburg: Hamburg University Press.

Körner, S., Nagel, A., & Eisel, U. (2003). Naturschutzbegründungen. Bonn: BfN.

Kremen, C. (2005). Managing ecosystem services: what do we need to know about their ecology? *Ecology Letters 8*, 468-479.

Lawton, J.H., & Brown, V.K. (1993). Redundancy in ecosystems. In E.D Schulze & H.A. Mooney (Hrsg.), *Biodiversity and ecosystem function* (S. 225-270). Berlin, Heidlberg, New York: Springer.

Leibenath, M. (2013). Landschafts-Governance durch Ökosystemdienstleistungen? - Schriftfassung eines Vortrags, gehalten auf einer Veranstaltung des Leibniz-Instituts für ökologische Raumentwicklung in Dresden am 14.11.2013. - Unveröffentlicht (auf Anfrage beim Autor erhältlich).

Löffler, H. (2007). *Der Bär in Bayern – Einstellungsmuster und Bärenbilder.* Bachelorarbeit. Lehrstuhl für Wald- und Umweltpolitik, TU München.

Luck, G.W., Harrington, R., Harrison, P., Kremen, C., Berry, P.M., Bugter, R., Dawson, T.P., de Bello, F., Díaz, S., Feld, C.K., Haslett, J. R., Hering, D., Kontogianni, A., Lavorel, S., Rounsevell, M., Samways, M.J., Sandin, L., Settele, J., Sykes, M.T., van den Hove, S., Vandewalle, M., & Zobel,

M. (2009). Quantifying the contribution of organisms to the provision of ecosystem services. *Bioscience 59*, 223-235.

Mace, G., Norris, K., & Fitter, A. (2011). Biodiversity and ecosystem services: a multilayered relationship. *Trends in Ecology and Evolution 27 (1)*, 19-26.

May, R. (1975). Stability in ecosystems: some comments. In W.H. van Dobben & R.H. Lowe-McConnell, *Unifying Concepts in Ecology* (S.161-168). The Hague: W. Junk Publ.

McCann, K.S. (2000). The diversity-stability debate. *Nature 405*, 228-233.

MEA (2005) = Millennium Ecosystem Assessment (2005). *Ecosystems and Human Well-being: Synthesis*. 2005, Island Press.

McCauley, D.J. (2006). Selling out on nature. *Nature 443*, 27-28.

Naeem, S. (1998). Species redundancy and ecosystem reliability. *Conserv. Biol.* 12, 39-45.

Norgaard, R.B. (2010). Ecosystem services: From eye-opening metaphor to complexity blinder. *Ecol. Economics, 69, 6*, 1219-1227.

Orians, G. H. (1975). Diversity, stability and maturity in natural ecosystems. In W.H. van Dobben & R.H. Lowe-McConnell (Hrsg.) *Unifying Concepts in Ecology* (S. 139-150). The Hague: W. Junk Publ.

Pimm, S. (1984). The complexity and stability of ecosystems. *Nature 307*, 321-326.

Redford, K.H., & Adams, W.M. (2009). Payment for ecosystem services and the challenge of saving nature. *Conservation Biology 23*, 785-787.

Ridder, B. (2008). Questioning the ecosystem services argument for biodiversity conservation. *Biodiversity Conserv.* 17, 781-790.

Rink, D., & Wächter, M. (2001). *Naturverständnisse in der Nachhaltigkeitsforschung. Zur Analyse von Naturverständnissen und ihren normativen Implikationen in wissenschaftlichen Disziplinen und gesellschaftlichen Handlungsfeldern. Sondierungsstudie im Rahmen des Förderschwerpunktes „Sozial-ökologische Forschung*. Leipzig: Umweltforschungszentrum Leipzig-Halle

Robertson, M. (2006). The nature that capital can see: Science, state and market in the commodification of ecosystem services. *Environment and Planning D: Society and Space 24*, 367-387.

Robertson, M. (2012). Measurement and alienation: making a world of ecosystem services. *Transactions of the Institute of British Geographers 37 (3)*, 386-401.

Rodríguez, J.P., Beard, T.D., Bennett, E.M., Cumming, G.S., Cork, S.J., Agard, J., Dobson, A.P., & Peterson, G.D (2006). Trade-offs across space, time, and ecosystem services. *Ecology and Society 11 (1)*, 28.

Rosenzweig, M. L. (1995). *Species Diversity in Space and Time*. Cambridge:vCambridge Univ. Press.

Sagoff, M. (2011). The quantification and valuation of ecosystem services. *Ecol. Economics 70*, 497-502.

Schläpfer, F., & Schmid, B. (1999). Ecosystem effects of biodiversity: a classification of hypotheses and exploration of empirical results. *Ecol. Applications 9*, 893-912.

Setten, G., Stenseke, M., & Moen, J. (2012). Ecosystem services and landscape management: three challenges and one plea. *Biodiversity Science, Ecosystem Services & Management 8 (4)*, 305-312.

Smith, N. (2007). Nature as an accumulation strategy. *Socialist Register 43*, 16-36.

Srivastava, D.S., & Vellend, M. (2005). Biodiversity-Ecosystem function research: Is it relevant to conservation? *Annu. Rev.Ecol.Evol. Syst.* 36, 267-294.

Sullivan, S. (2009). Green capitalism and the cultural poverty of constructing nature as service-provider. *Radical Anthropology 3*, 18-27.

Taylor, P. (1988).Technocratic optimism, H.T. Odum, and the partial transformation of ecological metaphor after World War II. *History Biology* 21(2), 213-244.

TEEB (2010) = Die Ökonomie von Ökosystemen und Biodiversität: Die ökonomische Bedeutung der Natur in Entscheidungsprozesse integrieren. (TEEB 2010 The Economics of Ecosystems and Biodiversity: Mainstreaming the Economics of Nature) Ansatz, Schlussfolgerungen und

Empfehlungen von TEEB – eine Synthese http://www.teebweb.org/our-publications/teeb-study-reports/synthesis-report/#.Ujr2cX9mOG8. Zugegriffen: 31. März 2014.

TEEB DE (2012). *Naturkapital Deutschland – Der Wert der Natur für Wirtschaft und Gesellschaft – Eine Einführung.* München, ifuplan; Leipzig, Helmholtz-Zentrum für Umweltforschung – UFZ; Bonn, Bundesamt für Naturschutz.

Trepl, L. (1991). Ökologie als Heilslehre. Zum Naturbild der Umweltbewegung. *Politische Ökologie 25*, 39-45.

Trepl, L. (1995). Die Diversität-Stabilitäts-Diskussion in der Ökologie. *Berichte der ANL 12*, 35-49.

Trepl, L. (2012a). Das Fliegen gelingt nicht mehr. In T.Kirchhoff, V. Vicenzotti & A. Voigt (Hrsg.), *Sehnsucht nach Natur. Über den Drang nach draußen in der heutigen Freizeitkultur* (S. 21-31). Bielefeld: transcript.

Trepl, L. (2012b). Biodiversitätsbasierte Ökosystemdienstleistungen. http://www.scilogs.de/chrono/blog/landschaft-oekologie/biodiversitat-und-aussterben/2012-02-20/biodiversitätsbasierte-kosystemdienstleistungen.Zugegriffen: 1. März 2014.

Trepl, L., Kirchhoff, T., & Voigt, A. (2005). Natur. In ARL (Hrsg.) *Handwörterbuch der Raumordnung* (S. 685-692). Hannover: Akademie für Raumforschung und Landesplanung.

UK NEA (2011)= *UK National Ecosystem Assessment.* Technicalreport. Cambridge (UK), UNEP-WCMC.

UNEP (2007) = *Global Environment Outlook 4:* Environment for Development. United Nations Environment Programme. Progress Press.

Vandermeer J., Lawrence, D., Symstad, A., & Hobbie. S. (2002). Effect of biodiversity on ecosystem functioning in managed ecosystems. In M. Loreau, S. Naeem & P. Inchausti (Hrsg.), *Biodiversity and Ecosystem functioning: Synthesis and Perspectives* (S. 221-233). Oxford: Oxford Univ. Press.

Voigt, A. (2009). *Die Konstruktion der Natur. Ökologische Theorien und politische Philosophien der Vergesellschaftung.* Stuttgart: Steiner.

Voigt, A. (2010). Was soll der Naturschutz schützen? Wildnis oder dynamische Ökosysteme? – Die Vermischung kultureller und naturwissenschaftlicher Perspektiven im Naturschutz. *Wildnis zwischen Natur und Kultur, ANL*, 14-21.

Voigt, A. (2012). Landscapes as ecosystems: What is lost when science gains the privilege of interpretation? In I. Dymitryszyn, M. Kaczyńska & G. Maksymiuk (Hrsg.) *Peer Reviewed Proceedings of ECLAS 2012 Conference 'The Power of Landscape* (S. 99-102). Warsaw: Warsaw University of Life Sciences.

Voigt, A. (2013). Naturschutz nur für Leistungsträger? Überlegungen zu der Frage, inwiefern das Konzept der Ecosystem Services zum Schutz der Biodiversität beitragen kann. In *Biodiversität und Gesellschaft – Gesellschaftliche Dimensionen von Schutz und Nutzung biologischer Vielfalt* (S. 141-157). Göttingen: Universitätsverlag Göttingen.

Wallace, K.J. (2007). Classification of ecosystem services: problems and solutions. *Biological Conservation 139*, 235-246.

Yachi, S., & Loreau, M. (1999). Biodiversity and ecosystem productivity in a fluctuating environment: The insurance hypothesis. 1999, *Proc. Natl. Acad. Sci. USA 96*, 1463-1468.

Zimmermann, K. (2001). *Gesellschaft und Natur.* Hamburg: Lit Verlag.

VI Ergebnisse und Konsequenzen für zukünftige Landschaftsforschungen

Antje Schönwald, Susanne Kost

Landschaften verändern sich durch gesellschaftliche Entwicklungen, durch neue und systematisch eingeführte „Wirtschaftsweisen, Kommunikationsformen und Lebensstile" (Ipsen 2006: 91). Wie Menschen urbane Räume, Natur und Landschaft denken und organisieren, bestimmt die Nutzung und die Transformation eines Raumes. Was in verschiedenen Zeitepochen den Lebens- und Arbeitsalltag bestimmte, hat durch gesellschaftliche Erneuerungen und Transformationsprozesse zu räumlichen und ästhetischen Veränderungen der Landschaft (vgl. Sieferle 1998: 159 ff.) geführt.

An dieser Stelle erscheint es uns wesentlich, danach zu fragen, wer wodurch und mit welchen Mitteln Landschaft verändert, Räume definiert, Bilder und Symbole erzeugt, Gruppen in die Raumdefinition und Raumnutzung ein- oder ausschließt?

Wir stehen heute vor einer Reihe von (landschaftsverändernden) Projekten, die uns die Konstellation von Macht und Raum und ihren Bedingungen und Bedingtheiten des Funktionierens unmittelbar vor Augen führen. Ob das nun die schon eingangs erwähnten Großprojekte Stuttgart 21 oder der Münchner Flughafen sind, die das Kräftemessen zwischen Bürgerschaft und Politik aufzeigen, aber auch die unbearbeitete Diskrepanz zwischen den vorhandenen Instrumenten der Beteiligung (bspw. der Bürger bei Planfeststellungsverfahren) und den entwickelten Widerstandsformen deutlich machen. Oder ob es die Planungen für die neuen Hochspannungsstrassen und anderen Ausbauprojekte der Energiewende sind, bei denen es in Teilen um Bürgerproteste geht, aber vor allem darum, wer in welcher Form die Deutungs- und Diskursmacht in den öffentlichen Medien innehat und prägt (siehe dazu Kühne, Weber in diesem Band). Selten liegen Machtverhältnisse und Machtdiskurse offen oder lassen sich ‚einfach' durchschauen.

Die einzelnen Beiträge in diesem Band widmeten sich daher den Konstruktionen, Strukturen und Praktiken von Macht, ihren Symboliken und Diskursen. Ziel war es, auf die – von Leibenath in diesem Band beschriebene – „„Machtvergessenheit' der deutschsprachigen Landschafts- und Governance-Forschung" aufmerksam zu machen und mit der sehr breiten thematischen Fassung des Bandes die Notwendigkeit der Analyse der Veränderung von Landschaft im Kontext von Macht zu verdeutlichen. Oft werden die Resultate der Landschaftsveränderung nicht mit Machtstrukturen in Zusammenhang gebracht, sondern bleiben unhinterfragt. Besonders deutlich wird dies, wenn die

Instrumente der Machtausübung historische Wurzeln haben und nicht einer aktuellen Debatte entspringen, wie die Beiträge von Eissing und Franke sowie Zutz in diesem Band eindrücklich zeigen. In den Beiträgen konnten vielfältige, oft nicht sofort erkennbare Zusammenhänge und Abhängigkeiten der Landschaftsentwicklung von Machstrukturen gezeigt werden.

Im Folgenden werden zentrale Ergebnisse der einzelnen Beiträge zusammengefasst und wichtige Fragestellungen für die zukünftige – Macht berücksichtigende – Landschaftsforschungen abgeleitet.

Insbesondere in den Einführungsbeiträgen von Leibenath, Kühne und Gailing wurde deutlich, dass Landschaften, wie Leibenath es in diesem Band formuliert, als „physisches Substrat gesellschaftlicher Machtverhältnisse" bezeichnet werden können, weshalb Landschaftsforschungen die Möglichkeit haben, Machstrukturen aufzudecken und dies auch tun sollten. Sowohl der Öffentlichkeit als auch den Akteuren selbst sollten die Funktionsweisen von Machstrukturen, ihre Mechanismen und Bedingungen bewusst gemacht werden. Dies setzt auch voraus, die Ergebnisse so aufzubereiten, dass nicht nur die wissenschaftliche Fachwelt Kenntnisse darüber erlangt.

Die Autoren in diesem Band arbeiteten den Machtbegriff in verschiedenen Dimensionen und Ausprägungen heraus. Die Analyse reicht von politischer Macht (Eissing/Franke) über ökonomische Macht (Kost, Scholze-Irrlitz, Voigt, Megerle und auch Gailing), der Macht einzelner Gruppen, wie der Landschaftsplaner (Zutz), oder der Bevölkerung selbst (Scholze-Irrlitz), bis hin zu symbolischer (Schönwald, Gailing) oder diskursiver Macht (Kühne/Weber). Einzelne Beiträge widmeten sich dabei auch Machstrukturen und -instrumenten, die vergangenen Systemen entspringen und bis heute eine gewisse Grundlage und Wirkung in Entscheidungsprozessen darstellen und entfalten. Ob es sich dabei um „Eigenlogiken" handelt, um mit dem von Löw geprägten Begriff für spezifische oder auch als ‚typisch' zu bezeichnende Eigenschaften, die nicht hinterfragte, „stillschweigend wirksame […] Prozesse der Sinnformung mit samt ihrer körperlich-materiellen Einschreibung" (Löw 2011, S. 16) in die Landschaft produzieren, zu arbeiten, oder ob es auf spezifische biographische Entwicklungen zurück zu führen ist (Kühne/Schönwald 2014), wäre ein wichtiges Forschungsfeld.

Die Beleuchtung der Macht von Institutionen und einzelner Gruppen heute im Rückblick auf ihre historischen Machtbildungsprozesse konnten beispielsweise in dem Beitrag von Eissing und Franke aufgezeigt werden, in dem sie auf in Zeiten des Nationalsozialismus etablierte und bis heute verinnerlichte Naturideale verweisen. Auch Zutz' Beitrag zeigt unter anderem sehr deutlich die Verknüpfung von Landschaftskonstruktionen mit dem Konstrukt der idealen Heimatvorstellung, was in Anbetracht veränderter gesellschaftlicher Rahmenbedingungen durch Pluralisierungen, Hybridisierungen und Individualisierungen in einer heterogener werdenden Gesellschaft zu Konflikten führen könnte. Zutz' Beschreibung der Umdeutung der Landschaftsgestalter von Landschaftsanwälten zu Landschaftspflegern ist deshalb in zukünftigen Landschaftsforschungen erneut zu prüfen und dabei zu untersuchen, welche Landschaftskonstrukte den Idealbildern, an denen Planer wie auch Naturschützer sich orientieren, zu Grunde liegen und welche Legitimationen heutige Landschaftspflegeinstitutionen für sich beanspruchen.

Die soziale Konstruktion von Diskursen und Symbolgehalten verdeutlicht, dass Assoziationen mit bestimmten Landschaften einem gesellschaftlichen Wandel unterliegen. Für die Landschaftsforschung sind vor allem Fragen der Marginalisierung und Hegemonialisierung im Landschaftsdiskurs wichtig: was wird in welcher Form thematisiert und/oder symbolisch aufgeladen, welche Subdiskurse treten auf und was bleibt unhinterfragt oder wird als Diskurs ‚unterdrückt'. Zukünftige Landschaftsforschungen sollten deshalb auch die Frage stellen, wer die Instrumente hat und nutzt, nicht zu hinterfragende Landschaftsveränderungen zu erzeugen. Hierzu kann die (quantitative) Analyse und Dekonstruktion von Diskursen sehr vielversprechend sein. Die Diskursanalyse kann dabei als erster Schritt einer Forschung dienen, in der zunächst analysiert wird, was in bestimmten Landschaftsdiskursen thematisiert wird und was unausgesprochen bleibt. Im zweiten Schritt erscheint dann die Anwendung weiterer, vornehmlich qualitativer Methoden der Landschaftsforschung zielführend, wie auch in Kühnes und Webers Analyse des Stromnetzausbau-Diskurses in Online-Videos deutlich wurde. In diesem Beispiel empfehlen die Autoren weiterführende Analysen in Form von Interviews mit Netzausbaubefürwortern und -gegnern, sowie politisch und technisch Verantwortlichen, um „den Diskurs zum Netzausbau weiter zu differenzieren bzw. hegemoniale Argumentationsmuster detaillierter nachzuzeichnen". In Bezug auf landschaftliche Symbole, so zeigt Schönwalds Beitrag, erscheint es für zukünftige Untersuchungen von besonderem Interesse zu sein, Räume zu erforschen, in denen das Ermöglichen vieldeutiger Symboliken – wie in sogenannten Third Spaces (Bhabha 2012) – gelungen ist, und die sich somit durch geringere Möglichkeit der Machtausübung und Manipulierbarkeit auszeichnen. Unter einem ‚Third space' versteht Bhabha (2011) einen durch Hybridisierung neu entstandenen dritten Raum, in dem es keine Hierarchisierung der Differenzen gibt. Diese dritten Räume sind durch ihre räumliche Unbegrenztheit und ihre besondere Zeitlichkeit gekennzeichnet, die als Schwelle verstanden werden kann. Ein Kennzeichen der Third Spaces ist, dass sie „allen Bewohnern gleichermaßen [gehören, Anm. d. Verf.], unabhängig von ihrer Herkunft, Kultur, Religion" (de Toro 2007: 379).

Der Einfluss ökonomischer Macht, aber auch der Transformation solcher Machtstrukturen, auf die Veränderung von Landschaft wurde insbesondere in den letzten vier Beiträgen deutlich. So wurde in Megerles Beitrag der Einfluss der Tourismusökonomie, aber auch einzelner Visionäre auf die Prägung des Landschaftsbildes deutlich. Die Analyse verweist zugleich auf die Bedeutung des Zeitgeistes von Landschaftsplanungen und -entwicklungen, auf die bereits in den Beiträgen von Zutz sowie Eissing und Franke hingewiesen wurde. In der Kombination mit der Frage nach der Entwicklung von Vorreitern in innovativen, landschaftsverändernden Prozessen und dem dabei bestehenden Verhältnis zwischen Etablierten und Außenseitern unter den Akteuren (vgl. Scholze-Irrlitz in diesem Band), kann auch eine tiefergehende Analyse der Verknüpfung individueller und gesellschaftlicher Einflüsse auf die Konstruktion von Landschaft erfolgen und dadurch bestehende Landschaftskonstruktionstheorien (z. B. Ipsen 2006, Kühne 2008) vertiefen und ergänzen. Auch Kosts Blick auf die Folgen der Bodenspekulationen und Planungsunsicherheit der Landwirtschaft in der Metropole Ruhr veranschaulicht verschiedene Facetten der Machtausübung der Ökonomie auf die Entwicklung von Landschaften. Alternative Auswege wurden angesprochen – wie etwa die Einbeziehung der Bevölkerung in die ökologische Landwirtschaft oder in die Planung eines Tourismusdorfes – jedoch fehlt es in der Forschung weiterhin an der Darstellung von bestenfalls auch übertragbaren Alternativen zur Vorherrschaft der bekannten Systemlogik der Ökonomie. Eine zurzeit populäre, jedoch umstrittene Übertragung ökonomischer Sinnsysteme auf die ‚Bewertung' von Biodiversität und naturnahen Landschaftsräumen stellt der Ansatz der Ökosystemdienstleistungen dar. Voigt macht auf die zahlreichen Mängel des Monetarisierungsansatzes aufmerksam, etwa die fehlende anthropozentrische Perspektive, die eine Wertschätzung nicht nur ökonomisch wertvoller, sondern auch emotional und kulturell bedeutsamer Landschaften berücksichtigen könnte. Der Macht des Ökonomischen derart zu begegnen, indem ihre Logik auch auf Landschaften bzw. naturnahe Räume angewandt wird, um somit deren Wert zu beziffern, kann offenbar keine zufriedenstellende Lösung sein.

Die Bedeutung von Diskursen über gesellschaftliche Phänomene, wer diese steuert und prägt, wurde in dem Beitrag von Kühne am Beispiel der gated communities als Resultat vermittelter Angst und Unsicherheit eindrücklich dargestellt. Das Beispiel verweist auch auf andere Formen der physischen und sozialen Veränderung von Raum und Landschaft durch Diskurse, die gesellschaftliche Unsicherheiten produzieren. Dazu gehören Inszenierungen sozialer oder ethnischer Homogenität – vornehmlich in suburbanen Räumen – aus Angst vor dem Gefühl einer Vermischung oder Überfremdung. Dies zu untersuchen, wäre eine wichtige Aufgabe zukünftiger Landschaftsforschungen. Auch Gailings herausgestelltes Forschungsdesiderat der Verknüpfung von Analysen produktiver Macht mit Analysen von Subjektivierungsweisen sollte in solchen Untersuchungen berücksichtigt werden, um die Konstruktion von Landschaft unter dem Vorzeichen der ‚Macht' auf verschiedenen Ebenen zu verstehen.

Welche physischen Veränderungen der Landschaft werden aufgrund welcher Machtstrukturen mit welchen Diskursen, Instrumenten und symbolischen (Um-) Deutungen durchgesetzt? Eine Differenzierung solcher Machtstrukturen bei der Transformation von Landschaft nach unterschiedlichen räumlichen Maßstäben bleibt bisher unterberücksichtigt. Wie begründet sich die Macht verschiedener Systeme und welche Konflikte ergeben sich beim Aufeinandertreffen verschiedener ‚Systemlogiken' in der Kommunikation (z. B. Förster vs. Naturschützer vs. Landwirte)?

Die einzelnen Beiträge ergeben zusammen eine sehr umfassende, interdisziplinäre Einsicht in verschiedene Formen der Zusammenhänge und Bedingtheiten von Landschaftswandel und Macht. Besonders interessant sind dabei die unterschiedlichen Mechanismen der Transformation von Macht, die wiederholt zu der Frage führen, welche (gesellschaftlichen) Gegebenheiten oder welche Gruppen und/oder Personen mit welchen Eigenschaften einen solchen Wandel einzuleiten imstande sind. Dies setzt eine Landschaftsforschung voraus, die sich mit der Entwicklung und Etablierung von

Machtstrukturen und ihren ‚Settings‘, auch im Sinne historischer Landschafts- und Akteursforschung auseinandersetzt. Hier würde interessieren, welche Kräfteverhältnisse wie wirken und welche Widerstandsformen und Raumaneignungsstrategien diesen entgegengebracht werden. Die Diskussion und Offenlegung der Raumfrage als Machtfrage scheint vor allem für zukünftige Fragen der Partizipation der Öffentlichkeit vor dem Hintergrund aktueller Bürgerentscheide zu Aus-, Umbau- und Neubauplänen von Großprojekten relevant zu sein. Das Analysieren und Aufbereiten solcher Beispiele, in denen es gelungen ist, Landschaftswandel zu gestalten, ohne in vorhandenen Machstrukturen zu verweilen, sind dabei von großem Interesse.

Literatur

Bhabha, H.K. (2012). *Über kulturelle Hybridität. Tradition und Übersetzung.* Wien Berlin: Turia und Kant.

Ipsen, D. (2006). *Ort und Landschaft.* Wiesbaden: VS Verlag für Sozialwissenschaften.

Kühne, O. (2008). *Distinktion – Macht – Landschaft. Zur sozialen Definition von Landschaft.* Wiesbaden: VS Verlag für Sozialwissenschaften.

Kühne, O.; Schönwald, A. (2014). *San Diego – Biographien der Eigenlogiken, Widersprüche und Entwicklungen in und von ,America's finest city'.* Wiesbaden: VS Verlag für Sozialwissenschaften.

Löw, M. (2011). *„Jede Stadt ist ein Seelenzustand" – Über städtische Vergesellschaftung und Identitätsanforderung.* In Hoppe, A. (Hrsg.): Raum und Zeit der Städte. Städtische Eigenlogik und jüdische Kultur seit der Antike. Frankfurt/M. Campus. Interdisziplinäre Stadtforschung. S. 11-24.

Autoren

Hildegard Eissing hat Landespflege an der Universität Hannover studiert. Heute leitet sie den Fachbereich „Naturschutz und Gesellschaft" im Ministerium für Umwelt, Landwirtschaft, Ernährung, Weinbau und Forsten Rheinland-Pfalz. Sie hat außerdem einen Lehrauftrag am Geographischen Institut der Universität Mainz.

Nils Franke ist promovierter Historiker mit dem Schwerpunkt Kulturgeschichte des Naturschutzes. Er habilitiert an der Universität Leipzig über den Zusammenhang zwischen der Romantik und dem Naturschutz. Er ist einer der ausgewiesensten Natur- und Umwelthistoriker Deutschlands.

Ludger Gailing arbeitet als Projektleiter und stellvertretender Leiter der Forschungsabteilung „Institutionenwandel und regionale Gemeinschaftsgüter" am Leibniz-Institut für Regionalentwicklung und Strukturplanung (IRS) in Erkner. Forschungsschwerpunkte sind Institutionen und Governance-Formen der Raumentwicklung (u.a. Kulturlandschafts- und Freiraumpolitik, dezentrale Ausgestaltung der Energiewende), soziale Konstruktionen von Räumen und Landschaften sowie die raumbezogene Gemeinschaftsgutforschung.

Susanne Kost ist promovierte Planungswissenschaftlerin. Sie arbeitet als wissenschaftliche Mitarbeiterin an der Universität Stuttgart, im Institut für Landschaftsplanung und Ökologie. Sie setzt sich mit interkulturellen Vergleichen zur Wahrnehmung und Bewertung von Landschaftsräumen, mit den Konsequenzen gesellschaftlicher und kultureller Prozesse auf die Gestalt von Raum und Landschaft sowie mit Strategien regionaler Akteure in der Landnutzung und Regionalentwicklung auseinander.

Olaf Kühne ist Professor in der Fakultät Landschaftsarchitektur an der Hochschule Weihenstephan-Triesdorf und außerplanmäßiger Professor für Geographie an der Universität des Saarlandes. Der promovierte Geograph und Soziologe befasst sich primär mit Fragen der Stadt- und Regionalentwicklung, der sozialen Konstruktion von Landschaft und Fragen der räumlichen Auswirkung gesellschaftlicher Postmodernisierungsprozesse sowie der Transformation in Ostmitteleuropa.

Markus Leibenath hat Landschaftsplanung studiert und über ein Thema im Schnittbereich von Naturschutz und Regionalentwicklung promoviert. Er arbeitet als Projektleiter am Leibniz-Institut für ökologische Raumentwicklung und Lehrbeauftragter an der Technischen Universität Dresden. Forschungsschwerpunkte: Soziale Konstruktion von Landschaften im Zuge der Energiewende, räumliche Planung und Steuerung, grenzüberschreitende und europäische Raumentwicklung, Diskurs- und Gouvernementalitätsforschung.

Heidi Elisabeth Megerle ist Diplom-Geographin und Professorin für Angewandte Geographie und Planung an der Hochschule für Forstwirtschaft in Rottenburg. Sie promovierte zu Aspekten des landschaftsbezogenen Tourismus und habilitierte sich mit einer Arbeit zur Implementierung des raumordnerischen Konzeptes der Metropolregionen im deutsch-französischen Vergleich. Forschungsschwerpunkte: Angewandte Geographie und Planung; Ländliche Räume, Energiewende sowie landschaftsbezogener (Geo-)Tourismus. Seit einem Auslandsstudium und mehreren Gastdozenturen liegt einer ihrer räumlichen Schwerpunkte in Frankreich.

Antje Schönwald: wissenschaftliche Mitarbeiterin an der Universität des Saarlandes (Fachrichtung Geographie, Nachhaltigkeitswissenschaft). Promovierte zum Thema ‚Identitäten und Stereotype in grenzüberschreitenden Verflechtungsräumen. Das Beispiel der Großregion' in Anthropogeographie an der Universität des Saarlandes. Forschungsschwerpunkte: Identitäten, (biographische) Landschaftskonstruktionen, Stereotype, Grenzräume, Demographischer Wandel und Arbeitsfähigkeit.

Leonore Scholze-Irrlitz ist Leiterin der Landesstelle für Berlin-Brandenburgische Volkskunde am Institut für Europäische Ethnologie an der Humboldt-Universität zu Berlin. Sie forscht und lehrt zur Geschichte der Volks- und Völkerkunde, zur historischen Anthropologie sowie zur Anthropologie ländlicher Räume, zu historischen Fragen von Migration und Zwangsarbeit in Berlin und Brandenburg sowie zum Museums- und Archivwesen in der Region. Gegenstand ihrer Habilschrift ist die Wissensgeschichte der Europäischen Ethnologie als sozialer Kulturwissenschaft unter dem Paradigma der „Ländlichen Gesellschaft".

Annette Voigt studierte Landschaftsplanung in Berlin und promovierte an der TU München über den Ökosystembegriff. Seit 2010 arbeitet sie in der AG Stadt-und Landschaftsökologie der Universität Salzburg. Arbeitsschwerpunkte: Stadtnatur, urbaner Naturschutz, urban gardening, Wissenschaftstheorie der Ökologie, Theorien zu Natur und Landschaft, Naturauffassungen.

Florian Weber studierte Geographie an der Universität Mainz. In seiner Promotion an der Universität Erlangen-Nürnberg beschäftigte er sich mit einem Vergleich deutsch-französischer Stadtpolitiken aus diskurstheoretischer Perspektive. 2012-2013 war er als Projektmanager in der Regionalentwicklung in Würzburg tätig. Seit 09/2013 arbeitet er an der TU Kaiserslautern. Forschungsschwerpunkte: Diskurs- und Landschaftsforschung, grenzüberschreitende Kooperationen, Stadtpolitiken in Deutschland und Frankreich.

Axel Zutz lebt und arbeitet als Garten- und Planungshistoriker in Berlin und ist derzeit in einem polnisch-deutschen Projekt zur Geschichte der Kulturlandschaft der Nieder-lausitz und südlichen Lubuskie beschäftigt. Er hat insbesondere zur Entwicklung des Fachgebiets der Landschaftsplanung während des 20. Jahrhunderts vor dem Hintergrund von NS-Diktatur, Weltkrieg und Wiederaufbau geforscht. Weiterhin engagiert er sich für die Anerkennung und Bewahrung des gartenkulturellen Erbes der DDR.

The manufacturer's authorised representative in the EU is Springer
Nature Customer Service Centre GmbH, Europaplatz 3, 69115 Heidelberg,
Germany. If you have any concerns regarding our products, please
contact ProductSafety@springernature.com

Printed and bound by CPI Group (UK) Ltd, Croydon, CR0 4YY
27/04/2026
02097648-0003